CAHIERS D'ÉCONOMIE POLITIQUE

PAPERS IN POLITICAL ECONOMY

Histoire de la pensée et théories

History of Thought and Theories

76

2019

Publié avec le soutien du CNRS, de l'université de Paris Nanterre,
de l'UPJV-CRIISEA et de Sciences Po Lille

L'Harmattan

Depuis 1974, les *Cahiers d'économie politique* sont un lieu privilégié pour les discussions théoriques qui prennent en compte toute la dimension historique de la discipline économique. Considérant que l'étude des auteurs passés et les débats actuels en analyse économique peuvent mutuellement s'enrichir, ils publient des articles qui relèvent de l'histoire de la pensée économique, de la philosophie économique, ou qui se situent à l'intersection de l'histoire de la pensée et de la théorie économique contemporaine ou de l'histoire économique.
Les *Cahiers d'économie politique* publient deux numéros par an, généralement en juin et décembre. Un de ces deux numéros est thématique. Les numéros thématiques publient des sélections d'articles proposés dans le cadre de colloques ou de journées d'étude. Ces manifestations sont organisées par la revue ou par des institutions universitaires sur le principe d'un appel à communication. Pour envisager qu'un colloque soit publié dans la revue, il est nécessaire que le responsable prenne contact dès l'organisation de la manifestation avec le comité de rédaction des *Cahiers*.

Since 1974, *Papers in Political Economy* have published and participated to the main theoretical discussions by paying a particular attention to the historical aspects of economic analysis. Considering that the study of past authors and present debates are complementary, the PPE publish papers on history of economic thought, economic philosophy, or papers overlapping fields of history of economic thought and contemporary economic theory or economic history.
Papers in Political Economy is a biannual journal, usually published in June and December. One of the two yearly issues is thematic and includes papers presented at a workshop or conference and selected among responses to an open call for papers. For proceedings to be published in this form, conference organizers are invited to contact the journal's editorial board at a very early stage.

Adresse • Address

Site Internet : http://www.cahiersdecopo.fr/

Éditeur : Éditions L'Harmattan, 5-7, rue de l'École Polytechnique, 75005 Paris
Tél. : 01 40 46 79 10 – Site Internet : http://www.editions-harmattan.fr

Éditeur électronique : CAIRN, http://www.cairn.info/

Instructions aux auteurs • Notes for contributors

Les *Cahiers d'économie politique* acceptent les articles en français et en anglais. Normes de publication disponibles sur le site internet : http://www.cahiersdecopo.fr/

Papers in Political Economy accept papers in French and in English. For a full and complete guide for authors, please go to: http://www.cahiersdecopo.fr/

5-7, rue de l'École Polytechnique, 75005 Paris

http://www.editions-harmattan.fr

ISBN : 978-2-343-17941-4
EAN : 9782343179414

SOMMAIRE

CONTENTS

L'ANTI-COLBERTISME N'EST PAS (TOUJOURS) UN LIBÉRALISME : L'EXEMPLE DE QUESNAY

Jean Cartelier[1]

On peut être tenté de chercher l'origine du libéralisme dans les réactions négatives aux politiques mercantilistes suivies jusqu'au XVIIe siècle. Quoique raisonnable, cette idée souffre des exceptions. Quesnay est l'une des plus notables.

Sa pensée économique et sociale, quoique radicalement opposée à celle de Colbert, est loin d'annoncer le libéralisme. Elle repose sur un concept incompatible avec un quelconque libéralisme économique ou politique, à savoir le *royaume agricole*.

Forgé en vue d'une refondation de la monarchie française, le concept de royaume agricole permet à Quesnay de relever un défi en théorie économique (comment est-il possible de distinguer deux sortes de richesse alors qu'elles sont homogénéisées par la monnaie) et de justifier une hiérarchie politique traditionnelle par des arguments nouveaux (si un régime républicain est bien adapté pour une république du commerce, un royaume agricole ne peut s'accommoder que d'une monarchie absolue dominée par les propriétaires fonciers).

Les principaux traits du libéralisme d'aujourd'hui – dérégulation des flux financiers, flexibilité des salaires, etc. – ne se trouvent pas dans l'œuvre de Quesnay.

Quesnay's anti-colbertism does not mean liberalism

One could be tempted to find the intellectual origin of liberalism in the reactions of some thinkers to the mercantilist way of managing the economy. As correct as that view may be, it suffers some exceptions. Quesnay is an outstanding one.

His economics, or better his social thought, although a radical critique of Colbert's policy, is far from annunciating the future liberalism. Quesnay's social thought relies on a basic concept which is not compatible with any modern liberalism, either political or economic. That concept is the royaume agricole.

Forged in order to support Quesnay's project of a re-foundation of French monarchy, the notion of a royaume agricole *allows to overcoming a theoretical challenge in economics (how is it possible to distinguish between different types of wealth if they are all homogenously expressed in money terms) and to justify an old political hierarchy along a new and modern argument (if a republican regime is well-adapted to a trading nation, a* royaume agricole *cannot be conceived but as an absolute monarchy dominated by landlords).*

The main characteristics of modern liberalism—deregulation of capital flows, flexibility of wages, etc.—are not to be found in Quesnay's writings.

Mots clés : libéralisme, royaume agricole, produit net.

Keywords: liberalism, royaume agricole, produit net.

Classification JEL : B3, B11

---

1. Université Paris-Nanterre, EconomiX.

Un historien de la pensée, qui se soucierait davantage du contexte historique et social dans lequel Quesnay a produit le *Tableau économique* que du changement brutal de paradigme qu'il a déclenché dans la théorie économique, trouverait-il pour autant dans l'anti-colbertisme résolu du « Divin Docteur » le chemin pour accéder à la compréhension de son système ? Pour une bonne part, la réponse est positive. Mais, si l'orientation générale paraît bonne, les panneaux indicateurs « colbertisme », « libéralisme », « anti-colbertisme » risquent de l'arrêter assez loin du but.

La thèse défendue dans le présent texte est que si une certaine interprétation de l'anti-colbertisme (et donc, implicitement, du colbertisme) est la voie la plus directe pour comprendre le *Tableau économique*, elle est cependant loin d'en épuiser la portée. Elle a l'incontestable mérite de désigner le point stratégique, qui est la détermination de la « juste proportion » entre activités agricoles, industrielles et commerçantes. Mais caractériser la pensée de Quesnay comme essentiellement anti-colbertiste conduit à manquer son originalité profonde. En outre, cela peut conduire à en faire l'annonce du libéralisme économique ultérieur, ce qui paraît être un contresens.

Un rapide coup d'œil sur les entrées « Colbert » ou « colbertisme » que les moteurs de recherche sur internet proposent aujourd'hui aux curieux concernent autant les péripéties actuelles du « redressement productif » français que l'histoire du XVIIe siècle. L'anti-colbertisme est l'un des mots d'ordre utilisé par les libéraux ou par ceux qui se proclament comme tels. Lire Quesnay au travers de l'anti-colbertisme est une démarche intéressante mais risquée. La tentation est d'en faire le précurseur du libéralisme économique. Certains historiens de la pensée économique ont succombé à cette tentation dans le passé, tels Gide et Rist [voir Gide et Rist 1944, p. 11-12] et, dans une moindre mesure Schumpeter [Schumpeter 1954, p. 232]. Ce point de vue semble avoir été abandonné chez les auteurs plus récents. À juste titre, semble-t-il.

L'anti-colbertisme de Quesnay n'en fait pas un annonciateur du libéralisme économique. Les pratiques adoptées et encouragées par Colbert seront certes vivement combattues par Quesnay et ses disciples, de même que ses vues générales sur l'essence même de l'activité économique et le caractère prioritaire de l'industrie et du luxe dans l'enrichissement du royaume. Mais la polémique contre Colbert et le colbertisme ne fera pas pour autant de Quesnay le chantre du libéralisme, tel que les siècles suivants le concevront et le prôneront. Si son opposition aux idées et aux pratiques de Colbert est radicale, elle n'empêche pas une certaine convergence des préoccupations qui interdit d'assimiler l'anti-colbertisme de Quesnay au libéralisme économique qui prévaudra plus tard.

Le point sur lequel Colbert et Quesnay se retrouvent est que tous les deux situent leur problématique au niveau de la société dans son ensemble et considèrent les individus comme soumis à un dessein commun, celui de la puissance et de la prospérité de la nation. Que les moyens de réaliser ce grand projet diffèrent radicalement selon Colbert et Quesnay n'empêche pas de constater qu'ils partagent le souci de la nation, à laquelle les individus sont subordonnés, et que les initiatives des individus ne se conçoivent qu'à l'intérieur d'un cadre très strict. C'est à ce niveau que l'opposition de Quesnay à Colbert est intelligible et non par référence à une doctrine, le libéralisme économique, qui ne prendra son sens que postérieurement.

En effet, le libéralisme, en tant qu'attitude globale vis-à-vis de la société, n'apparaît que plus tard, vers le milieu du XIXe siècle. Il a fallu que non seulement de grands bouleversements sociaux se produisent – ce que Polanyi a appelé la « Grande transformation » – mais aussi que les fondements philosophiques d'une telle pensée se constituent. La philosophie politique – de Hobbes à Rousseau – et la pensée économique – de Locke à Smith – ont plus ou moins contribué à ce mouvement dont l'un des traits les plus notables est d'avoir autonomisé la société par rapport à la religion, à la morale ou à la coutume. La société est de plus en plus clairement conçue comme le résultat de volontés individuelles libres et autocentrées. Les diverses déclinaisons du mythe du *contrat social*, susceptibles de donner un sens au libéralisme moderne, ont abouti à la *séparation des sphères politiques et économiques* dans les représentations de la société.

L'idée que la sphère économique est suffisamment autonome pour être érigée en modèle de la société conduit à cette version particulière du libéralisme qu'est le *libéralisme économique*. La société y prend la forme d'un *marché général et autorégulateur*. Trois institutions étroitement reliées entre elles y structurent l'économie : un marché du travail, l'étalon-or et le libre-échange. Ces trois institutions sont toujours présentes dans la pensée libérale aujourd'hui dont les *leit-motive* sont : la déréglementation du marché du travail, les règles automatiques préférées aux actions délibérées des banques centrales en matière monétaire, l'abolition de tous les obstacles aux échanges internes et internationaux et la levée de toutes les restrictions s'opposant à la marchandisation du travail, de la monnaie et de la terre, les trois « marchandises fictives » selon Polanyi.

Même si « l'invention de l'économie politique » est une réponse politique à une situation historique spécifique à la France, ce qui justifie partiellement de la placer sous le pavillon de l'anti-colbertisme, elle pourrait être plus que cela. Ne préfigurerait-elle pas la pensée sociale du XIXe siècle ? À savoir un regard nouveau jeté sur la société par les individus qui la constituent et qui pensent découvrir qu'elle est mue par des lois économiques irréfragables bien que produites par des volontés libres et autonomes. Ne pourrait-on trouver dans les fondements anti-colbertistes du *Tableau* les éléments annonciateurs de cette pensée nouvelle qui feraient de Quesnay « l'inventeur du libéralisme » en même temps que celui de l'économie politique ?

Pour répondre à cette question, il faut préciser à la fois ce que l'on entend par colbertisme (et par conséquent par anti-colbertisme) et ce que l'on comprend de la pensée de Quesnay. Les historiens ne sont pas unanimes sur le premier point, tant s'en faut, et les interprétations du *Tableau* sont encore plus divergentes. On sait que les commentateurs les plus éclairés s'opposent profondément sur la nature de la vision globale inspirant le *Tableau économique*. De Max Beer qui y voit la résurgence d'une conception médiévale à Elizabeth Fox-Genovese qui y lit, après Marx, l'annonce du capitalisme, l'éventail est assez large[2]. De l'idée que l'on se fait de Colbert dépend l'anti-colbertisme que l'on pense déceler dans les positions de Quesnay et de l'interprétation du *Tableau économique* dépend le point de vue adopté à propos du libéralisme de Quesnay. La thèse défendue ici est la conséquence d'une caractérisation précise mais étroite du colbertisme et de l'interprétation du *Tableau* comme « utopie réactionnaire »[3].

Dans un premier temps, le colbertisme sera évoqué. La logique qui semble lui donner un sens, au-delà des diverses mesures qui permettent de le repérer, est celle de la recherche de la puissance de la nation et de la gloire du roi par l'obtention d'une suprématie dans les relations internationales, tant économiques que politiques. La vision sous-jacente est celle d'une économie organisée autour de l'industrie, notamment des secteurs susceptibles d'exporter et dotée de finances publiques saines. Le projet global est conduit par le pouvoir central ayant un caractère absolutiste.

On rappellera dans un deuxième temps que l'économie politique de Quesnay promeut une norme, le *royaume agricole*, aussi radicalement différente du colbertisme que de celle que le libéralisme économique défendra un siècle plus tard. Elle n'a pas pour objet ni une économie étroitement réglementée ni une économie de marchés généralisés. Elle propose une économie dominée par les propriétaires fonciers dont la prééminence est fondée sur le postulat de la productivité exclusive de l'agriculture, ou encore de la stérilité des autres activités que sont le commerce et l'industrie. Ces

2. Une synthèse a été tentée par Carbaugh [1972].

3. Cette interprétation est explicitée dans Cartelier [1991].

dernières ne sont soustraites à la « république générale du commerce » que pour être au service de l'agriculture et de la propriété foncière et non pour être directement productrices de richesses. Le royaume agricole, une fois atteint « l'état le plus avantageux » décrit par le *Tableau économique*, n'a pas vocation à croître mais à se pérenniser en l'état.

On soulignera dans un troisième temps que si les moyens par lesquels Quesnay entend instaurer ce royaume agricole sont pour une part anti-colbertistes et que s'ils ont pu faire croire à une orientation libérale (concurrence, libération des échanges, etc.), ils sont également *contingents* : la concurrence est une arme contre l'industrie et le commerce et la libéralisation du commerce des grains n'est que le moyen circonstanciel d'obtenir un « bon prix » du blé. Les prescriptions du « Divin docteur » concernant le travail, la monnaie et la terre ont peu à voir avec celles typiques du libéralisme économique. Elles sont en outre contraignantes pour les individus dont les intérêts spontanés sont jugés néfastes pour la société dans son ensemble.

Pour finir, on soutiendra que, si la pensée de Quesnay est bien annonciatrice des temps nouveaux, c'est moins ceux du libéralisme que ceux d'une certaine idée du gouvernement. Autant que de l'économie politique, Quesnay est *l'inventeur de la politique moderne*, celle qui apparaît en même temps qu'émerge la première des sciences sociales. Cette politique se présente au nom de la science. C'est d'un savoir non arbitraire que sont censées procéder les actions du Souverain. Là encore, on pourrait être tenté d'établir un rapprochement avec les libéraux ultérieurs. La politique se justifie par la croyance typiquement libérale en l'existence d'un ordre naturel. Mais l'ordre naturel et la liberté selon Quesnay ne sont pas ceux des libéraux des XIXe et XXe siècles.

1. Les enjeux du colbertisme et de sa critique

De quel Colbert faut-il parler ? De celui célébré par Pierre Boissonade[4] comme homme d'État ou de celui vilipendé par Daniel Dessert[5] comme

4. En vingt-deux ans, ce grand homme, dont l'œuvre eut une portée immense, admirée de l'élite de ses contemporains, enviée et imitée pendant un siècle par l'étranger, a su créer en effet de toutes pièces une administration économique, grouper les forces vives du royaume, ébaucher un enseignement technique d'État, susciter par la protection et les privilèges une multitude d'entreprises de toute sorte, créer un ensemble de monopoles industriels d'État si remarquables qu'ils ont survécu à l'ancien régime, libérer l'industrie française de la suprématie étrangère, lui assurer à son tour l'hégémonie dans toute l'Europe, discipliner enfin avec rigueur le monde du travail, en vue d'assurer la prospérité et la grandeur de l'État [Boissonade, 1932, p. vii-viii]

5. Incompétence ou gestion suspecte ? Colbert n'a semble-t-il jamais saisi, à la différence de Fouquet, le problème financier et économique global de la monarchie. [...] L'échec global ou partiel, très rapide, de

financier chef de clan, pour prendre l'avis de deux historiens ayant étudié sérieusement la période ? De quel colbertisme s'agit-il ? De celui qui transparaît au travers des décisions et actes du surintendant des finances[6] ou du colbertisme des successeurs caractérisé par un appauvrissement de l'inspiration et l'avènement d'une bureaucratie obtuse[7] ?

Afin de ne pas priver d'intérêt la discussion, on admettra que la pensée et l'œuvre de Colbert méritent les égards et les éloges que Boissonade s'est plu à prodiguer au terme d'une longue fréquentation de son personnage et de son action. On oubliera donc l'aspect moins présentable mis en lumière par Daniel Dessert.

L'unité de l'œuvre de Colbert peut alors être trouvée dans l'objet même de l'ensemble de sa politique : servir le roi et, à travers lui, l'ensemble de la nation. *Gloire royale et puissance de la France* sont les buts ultimes de son action. « Les compagnies de commerce sont des armées du Roi et les manufactures de France ses réserves » [cité par Boissonade, 1932, p. 6]. C'est à cette aune que doit être jugée la cohérence d'ensemble du « système Colbert ».

Mais la puissance de la France n'est pas une notion absolue. Les auteurs du temps, et pas seulement Colbert, sont obsédés par la comparaison avec l'Angleterre et la Hollande. Il s'agit moins de s'enrichir de façon absolue que de *surpasser les nations rivales*. Comme la plupart des auteurs que Smith baptisera plus tard du nom de *mercantilistes*, guerre et commerce sont deux voies alternatives et substituables selon les lieux et les périodes. Les relations internationales, au centre des préoccupations des auteurs du temps, sont envisagées simultanément sous ces deux aspects. Le souci d'une balance des comptes excédentaire et le désir de pouvoir armer une population importante ne se distinguent que du point de vue conceptuel, pas dans la politique au jour le jour. Le « nerf de la guerre » est l'objet de toutes les attentions. Les métaux précieux, principaux moyens d'échange internationaux (notamment en cas de conflit lorsque la confiance ne permet pas un recours massif au crédit) étant en quantité limitée au plan mondial, il faut se les approprier et en priver les nations concurrentes. Un commerce extérieur excédentaire est l'un des moyens d'y parvenir. Attirer les capitaux en est un autre. Mener des conquêtes victorieuses en est un troisième.

---

nombre de ses entreprises, souligne les limites d'un ministre qui n'a pas compris les ressorts profonds du monde dans lequel il vivait, auxquels il doit pourtant sa réussite. Sa fortune considérable et l'ascension de sa famille restent en réalité ses seuls véritables succès [Dessert, 1984, p. 337]

6. Pierre Clément en donne la recension (voir bibliographie).

7. Voir Longhitano [1988].

Concentrons-nous sur le premier. Une politique ambitieuse d'exportation requiert une profonde transformation de l'économie française. L'activité y est trop principalement agricole et l'agriculture trop exclusivement consacrée aux subsistances et pas suffisamment aux matières premières de l'industrie. Seule cette dernière, pense Colbert, est capable de soutenir une population nombreuse, de lui fournir de l'emploi et de procurer à la France de fortes recettes d'exportation. Industrialisme et populationnisme sont étroitement associés dans la pensée de Colbert. La mise sur pied d'une industrie protégée par des privilèges (manufactures) et des droits de douane, produisant des biens de qualité supérieure (grâce à des réglementations judicieuses) est dans la droite ligne de cette conviction. La France, déjà pourrait-on dire, semble avoir un avantage comparatif dans la production des biens de luxe produits à partir d'inputs importés, biens exportés avec une forte valeur ajoutée. C'est au développement de ces secteurs que Colbert consacrera toute son attention.

Mais l'interdépendance des grands secteurs n'est pas un vain mot. Vouloir développer et encourager l'industrie exige que l'agriculture s'y adapte, aussi bien en termes de prix que de quantités.

Des prix agricoles plutôt bas permettront d'assurer la compétitivité des manufactures françaises par abaissement des salaires. La mise au travail de la population est également permise par la chasse aux vagabonds et à diverses mesures. « La dictature du travail » est évoquée à juste titre dès le titre du livre de Boissonade. Mais, si le bas prix des céréales est un élément important de la stratégie de Colbert, il conduit cependant à réduire à moyen terme les quantités produites en raison d'une rentabilité insuffisante, ce qui ne va pas dans le bon sens, même du point de vue de Colbert qui souhaite une population abondante. Il s'agit là d'une difficulté certaine que souligneront les critiques.

La régulation du prix des céréales par ouverture sur les marchés extérieurs, qui pourrait être une solution, n'est pas possible pour des raisons politiques profondes. Le roi est en effet responsable de la subsistance de ses sujets. Même s'il est permis d'exporter des céréales au cours de certaines périodes, cela ne peut se faire au détriment de ce « pacte de subsistance ». Toute alerte aux disettes – et elles ne manquèrent pas — conduit à des restrictions sévères à l'exportation des blés.

La question du prix des blés est cruciale pour Colbert comme elle le sera pour Quesnay. Au-delà de la situation de l'agriculture proprement dite, elle concerne la totalité de l'économie et de la société française.

Quelle place et quel rôle pour l'activité agricole et pour quel type de société ? Telle est la question centrale. Moins sans doute du point de vue du colbertisme proprement dit qui comprend bien d'autres aspects (réglementation des manufactures, développement du commerce extérieur, réforme de la fiscalité, etc.) que de Quesnay. Mais c'est bien la réponse à cette question qui cristallisera l'anti-colbertisme du « Divin Docteur ».

Sous d'autres angles, les préoccupations de ce dernier paraissent moins diamétralement opposées à celles de Colbert. Quesnay comme Colbert ont le souci de la puissance du royaume et veulent lui donner les moyens d'avoir une armée nombreuse et bien équipée. Tous deux souhaitent une profonde réforme fiscale, même si ce n'est pas la même, car il n'y a pas de puissance nationale ni de gloire royale sans de bonnes finances. L'action de Colbert dans ce domaine est bien connue de même que les préconisations de Quesnay. Elles manifestent la volonté commune à ces auteurs d'œuvrer pour un ensemble, la nation, plutôt, comme ce sera le cas ultérieurement pour la plupart des auteurs postérieurs, pour le bonheur d'individus considérés en tant que tels.

Les réformes fiscales proposées diffèrent profondément mais c'est principalement en raison des conceptions de la richesse qui les sous-tendent. On peut suivre Gaston Weulersse [Weulersse, 1922], quand il repère les trois griefs que Quesnay adresse à Colbert.

Le premier est d'avoir modifié la structure de l'emploi au profit de l'industrie et aux dépens de l'agriculture et, au sein de l'industrie d'avoir privilégié l'industrie urbaine aux dépens de l'industrie rurale.

Le deuxième grief porte sur la fiscalité : trop d'impôts indirects mal réglés qui nuisent à l'activité agricole, mauvaise organisation des prélèvements permettant un développement de la finance aux dépens de l'ensemble de la société.

Le dernier, qui est le plus grave selon Weulersse, est une politique de bas prix des céréales.

Si l'on laisse de côté pour le moment la question fiscale, qui n'en est que la conséquence logique, on voit que l'enjeu principal de l'anti-colbertisme de Quesnay est la structure productive d'ensemble : l'industrie, et notamment l'industrie urbaine, est indûment favorisée par rapport à l'agriculture. Cet enjeu se matérialise dans un conflit entre industrialistes et agrariens. Gino Longhitano n'a pas tort d'écrire que :

> « Il confronto sul colbertismo copriva, tra le tante altre cose, un conflito tra interessi industriali e interessi agricoli le cui materie sono totalmente estranee al problema del *feudalismo*, così come sono estranee a un dibattito astratto tra dirigismo e liberalismo economico » [Longhitano, 1988, p. 19].

Il précise sa pensée en voyant dans la polémique contre le colbertisme l'opposition de deux modèles de société fondés tous deux sur des mécanismes de marché mais opposés sur le rôle et la place que peut et doit y tenir l'industrie.

Le fait est que, bien après Colbert, l'importance relative de l'industrie et de l'agriculture est un thème central dans les débats économiques. Déterminer la juste proportion entre les activités, celle qui permet un fonctionnement harmonieux de l'économie (absence de crises, croissance démographique et de la production), est la tâche que s'assignent explicitement ou implicitement les économistes à travers le système des prix.

Prix des céréales et juste équilibre entre les activités sont une seule et même question. Mais il y a bien des façons de l'aborder. Forbonnais le fera à sa manière en cherchant le « juste milieu », sans dogmatisme et avec le souci de ne pas s'écarter de ce qu'il pense observer dans le monde réel. Sa position peut être qualifiée de raisonnable et susceptible d'être approuvée par beaucoup. Comme Quesnay, il estime que le prix des grains est trop bas au moment où il écrit. D'ailleurs, comparativement à l'Angleterre, il y a une marge importante qui permettrait d'avoir un prix des grains plus élevé sans mettre en danger la compétitivité des industries françaises.

Mais si Quesnay et Forbonnais sont d'accord pour souhaiter un prix des céréales plus élevé, leurs positions sont en fait radicalement différentes. Le souhait de prix des blés plus élevés, corrigeant ce qui pourrait apparaître comme la conséquence de la politique de Colbert, est pensé par Forbonnais au sein d'un système économique homogène, dans lequel la richesse est produite simultanément dans toutes les branches et où il convient de trouver plus ou moins empiriquement les bonnes proportions entre elles. La critique de la politique de Colbert conduisant à des prix trop bas selon Quesnay se comprend dans un système complètement différent, dans lequel la richesse n'est nullement homogène et où l'économie, loin d'être un ensemble structuré, est radicalement composite : agriculture et industrie ne se situent pas sur le même plan et ne relèvent pas de la même logique économique, politique et sociale.

2. Le *royaume agricole* : une norme sociale anti-colbertiste mais non libérale

Une fois rappelée l'extraordinaire nouveauté du *Tableau économique*[8], il reste à en apprécier la portée exacte, ce qui n'est pas une mince affaire étant donné la diversité des interprétations données par des commentateurs prestigieux. Si par bien des aspects – son caractère purement quantitatif, sa capacité à engendrer des variantes traduisant les effets des politiques fiscales ou commerciales – il peut prendre place dans le musée imaginaire des modèles économiques fondamentaux, de Ricardo à Debreu en passant par Smith, Marx et Walras, ses particularités rendent difficile de le faire passer pour une description possible d'une économie de marchés généralisés, ce qui serait pourtant le critère requis pour tout modèle économique susceptible de fonder ou de critiquer le libéralisme.

Pour le dire autrement, la logique du *Tableau économique* s'applique non à une économie de marchés généralisés mais à un *royaume agricole* coupé de la *république générale du commerce.* Ce royaume agricole s'en distingue doublement : d'une part, la richesse qui le fonde, bien qu'exprimée en monnaie, n'est pas de même nature que la richesse industrielle et commerciale qui sera celle présente dans tous les modèles ultérieurs, d'autre part, les relations économiques que le royaume agricole entretient avec la république du commerce doivent être réduites autant qu'il se peut.

Mais comment peut-on rendre manifeste une hétérogénéité entre deux sortes de richesse, foncière et mobilière, alors même que le marché les rend indistinctes par leur commune expression en termes de prix monétaires ?

C'est un des aspects les plus singuliers du tour de force de Quesnay que d'avoir fondé sa vision du royaume agricole sur les catégories et dans le langage de l'économie de marché : la production y est définie comme différence entre *valeur vénale* (prix de marché) et *valeur fondamentale* (coût de production calculé aux prix des marchés) ; la concurrence, c'est-à-dire l'abandon des privilèges dont jouissent les manufactures, est le moyen par lequel la stérilité de l'industrie et du commerce est censée apparaître au grand jour ; la liberté du commerce intérieur et extérieur des grains est l'arme qui montre la productivité exclusive de l'agriculture grâce au bon prix du blé (18 livres le setier) qui est le prix établi par le commerce mondial, etc.

---

8. Je suis loin de partager l'ironie qui a accueilli le célèbre commentaire de Mirabeau faisant du *Tableau* une invention à l'égal de l'écriture et de la monnaie.

Que le langage choisi par Quesnay soit celui qui sera adopté ultérieurement par les auteurs classiques, qui se trouvent avoir fourni les théories économiques invoquées par les libéraux, a été à l'origine d'un quiproquo. Tous ces éléments ont été salués comme autant d'annonces d'une économie capitaliste à venir (Marx notamment), annonce qui serait demeurée incomprise en raison du contexte de la société d'Ancien Régime, mais annonce tout de même qui deviendra limpide quand les propriétaires fonciers et les riches fermiers auront abandonné leur déguisement féodal. Il y a là une des nombreuses ambiguïtés du *Tableau*, qu'il convient de dissiper si l'on veut en faire apparaître l'aspect particulier et original, bien loin des préoccupations d'un quelconque libéralisme économique.

La théorie des prix

La thèse de la productivité exclusive de l'agriculture n'est nullement l'exagération sectaire d'une opinion qui serait bien naturelle dans une économie dominée par l'agriculture. Elle est au contraire le seul moyen de pouvoir différencier une certaine richesse d'une autre dans une économie où l'échange monétaire semble abolir toute distinction. Elle donne une assise scientifique au projet politique de Quesnay : *marquer la différence qualitative entre la richesse foncière et la richesse mobilière.*

Le problème est que l'économie politique de l'époque, connue de Quesnay, que ce soit celle de Boisguilbert ou de Cantillon, ne fournit pas les outils conceptuels appropriés[9]. Il faut « inventer » la théorie économique adéquate. C'est ce que réalise Quesnay avec la présence implicite d'un système classique de prix dans le *Tableau*. Ce système de prix fait partie formellement d'une grande famille comprenant notamment ceux de Petty, Cantillon, Smith, Ricardo et Torrens. Ceci peut inciter le commentateur à assimiler Quesnay à ce vaste courant, dont on considère généralement, et à juste titre, qu'il accompagne l'avènement d'une économie de marchés généralisés. Mais, au sein de la pensée classique, la théorie des prix de Quesnay est singulière. Sa principale particularité est que *seule la propriété foncière donne droit au revenu*, c'est-à-dire à la valeur de la production nette, tandis que la propriété mobilière, c'est-à-dire celle des *avances*, ne donne droit à rien : les fermiers comme les artisans ne perçoivent aucun revenu sur leurs avances.

9. Voir Cartelier [2012].

La théorie des prix de Quesnay appartient formellement à la famille des systèmes de prix classiques. Un système de prix classique est composé d'une technique de production, de laquelle on peut déduire un surplus (qui est un panier de biens et non une grandeur). La répartition entre les branches de ce surplus, ou plus exactement de la valeur de ce surplus, permet de déterminer les prix d'équilibre. Chacun de ces systèmes se différencie principalement par la règle adoptée : selon la valeur des moyens de production (Ricardo), selon les quantités de travail (Petty) ou de terre (Cantillon), etc.

Par le choix d'une règle particulière, la *productivité exclusive de l'agriculture*, Quesnay se singularise au sein de l'ensemble de la pensée classique (voir Annexe 1). À la différence de la théorie des prix de production pour laquelle la totalité des inputs employés dans l'ensemble des branches produit un revenu (ils sont du *capital* produisant un *profit*), seuls les inputs employés en agriculture ont cette propriété. Il existe donc, pour Quesnay, une véritable *hétérogénéité de la richesse*, une différence *qualitative* entre l'agriculture et le reste des activités économiques.

En ajoutant que le revenu échoit aux propriétaires fonciers et non aux fermiers, la propriété foncière apparaît radicalement différente de la propriété mobilière, c'est-à-dire celle des différents inputs ou avances. *Du point de vue de ceux qui fournissent les avances, c'est moins l'agriculture qui diffère de l'industrie que la propriété foncière qui diffère de la propriété mobilière.* Certes, les fermiers constatent une différence entre les valeurs vénale et fondamentale de leurs produits, ce qui n'est pas le cas des artisans et commerçants, mais ce revenu n'est pas pour eux ; ils doivent le remettre aux propriétaires, ce que traduit le schéma de la circulation associé à la *Formule arithmétique du Tableau économique*.

La circulation et la reproduction

Celle-ci se représente soit par un schéma, le *Tableau économique*, soit par un système d'équations très simple (voir Annexe 2). On y voit que la composition de la dépense du *produit net* affecte *l'importance relative des deux classes* mais non celle du *produit net*. Si la totalité du *revenu net* était dépensée en faste de subsistance, la *classe stérile* serait réduite à n'être que l'appendice de la *classe productive*, poussant ainsi la notion de royaume agricole à sa perfection. Si, au contraire, la totalité du *revenu net* était dépensée en *luxe de décoration*, la *classe stérile* prendrait une grande importance mais le *revenu net* resterait inchangé.

Un des soucis de Quesnay est la reproduction de la société décrite dans le *Tableau*. On sait que, selon lui, deux conditions doivent être remplies (en plus de l'absence d'impôts sur les avances et de la suppression des entraves au commerce) : d'une part, qu'il n'y ait pas de thésaurisation, d'autre part, que les propriétaires fonciers adoptent un certain mode de vie, qu'ils préfèrent le « faste de subsistance » au « luxe de décoration », c'est-à-dire que leurs dépenses soient orientées vers l'agriculture, seule classe productive. Ce dernier point ne concerne pas le niveau du revenu, contrairement à ce que pensait Quesnay, mais l'importance relative de l'activité agricole. Il traduit sa préférence pour un mode de vie traditionnel.

Quesnay fait plus que souligner la différence entre l'agriculture et le reste de l'économie. Ce sont deux systèmes sociaux différents qu'il convient selon lui de différencier à tous les niveaux. Dans *l'Analyse de la formule arithmétique du tableau économique*, il va jusqu'à écrire :

> « Ainsi un royaume agricole et commerçant réunit deux nations distinctes l'une de l'autre : l'une forme la partie constitutive de la société attachée au territoire, qui fournit le revenu, et l'autre qui est une addition extrinsèque qui fait partie de la république générale du commerce extérieur, employée et défrayée par les nations agricoles » [*Œuvres*, I, p. 557].

On peut prolonger l'analyse dans cette direction en montrant que la pensée de Quesnay est à sa plus juste et rigoureuse expression lorsque la proportion entre la classe productive et la classe stérile au sein du royaume agricole est telle que la seconde n'a de justification que dans la stricte mesure où elle produit les inputs nécessaires à la première. Elle ne doit pas aller au-delà (voir Annexe 3).

L'image d'un tel sous-système nous ramène à l'économie domaniale de Cantillon dans laquelle les propriétaires décident des quantités et/ou des prix des biens, soit qu'ils administrent *directement* leurs propriétés avec l'aide d'inspecteurs ou d'intendants, soit que des entrepreneurs ou fermiers travaillent pour le marché et que les propriétaires dépensent leur rente pour y acquérir les biens produits par les entrepreneurs.

La notion de *royaume agricole*, centrale chez Quesnay, est irréductible à l'idéal de Colbert comme à l'idée libérale du marché généralisé. En ce sens, le *Tableau économique* n'apporte aucune caution à la vision moderne que l'économie politique du XIXe siècle développera. Si les échanges y sont bien monétaires, ils sont structurés selon une logique qui doit peu à l'idée de marchés généralisés et beaucoup à celle d'un *royaume agricole*, modèle d'une société singulière qui a les faveurs de Quesnay et des Physiocrates.

Fermiers ou propriétaires fonciers : une question stratégique

L'analyse qui précède pourrait être contestée en faisant valoir que les individus actifs, ceux qui produisent effectivement, sont les fermiers et non les propriétaires fonciers, c'est-à-dire ceux qui seront les entrepreneurs capitalistes de la théorie économique ultérieure et non ceux qui seront les rentiers. On pourrait lui ajouter qu'attribuer le revenu aux fermiers serait s'assurer à la fois que son utilisation sera conforme aux vœux de Quesnay et que cela permettrait par une augmentation continue des avances de promouvoir une croissance continue de type purement capitaliste.

Ainsi, en attribuant le revenu aux fermiers par une pure convention n'ayant rien à voir avec l'ordre naturel, Quesnay aurait révélé la nature profonde de son système, l'annonce d'une économie capitaliste prochaine démarrant d'abord dans l'agriculture. Du coup, son plaidoyer pour la libéralisation du marché des grains et la suppression des entraves à la circulation pourrait bien passer pour l'embryon d'une politique authentiquement libérale.

Cet argument n'est cependant pas acceptable. D'abord, parce que Quesnay, en attribuant aux propriétaires la totalité du revenu, se conforme strictement à la représentation qu'il a de l'ordre naturel dans lequel la propriété foncière est au fondement de la propriété en général. Ensuite parce que rien dans les écrits de Quesnay ne vient étayer l'idée d'une croissance exponentielle du type de celle évoquée par Smith ou Ricardo, croissance associée au taux de profit lui-même lié à une règle d'imputation du revenu étrangère à Quesnay. Enfin, parce que la défense des propriétaires fonciers n'est pas une défense de la noblesse et de ses privilèges, mais une volonté de transformer la société d'Ancien Régime en fondant la hiérarchie sur la base solide des catégories économiques plutôt que sur des privilèges arbitraires[10]. Il ne faut pas oublier que Quesnay a un projet politique fort qui n'est pas la reconduction pure et simple de la société française, mais sa transformation en une structure fondée en raison. L'attribution aux propriétaires fonciers de la totalité du revenu, arbitraire à nos yeux d'économistes puisque les propriétaires ne participent pas en tant que tels à la production, est parfaitement déterminée par la vision d'ensemble qu'a Quesnay de la société.

10. Le domaine d'élection de la grande culture que Quesnay veut promouvoir est la *réserve seigneuriale*, c'est-à-dire la partie des terres libre de toute servitude à caractère féodal, celle qui est l'objet de la propriété moderne.

3. L'instauration du royaume agricole : une politique anti-colbertiste mais non libérale

Les armes par lesquelles Quesnay veut établir le royaume agricole semblent être celles-là mêmes que les libéraux préconisent, à savoir la suppression des réglementations de la production et des entraves diverses aux échanges. Il entend se servir de la libre concurrence comme un moyen général pour atteindre son objectif. Cela n'en fait-il pas un libéral avant la lettre ? La réponse est négative. S'il est vrai que les recommandations concernant le commerce intérieur et la circulation des marchandises sont celles-là mêmes que les libéraux privilégieront, elles sont orientées vers des objectifs opposés à ceux qu'ils poursuivent. Pour Quesnay, elles sont une arme contre l'industrie et le commerce et non une incitation à son développement. Dans son esprit, les entraves à la concurrence, pour employer le langage d'aujourd'hui, sont la source des profits observables de la classe stérile (règlements et privilèges des manufactures, par exemple). Leur suppression a pour objectif d'éliminer ces profits et, par conséquent, de diminuer l'importance de cette classe. Les échanges doivent respecter l'ordre naturel selon Quesnay et cet ordre naturel ne laisse pas de place au profit des capitaux investis dans l'industrie et le commerce.

En ce qui concerne la libéralisation du commerce des grains, on ne peut s'empêcher d'observer que cette revendication libérale typique a été faite par Quesnay parce que le prix mondial du blé était *supérieur* au prix intérieur[11]. Est-ce en raison de la Providence ? Ce prix mondial est précisément celui qui assure que seule l'agriculture est productive et, selon le « Divin docteur », il se trouve être celui qui résout le système d'équations (1) de l'annexe 1. Ce plaidoyer pour un commerce des grains libre et sans entraves n'est-il pas simplement circonstanciel ? Il n'est pas argumenté comme le sera plus tard celui de Ricardo contre les *Corn laws*. La suppression des entraves à l'entrée des blés polonais en Angleterre est souhaitée par Ricardo parce que le prix mondial est *inférieur* au prix intérieur anglais. Pour Quesnay, il s'agit d'augmenter le revenu des propriétaires fonciers et, au-delà, de favoriser un ordre social traditionnel, le royaume agricole. Pour Ricardo, il s'agit d'élever le taux de profit des entrepreneurs capitalistes et, au-delà, de favoriser l'émergence d'une société nouvelle. Dans les deux cas, ne s'agit-il pas davantage d'opportunisme que d'adhésion à une doctrine libérale

11. Loïc Charles [1998] a montré de façon savante et convaincante que là réside principalement l'avantage de la liberté du commerce et non dans des transferts entre commerçants et fermiers. D'ailleurs, cet avantage est maintenu dans les années médiocres en l'absence de commerce international !

clairement exposée ? Qu'aurait été la proposition de Quesnay (Ricardo) si le prix intérieur du blé eût été supérieur (inférieur) au marché mondial ?

Au demeurant, l'attitude de Quesnay vis-à-vis des échanges internationaux autres que ceux des grains est plutôt réservée. La maxime XXIV, extraite des *Maximes générales du gouvernement économique d'un royaume agricole*, est explicite :

> « Qu'on ne soit pas trompé par un avantage apparent du commerce réciproque avec l'étranger ; [...] ; Car souvent la perte est pour la nation qui reçoit un surplus en argent » [*Œuvres*, I, p. 571].

Seul le commerce extérieur des « denrées du cru » est incontestablement bénéfique. Pour le reste, c'est l'impact des échanges internationaux sur la production du revenu et non les intérêts des particuliers qui font que ce commerce est, ou non, digne d'encouragement. Que la maxime XXV qui suit proclame une foi totale dans « la pleine liberté de la concurrence » ne doit pas abuser le lecteur d'aujourd'hui. La liberté de la concurrence, vue par Quesnay, n'est que le moyen de restreindre l'importance des activités stériles, à l'intérieur comme à l'extérieur de la nation.

Ce ne sont pas seulement les propositions positives de Quesnay qu'il faut considérer pour apprécier le caractère plus ou moins libéral de la politique qu'il souhaite. Il faut également noter, négativement pourrait-on dire, ce qui n'y figure pas et qui devrait y être présent pour que cette politique soit pleinement libérale. Si l'on adopte le point de vue de Polanyi évoqué plus haut, l'absence de certaines prescriptions particulières sur les « marchandises fictives » du capitalisme est aussi significative.

Cela est particulièrement clair au sujet du *travail*. Quesnay ne lie pas la question du prix du blé au marché du travail, non concevable d'ailleurs dans la France de Louis XV. Quesnay vise une structure de prix telle que seule l'agriculture soit productive. Il ignore superbement la loi d'airain des salaires, quoi qu'en ait pensé Marx[12]. Il plaide pour que les travailleurs de l'agriculture soient bien nourris et ne semble pas penser, à l'instar des penseurs libéraux, que la faim soit la meilleure incitation au travail et à la productivité. Bien au contraire, ainsi qu'en témoigne la maxime XIX :

> « Qu'on ne croie pas que le bon marché des denrées est profitable au menu peuple ; car le bas prix des denrées fait baisser le salaire des gens du peuple,

12. « [...] le salaire minimal constitue, à juste titre, la pierre angulaire de la doctrine des Physiocrates » [Marx, 1974, p. 33].

> diminue leur aisance, leur procure moins de travail et d'occupations lucratives, et anéantit le revenu de la nation » [*Œuvres*, I, p. 570].

Quesnay précise en note :

> « La véritable cause de la paresse du paysan opprimé est le bas prix du salaire et le peu d'emploi dans les pays où la gêne du commerce des productions fait tomber les denrées en non-valeur » [*Œuvres*, I, p. 592].

Ce n'est donc pas la faim qui pousse les travailleurs à l'effort mais le désir de richesse. Quesnay a un point de vue radicalement opposé à celui qui prévaudra chez les libéraux du siècle suivant :

> « Pour autoriser les vexations sur les habitants de la campagne, les exacteurs ont avancé pour maxime, qu'il faut que les *paysans soient pauvres, pour les empêcher d'être paresseux*. Les bourgeois dédaigneux ont adopté volontiers cette maxime barbare, parce qu'ils sont moins attentifs à d'autres maximes plus décisives, qui sont que l'homme *qui ne peut rien conserver ne travaille précisément que pour gagner de quoi se nourrir et qu'en général tout homme qui peut conserver est laborieux, parce que tout homme est avide de richesse* » [*Œuvres*, I, p. 592, souligné par Quesnay].

Certes, Quesnay ne parle que des travailleurs de l'agriculture, mais les motifs poussant les hommes au travail sont les mêmes dans toutes les branches, même si l'effet sur l'ensemble de la nation peut être différent.

On est loin de la volonté de mise au travail par la contrainte de pauvreté. Cela s'explique sans doute par le fait que le salaire est principalement dépensé en produits agricoles : un prix élevé du blé conduit à des salaires élevés et à des termes de l'échange favorables en biens non agricoles[13]. Mais cela se comprend également si l'on se rappelle qu'il n'y a pas de divergences d'intérêt entre les fermiers et les ouvriers agricoles (ils ont tous intérêt à un prix élevé du blé) et ne perçoivent aucun revenu à proprement parler. Ce n'est évidemment plus le cas si l'on raisonne dans le système de prix de production (uniformité des taux de profit et donc totale homogénéité des richesses) où il est aisé de mettre en évidence une relation inverse entre taux de salaire et taux de profit. Quesnay est bien loin de la préoccupation principale de Ricardo concernant le « prix des salaires ». Rappeler la différence de norme entre Quesnay et Ricardo, c'est-à-dire entre un royaume agricole et une économie capitaliste, permet de ne pas confondre une politique de haut prix du blé par

13. Voir en ce sens le raisonnement que Quesnay développe dans la note (15) de la maxime XIX [*Œuvres*, I, p. 591].

libéralisation du commerce des grains avec la politique ricardienne de bas salaires par suppression des *Corn laws* et abaissement du prix du blé.

La position de Quesnay sur le travail et le salaire – fondements du capitalisme – est sans doute la raison la plus fondamentale pour ne pas en faire un précurseur du libéralisme ni un annonciateur des temps nouveaux. Mais ce n'est pas la seule. Que ce soit sur la monnaie ou sur l'impôt, Quesnay défend des vues différentes de celles des libéraux ; certaines leur sont même irréductibles.

Les libéraux du XIXe siècle peuvent certainement se retrouver dans l'idée que la monnaie n'est pas la vraie richesse et qu'un excédent de la balance des paiements n'est nullement souhaitable. En revanche, la préférence libérale pour les règles automatiques par rapport aux interventions discrétionnaires en matière monétaire se retrouve difficilement chez Quesnay qui n'a certainement pas en vue les mécanismes de l'étalon-or ni en tête les avantages d'une libre concurrence sur les marchés financiers.

Fort logiquement, un royaume agricole n'a rien à attendre du commerce de l'argent. Si les opérations financières diverses peuvent avoir le mérite de faciliter les transactions – Quesnay est bien conscient que le papier commercial peut suppléer à la monnaie sonnante et trébuchante –, il ne peut qu'être suspicieux vis-à-vis des comportements spéculatifs qui peuvent être responsables de la formation de « poches pécuniaires » défavorables à la reproduction du revenu. La maxime XXX est fort explicite :

> « *Que l'État évite des emprunts qui forment des rentes financières*, qui le chargent de dettes dévorantes, et qui occasionnent un commerce ou trafic de finances, par l'entremise de papiers commerçables, où l'escompte augmente de plus en plus les fortunes pécuniaires stériles » [*Œuvres*, I, p. 572, souligné par Quesnay].

Le taux de l'intérêt, prix de la disponibilité de la monnaie, ne doit nullement être confié à un marché. Il doit être soumis à la loi naturelle de la rentabilité des biens fonciers. Quesnay, *alias* Nisaque, le précise dans ses *Observations sur l'intérêt de l'argent* :

> « Car il ne saurait y avoir de loi positive constante, qui puisse fixer équitablement le taux de l'intérêt de l'argent, qui n'admet d'autre loi que la loi naturelle, c'est-à-dire l'état réel des revenus produits par la nature et qui peuvent être acquis avec de l'argent » [*Œuvres*, II, p. 850].

Ce taux pourrait être constaté à intervalles réguliers par les notaires des différents districts et

> « ce renseignement aurait dans les cas litigieux sur le taux de l'intérêt de l'argent, le même effet pour asseoir les décisions de justice, que celui des mercuriales qui chaque marché consignent au greffe de la juridiction du lieu le prix des grains » [*Œuvres*, II, p. 850].

Et si l'on objecte à Quesnay que cela reviendrait à brider le commerce de l'argent et à empêcher l'existence d'un vaste marché de l'argent, la réponse de ce dernier est toute prête :

> « Les prêteurs d'argent à intérêt [...] n'ont aucun droit d'invoquer le commerce pour jeter de la confusion dans l'ordre naturel du taux de l'intérêt de l'argent prêté à constitution de rentes perpétuelles, et pour soutenir, sous le prétexte des avantages du commerce, que le taux de l'intérêt de l'argent prêté à constitution de rentes perpétuelles, doit hausser ou baisser à raison de la concurrence du nombre plus ou moins grand de prêteurs et d'emprunteurs, d'où résulterait la ruine de la nation » [*Œuvres*, II, p. 852].

La concurrence, propre à fixer le prix du blé entre nations commerçantes, ne saurait avoir un rôle semblable en matière d'argent[14], pas davantage que pour fixer les salaires. Difficile d'être plus explicite que dans ces divers passages où Quesnay trouve naturel de traiter les productions agricoles selon des principes différents des autres. Son libéralisme n'est qu'apparent. Il ne relève nullement de la pensée libérale pour laquelle le marché est un principe d'organisation ayant vocation à être généralisé.

Un troisième volet des prescriptions de Quesnay l'éloigne encore de la pensée libérale : la politique de l'impôt. Certes, l'impôt unique épargne l'industrie et le commerce mais, là encore, ce n'est pas pour encourager ces activités : c'est qu'il n'y a rien à prélever sur des activités stériles. Si l'impôt, dans l'ordre naturel, frappe exclusivement les propriétaires fonciers, c'est parce que le revenu est la seule « richesse renaissante » et la terre la seule source de cette richesse. Il s'agit, en fait, d'un mode de partage du revenu entre propriétaires puisque le monarque est assimilé à cette classe.

Mais il faut aller plus loin pour bien comprendre la position de Quesnay. Il existe en effet trois sortes de propriétaires, l'État, les décimateurs et les propriétaires ordinaires. Or ces derniers ont une *propriété limitée*.

14. On notera la différence avec Turgot qui écrit dans ses *Mémoires sur les prêts d'argent* : « Il est nécessaire que l'argent y [dans le commerce] soit considéré comme une véritable marchandise dont le prix dépend de la convention et varie, comme celui de toutes les autres marchandises, à raison du rapport de l'offre et de la demande » [Turgot, 1919 [1770], III, p. 169].

> « Il n'y a que la portion du possesseur du bien qui soit aliénable, et elle ne se vend qu'à raison du revenu qu'elle produit. La propriété du possesseur ne s'étend donc pas au-delà. Ce n'est donc pas lui qui paie les autres propriétaires qui ont part au bien, puisque leurs parts ne lui appartiennent pas, qu'il ne les a pas acquises et qu'elles ne sont pas aliénables » [*Œuvres*, I, p. 573].

On craint de comprendre que l'impôt, bien que payé par les possesseurs de terre, n'est nullement un prélèvement sur le revenu qui leur revient. Si le Souverain a une propriété éminente sur l'ensemble des terres, il faut bien se rendre à l'évidence, l'impôt n'est que la part du revenu qui lui revient en dehors de toute coercition, en vertu de l'ordre naturel. *Le consentement à l'impôt, élément essentiel de la pensée libérale, n'a aucune place dans celle de Quesnay.*

Le flou qui semble entourer la notion même de propriété foncière et la distinction entre propriétés foncières aliénables et inaliénables ne prêchent pas pour le développement d'un marché généralisé des terres, pas davantage que pour un marché généralisé du travail ou de la monnaie.

Bref, il est bien difficile d'interpréter les *Maximes pour le gouvernement d'un royaume agricole* comme autant d'éléments d'une politique favorable à l'essor d'une économie capitaliste dont la régulation serait exclusivement assurée par le marché. On ne peut même pas y voir la préparation à un futur changement dans ce sens. Warren Samuels, replaçant les préconisations de Quesnay dans leur contexte, ne s'y trompe pas. Les intentions de Quesnay sont bien de *faire pour transformer plutôt que de non-faire pour conserver :*

> « *What Physiocracy would have accomplished was the substitution of their own program of agriculturalism for that of Colbertism; i.e., of their aims, their policies and their organization of the economy, for the aims, policies and organization of the economy of the Ancien Regime. Smith, notwithstanding his praise, also recognized that Physiocracy was a system no less than was mercantilism, that Physiocracy simply would have changed the structure and orientation of state policy rather than adopting the principle of having no state policy of restraint and promotion, or what Smith called « the simple and obvious system of natural liberty* » [Samuels, 1962, p. 149].

4. Le *Tableau économique* comme « invention de la politique moderne » ni colbertiste ni libérale

Si Quesnay est bien l'inventeur de l'économie politique (et non celui du libéralisme !), il se trouve être aussi celui de la politique moderne, les deux inventions ayant un rapport certain. Ce rapport n'est pas cependant aussi simple qu'on pourrait le souhaiter.

Avant Quesnay, l'émergence d'une réflexion *économique* autonome sur la société a influencé le discours de tous ceux qui se préoccupaient de la chose publique, qu'ils soient des conseillers des souverains ou des personnalités indépendantes. John Law, Cantillon, Forbonnais, pour n'en citer que quelques-uns fort différents, s'intéressent au gouvernement *économique* de la nation et à ce *seul gouvernement économique*. Les principes de l'économie politique en formation paraissent pouvoir fournir des justifications nouvelles aux mesures prises par les autorités, quelles qu'en soient les raisons, politiques ou non. Il n'est pas surprenant que l'apparition du *Tableau économ*ique ait pu être interprétée comme l'achèvement de cette évolution : la politique économique sera désormais fondée sur la science économique puisque celle-ci a atteint un niveau suffisant d'élaboration.

En ce sens, Quesnay annoncerait un mode de pensée de la politique économique résolument moderne puisqu'il a été adopté par la plupart des économistes ultérieurs, y compris et surtout par les libéraux. Ricardo expliquera à ses collègues du Parlement comment sa théorie du taux de profit conduit à souhaiter l'abrogation des *Corn laws*, Jean-Baptiste Say et ses amis fonderont sur la loi de l'offre et de la demande une politique anti-coalitions ouvrières, les diverses théories du commerce international seront invoquées à l'appui de la généralisation du libre-échange, etc. Aujourd'hui encore, la « flexibilité du marché du travail » est souhaitable nous dit-on en raison des avantages démontrés par la science économique qu'elle aurait sur la croissance et l'emploi.

Si l'on ajoute à ce diagnostic la ressemblance des mesures préconisées par Quesnay avec certaines de celles défendues par les libéraux, on comprend que l'on ait pu faire de Quesnay l'annonciateur du libéralisme économique.

Ce n'est pas le point de vue adopté ici. Certes, le *Tableau économique* est bien un modèle quantitatif utilisé par Quesnay pour étudier des variantes de politique économique (voir les deux *problèmes économiques*), à l'instar de ce qui se pratique aujourd'hui. Mais il est bien davantage que cela. Quesnay n'est pas l'inventeur de la politique économique, il est *l'inventeur de la politique moderne*, ce qui est bien autre chose. Sous couvert d'un discours scientifique, le *Tableau* suggère de résoudre, sans les expliciter comme tels, les problèmes *politiques* fondamentaux de son temps.

La ressemblance que l'on pourrait être tenté de trouver avec la pensée libérale se dissipe dès lors que l'on envisage la conception que Quesnay se fait de la société, étrangère aux diverses traditions issues du mythe du *contrat social*, et son idée de la liberté humaine.

La politique au nom de la science sociale

Que le *Tableau économique* soit davantage qu'un exercice de modélisation économique aussi génial soit-il, est bien établi aujourd'hui [Longhitano, 1988 ; Cartelier, 1991 ; Larrère, 1992]. Il s'agit en fait d'un projet politique visant à transformer la société française d'Ancien Régime. Une telle affirmation résulte, entre autres, de la confrontation de deux textes datant des années 1757-1759 : le *Tableau économique* et le *Traité de la monarchie*.

C'est en effet au moment même où Quesnay conçoit le *Tableau économique*, qu'il travaille avec Mirabeau à ce *Traité de la monarchie*, texte resté non publié jusqu'en 1999, date à laquelle Gino Longhitano le mit à la disposition des chercheurs[15]. Parmi les raisons de sa non-publication figurent incontestablement les risques encourus par les porteurs de réformes radicales[16]. Le *Traité* est écrit de façon lisible par tous, et donc par la censure, à la différence du *Tableau* dans lequel les mêmes propositions sur le fond, formalisées, demeuraient cachées aux profanes, censeurs compris.

La comparaison des deux textes, qui excède le cadre de cette communication, est éclairante[17]. On n'en retiendra pour notre propos que la conclusion principale, à savoir l'innovation consistant *à déplacer les débats de société de l'arène politique traditionnelle à celle de la science*, plus précisément de la *science sociale*, dont les membres de la secte nous répètent à l'envi qu'elle est placée sous le signe de la « nécessité physique ».

Science sociale plus que science économique. L'apparente domination de l'économique dans la pensée du « Divin docteur » doit être dissipée. D'une part, elle relève d'une circonstance particulière, d'autre part, elle découle d'une interprétation un peu limitée.

La circonstance particulière est que Quesnay a été amené à corriger un texte primitivement voulu par Mirabeau et, ce faisant, a été conduit à

15. Ce texte est peu mentionné avant 1999. Weulersse en a publié des extraits dans son édition des *Manuscrits* et Elizabeth Fox-Genovese en fait longuement état dans ses *Origins of Physiocracy*.

16. Mirabeau en fera l'expérience plus tard avec sa *Théorie de l'impôt*.

17. Un commentaire savant a été donné par G. Longhitano dans l'introduction de son édition ; une esquisse de comparaison a été proposée dans Cartelier [2012].

présenter son projet de refondation du royaume en termes explicitement politiques. Ce texte est le *Traité de la monarchie*, qui est resté inédit en raison d'une crainte de la censure. Parallèlement, Quesnay élaborait une version formalisée de ce même projet, le *Tableau économique*[18]. C'est ce dernier qui a été retenu par l'histoire comme le premier exemple d'un modèle quantitatif complet représentant l'ensemble de l'économie, d'où sa grande visibilité.

L'interprétation un peu courte, qui a rendu plausible la thèse de la domination de l'économique sur le politique dans la pensée de Quesnay, est celle qui fait du *Tableau économique* la description de la seule partie économique de la société. Les *Maximes* qui en découlent relèveraient alors de la seule politique économique. C'est ne pas voir que le *Tableau économique* est la figuration de la société tout entière, ou, si l'on préfère, d'une nation complète satisfaisant aux normes d'un royaume agricole.

Chez Quesnay, la relation existant entre le politique et l'économique ne se conforme pas à l'opposition issue du mythe du contrat social. On sait que les versions politiques (Hobbes, Rousseau) et économiques (Locke, Smith) du contrat social n'ont jamais pu cohabiter au sein d'une même pensée englobante : le politique accueille difficilement le déterminisme économique, tandis que du point de vue de l'économique, le politique équivaut à l'arbitraire. Telle n'est pas la relation que l'on trouve chez Quesnay. Elle relève plutôt de la *hiérarchie enchevêtrée* chère à Louis Dumont : l'économique prend le pas sur le politique mais cette prééminence est justifiée par un dessein proprement politique. C'est comme *projet politique* – la refondation de la monarchie française comme royaume agricole – que l'« l'invention de l'économie politique » produit le *Tableau économique*. L'apparente hégémonie du raisonnement économique révèle l'avènement d'une nouvelle façon de penser la politique.

Le Tableau est en lui-même un projet politique ne se présentant pas comme un projet politique. Il n'est pas écrit selon une rhétorique politique connue à l'époque. Il se présente comme un exposé scientifique mais vise à réformer profondément la société française. Quesnay entend poser et résoudre les problèmes politiques en les formulant d'une façon radicalement nouvelle. Ou pour le dire de façon plus brutale, l'innovation politique est le *Tableau*

18. Marx fut sans soute le premier, en dehors des partisans de Quesnay, à en souligner l'importance : « [...] cette tentative de représenter tout le procès de production [...] en un Tableau qui ne se compose *in fact* que de 5 lignes, reliant 6 points de départ ou points de retour – dans le deuxième tiers du XVIIIe siècle, période d'enfance de l'économie politique – fut une idée extrêmement géniale, sans conteste la plus géniale que l'on doive, jusqu'à aujourd'hui, à l'économie politique » *Théories sur la plus-value*, I, p. 399.

lui-même. *Si Quesnay annonce bien des temps nouveaux, c'est moins celui du libéralisme que celui de nouvelle façon de faire de la politique après que les sciences sociales ont fait irruption dans la conscience des individus*[19].

Les questions traditionnelles (balance des pouvoirs, légitimité des privilèges, la noblesse déroge-t-elle en pratiquant le commerce, etc.) sont absentes du *Tableau*. Les ordres privilégiés, la Noblesse et le Clergé, à propos desquels Mirabeau et Quesnay se sont affrontés et finalement entendus (le *Traité* en témoigne abondamment), n'apparaissent plus que pour ce qu'ils sont dans le *Tableau :* des propriétaires fonciers. C'est en tant que propriétaires fonciers, et seulement en tant que tels, que leurs prérogatives sont discutées, leur statut fiscal établi ainsi que leurs obligations sociales (le « faste de subsistance » notamment) précisées. Le débat politique se déroule sur un terrain totalement nouveau que peu de penseurs de l'époque maîtrisent véritablement. Quoique peu activement présente dans la production et la circulation, la classe des propriétaires se voit assigner par Quesnay une place prééminente dans la société [voir Larrère, 2004 ; Steiner, 2004]. Longhitano en donne la raison proprement historique :

> « Cette promotion politique du propriétaire est issue de la nécessité de trouver une base sociale au projet de liquidation d'une monarchie absolue devenue l'instrument des intérêts des classes stériles » [Longhitano, 1999, p. lxvii].

Sur le nouveau champ de bataille proposé par Mirabeau et Quesnay, le *Tableau*, seule la reproduction du *produit net* est significative. La discussion des conditions de cette reproduction est centrée sur les propriétés formelles d'un ésotérique *zigzag*. Les anciennes querelles sont réputées non significatives.

Il n'y a pas dans la pensée de Quesnay un découpage entre différentes rationalités correspondant à divers domaines, politique, économique, idéologique, etc. L'« économie pure » qui se donne à voir dans le *Tableau* n'est que la partie émergée (parce qu'avouable) d'une théorie totale qui embrasse l'ensemble de la société et de ses formes les plus diverses. Cette théorie, présente de façon explicite dans le *Traité*, entend rendre compte des multiples formes de gouvernement [voir Steiner, 2014]. Le parallélisme entre deux oppositions : monarchie *versus* république et royaume agricole *versus* commerce et industrie en est la figure centrale.

19. Le livre récent de Bruno Karsenti [2013] examine cette question de façon intéressante quoique partielle puisque l'économie politique en tant que discours sur la société y est ignorée au profit de la sociologie, pourtant plus tardive.

L'argument principal du *Tableau*, la productivité exclusive de l'agriculture, éclaire le *Traité* (et réciproquement !) où il est soutenu que les vraies nations sont des royaumes agricoles. Une nation commerçante n'en est pas vraiment une, car elle n'est pas liée à un territoire et la souveraineté n'y est pas de même nature. Dans un royaume agricole, la richesse est attachée au territoire et la défense de ce territoire y est la seule tâche souveraine. Le commerce étant privé de cette attache, la défense des richesses prend une forme différente excluant le type de souveraineté propre aux nations agricoles.

Autrement dit, opposition des richesses foncière et mobilière dans le *Tableau*, opposition de la monarchie à la république dans le *Traité* sont les deux faces d'une même médaille. Le commerce n'est pas de nature à soutenir une nation véritable ni, peut-on penser, une société humaine véritablement accomplie. Ceci ne signifie pas que la concurrence et le marché ne soient pas essentiels : ils le sont mais en un sens différent des auteurs libéraux ultérieurs. C'est par leur jeu que se distinguent les royaumes agricoles et les autres qui ne vivent qu'aux dépens des premiers.

Que le *Tableau économique* soit la version « scientifique et objective » du *Traité de la monarchie* ne doit pas être compris comme une simple habileté ou ruse de Quesnay. C'est au contraire la conséquence directe de la conception d'ensemble que Quesnay se fait de la société et de son gouvernement. Cette conception ne semble pas de celles qui peuvent être associées au libéralisme.

Liberté humaine versus *liberté animale*

Le thème de la liberté est ancien dans la pensée de Quesnay. Il a abordé cette question bien avant ses premiers travaux économiques, dès *l'Essai physique sur l'économie animale* dans lequel il défend l'idée qu'il n'y a pas de liberté d'agir sans les motifs de l'action ni sans délibération, ce qui suppose des conditions données *a priori* sur lesquelles ne porte pas cette délibération. Échappent ainsi à l'exercice de la liberté humaine les motifs de l'action et l'acquiescement à ces motifs.

Le même thème est repris dans *Droit naturel*, un peu moins de vingt ans plus tard. L'exercice de la liberté est soumis aux motifs qui, eux, ne sont pas un objet de choix mais peuvent faire l'objet d'un perfectionnement par la connaissance. La liberté de l'homme diffère de la liberté animale qui se réduit à chercher le plaisir et fuir la douleur. L'absence de motifs, pas davantage que « de pouvoir acquiescer à tous les motifs actuels », n'est synonyme de liberté.

« C'est en ce sens que l'homme brut n'est occupé qu'à étendre toujours l'usage de sa liberté et à satisfaire ses passions avec aussi peu de discernement que de modération ; ce qui a forcé les hommes qui vivent en société, à établir eux-mêmes des lois pénales pour réprimer l'usage effréné de leur liberté. [...] Ainsi la liberté ou délibération peut s'étendre par les motifs mêmes qui limitent l'usage précipité et imprudent de la liberté » [*Œuvres*, I, p. 117, note].

La liberté n'est acceptable que soumise à des principes qui la dépassent. La connaissance de ces principes, c'est-à-dire de l'ordre naturel, est la condition du perfectionnement de la liberté. La liberté est donc subordonnée au droit naturel, qui lui-même ne se réduit pas à la balance des plaisirs et des peines. Les lois positives qui donnent leur sens à la liberté doivent donc être conçues comme l'application du droit naturel, que seule la raison éclairée par l'Intelligence suprême permet de connaître.

« Ces lois ne restreignent point la liberté de l'homme [...] car les avantages de ces lois suprêmes sont manifestement l'objet du meilleur choix de la liberté. L'homme ne peut se refuser raisonnablement à l'obéissance qu'il doit à ces lois ; autrement sa liberté ne serait qu'une liberté nuisible à lui-même et aux autres ; ce ne serait que la liberté d'un insensé qui, dans un bon gouvernement, doit être contenue et redressée par l'autorité des lois positives de la société » [*Œuvres*, I, p. 123].

La connaissance de l'ordre naturel et sa mise en œuvre sont les conditions de la liberté de l'homme. Elle n'est pas de l'ordre de la foi mais de l'évidence, c'est-à-dire de la raison :

« Le droit naturel des hommes diffère du droit *légitime* ou du droit décerné par les lois humaines, en ce qu'il est reconnu avec évidence par les lumières de la raison, et que par cette évidence seule, il est obligatoire indépendamment de toute contrainte » [*Œuvres*, I, p. 113].

La liberté humaine ne peut être détachée de la capacité des hommes à découvrir les lois objectives, physiques, qui leur sont le plus favorables. Qui parvient à la connaissance de l'ordre naturel, principe même de toute loi légitime ? Ceux qui l'ont étudié, c'est-à-dire Quesnay et ses disciples ! Ces hommes éclairés doivent d'ailleurs se soumettre à la première des lois positives, à savoir

« l'institution de l'instruction publique et privée des lois de l'ordre naturel, qui est règle souveraine de toute législation humaine et de toute conduite civile, politique, économique et sociale » [*Œuvres*, I, p. 122].

Non seulement Quesnay a le privilège d'avoir découvert les lois de l'ordre naturel, mais il a l'obligation absolue de les diffuser et d'en instruire les hommes et tout particulièrement le Souverain. Bien loin de s'en remettre à la spontanéité des individus exerçant leurs libertés selon leur bon plaisir, Quesnay va éclairer leurs choix en leur enseignant les lois de

> « *l'ordre naturel évidemment le plus avantageux au genre humain* » [*Œuvres*, I, p. 121, souligné par Quesnay].

L'individu n'est pas la valeur suprême de la société pensée par Quesnay. Il ne semble l'être que s'il se conforme à un ordre qu'il n'a pas voulu et qu'il lui faut découvrir, soit par la science soit par l'acceptation des propositions scientifiques que de plus savants que lui ont démontrées.

Le *Tableau économique* et ses variantes (celles des deux *problèmes économiques* et de la *Philosophie rurale*) se conçoivent comme autant de guides pour que le gouvernement d'un royaume agricole assure le bonheur de ses sujets. Bien loin de s'abstenir d'intervenir dans la vie économique, un tel gouvernement énonce les règles et le but du jeu : « bon prix » du blé grâce à l'ouverture des frontières, impôt unique sur le revenu (foncier), propriétaires fonciers heureux de renoncer au « luxe de décoration », concurrence totale entre les activités stériles assurant ainsi des bénéfices nuls aux artisans et commerçants, etc. Les individus, loin de poursuivre égoïstement leur intérêt individuel, acceptent avec reconnaissance de s'élever jusqu'à embrasser celui de la nation (la seule possible étant un royaume agricole) ayant compris qu'il était le plus avantageux pour eux collectivement.

Cette liberté, ainsi entendue, n'est pas celle défendue par les libéraux. Elle est plutôt celle que maintes idéologies totalitaires ont tenté de justifier. Il n'est pas nécessaire aujourd'hui de développer longuement ce point. L'expérience des régimes totalitaires qui se sont succédé, et dont certains perdurent encore, a rendu manifestes les conséquences d'une telle conception de la liberté et de l'ordre naturel, le meilleur possible et pour cela imposé légitimement à ses « bénéficiaires ».

Mais un doute demeure. Que la science inspire non seulement la politique économique mais également la représentation générale que l'on se fait de la société n'est-il pas également un trait du libéralisme moderne ? Ne pourrait-on pas trouver quelque similitude avec le point de vue économiste contemporain et, notamment, avec la confiance irrationnelle proclamée par certains libéraux dans la capacité du marché à résoudre non seulement les problèmes proprement économiques mais également les questions plus larges de l'organisation sociale ? Le mot d'ordre libéral selon lequel « il n'existe pas d'alternative » n'est peut-être pas si loin de l'idée de l'ordre naturel physiocratique. *L'utopie réactionnaire de*

Quesnay aurait-elle annoncé l'« utopie libérale » dénoncée par Polanyi entre autres ?

Le slogan de « la politique au nom de la science et de la raison » semble en effet pouvoir s'appliquer aux deux modes de gouvernement, celui imaginé par Quesnay et celui que les libéraux appellent de leurs vœux. Mais s'il est difficile et assez peu sensé de comparer le projet de gouvernement de Quesnay et les politiques effectivement suivies aujourd'hui par les gouvernements libéraux, il n'est pas sans intérêt de confronter les constructions intellectuelles dont Quesnay et les libéraux peuvent respectivement se réclamer. Un tel exercice fait apparaître sur un fonds commun – celui de l'émergence de la science ou des sciences sociales – des différences significatives.

Le morcellement actuel de la théorie économique oblige à revenir à ce qui reste aujourd'hui sa base la plus solidement construite, la théorie de l'équilibre général concurrentiel. La confrontation de cette théorie et celle de Quesnay fait apparaître des écarts importants du point de vue de *la représentation de la société* qu'elles proposent, et pas seulement des différences de théorie économique.

Dans la première, l'exercice de la liberté humaine n'est pas assujetti à un état final désiré. Un cadre social et institutionnel existe (espace des biens, prix paramétriques et loi de l'offre et de la demande mise en œuvre par une institution supra-individuelle) mais le résultat des actions individuelles volontaires n'est ni connu, ni prévisible. Qu'un équilibre général existe et qu'il soit obtenu sont des circonstances heureuses. Qu'il soit également un optimum de Pareto, situation définie indépendamment du marché, est providentiel mais *ceci ne pèse nullement sur les choix des individus.*

Tout autre est le schéma avancé par Quesnay. Le Souverain, dont il faut se souvenir qu'il est propriétaire foncier et qu'il est éclairé par la pensée physiocratique, fait connaître la situation désirable, *situation qui n'aurait pas été spontanément atteinte par des individus dont la liberté n'aurait pas été « éduquée »*. Le *Tableau économique* est l'unique horizon proposé aux individus qui acquiescent librement à cet ordre social déterminé en dehors d'eux parce qu'il est « évidemment le meilleur ordre possible ». Du coup, les artisans et commerçants acceptent de n'être que des auxiliaires des fermiers, les fermiers acquiescent à l'abandon du revenu issu de leur activité productive, aux propriétaires, qui n'ont pas pris part à la production et les propriétaires trouvent normal de remettre au Souverain une fraction de celui-ci.

Logiquement, l'ordre naturel de Quesnay précède et façonne les décisions des individus ; à l'inverse, l'optimum parétien est la conséquence des actions libres des individus dans un contexte de concurrence parfaite. Dans les deux cas, le gouvernement doit imposer un contexte institutionnel *ad hoc* qui ne peut donc être unique et les libertés respectives des individus dans ces deux contextes sont de nature différente.

5. En guise de conclusion

Une façon brutale de marquer la singularité de la pensée de Quesnay par rapport aux doctrines libérales est de remarquer que ces dernières procèdent du mythe du contrat social tandis que la première lui est résolument étrangère. Même si, dans l'*Essai* notamment, Quesnay semble avoir payé un certain tribut à Hobbes[20], ses écrits ultérieurs ont emprunté une tout autre voie. Les hommes vivent en société mais ils ne l'ont pas choisie librement, comme le voudrait la fable qui sous-tend la pensée libérale et comme l'affirme la théorie économique au travers de ses hypothèses les plus techniques[21] ? La société selon Quesnay n'est pas le produit de volontés individuelles libres.

La société n'est pas une création des hommes, comme le soutient la tradition du contrat social depuis Hobbes, mais celle d'une instance supérieure d'ordre divin[22]. Ce qui le montre bien est la question des inégalités. Quesnay, à propos de l'inégalité des hommes observable dans la société et qui s'oppose à leur égalité originelle, explique dans l'*Essai physique sur l'économie animale*, livre écrit plus de dix ans avant le *Tableau* :

> « Ces causes [de l'inégalité] ne sont pas assujetties à l'ordre Moral, elles appartiennent à un système beaucoup plus général, dont les hommes qui ont existé, qui existent et qui existeront ne font qu'une très petite partie ; elles agissent pour la conservation d'un tout et leur action est réglée selon les vues et les desseins de l'Intelligence Suprême qui a construit l'Univers, qui le gouverne et qui en assure la durée » [*Œuvres*, I, p. 52].

20. Constatant que « les hommes libres ne peuvent contracter ensemble avec sûreté » [*Œuvres*, I, p. 51], Quesnay estime que les « êtres intelligents » voudront éviter de funestes dérèglements et « se contenir réciproquement dans le bon usage de leur liberté en se formant une autorité ou une puissance qui les assujettissent souverainement aux lois qu'elle prescrit et aux engagements libres et réciproques qu'ils peuvent alors légitimement et sûrement contracter entre eux » [*Œuvres*, I, p. 51].

21. Est visée ici une hypothèse importante de la théorie de l'équilibre général concurrentiel selon laquelle les dotations initiales des individus sont dans leur ensemble de consommation, ce qui signifie simplement qu'ils peuvent survivre et vivre sans avoir de relations avec autrui.

22. « The detailed mechanisms of social contract did not interest the Physiocrats. It was enough to prove that the state existed solely to defend natural laws and natural rights-the rights and liberties of private property. It could change them or encroach upon them only at the price of sapping the foundations of society and its own existence » [Albaum, 1955, p. 194].

Or, bien que « l'Intelligence Suprême a voulu que l'homme fût libre », les motivations de sa liberté lui échappent et, en conséquence,

> « il fallait des lois précises pour lui marquer exactement son devoir envers Dieu, envers lui-même et envers autrui, qu'il fût intéressé à les observer ; c'est dans ces vues que la religion, et la politique se sont réunies à l'ordre naturel pour contenir plus sûrement les hommes dans la voie qu'ils doivent suivre » [*Œuvres*, I, p. 53].

L'individu n'est pas ici au sommet de l'échelle des valeurs et sa liberté n'est pas un absolu. Le Mercier de la Rivière, écrivant sous le contrôle du maître, a systématisé la vision physiocratique de la société. La différence entre la liberté animale (qui ressemble étrangement à celle des utilitaristes car elle consiste à rechercher le plaisir et à éviter la peine) et la liberté humaine apparaît fondamentale. Elle permet de comprendre le rapport entre le monde physique et le monde de la société. L'instance divine institue bien les sociétés mais elle ne le fait pas directement comme pour le reste de la Création, elle ne le fait qu'*indirectement*, au travers des penchants des humains.

La gravitation universelle relie les corps pesants et il ne semble pas sensé « dans l'ordre des idées » de s'interroger sur les masses avant l'institution de la gravitation universelle. Pourquoi le ferait-on pour les humains s'il est vrai que l'ordre social est « comme toutes les autres branches de l'ordre physique » ? Le Mercier de la Rivière en donne la raison :

> « entre l'espèce humaine et les brutes aucun traité ne peut avoir lieu [...] mais qu'il n'en est pas ainsi des hommes entre eux » [Le Mercier, 2001, p. 56-57].

Pourquoi ? Parce que

> « l'homme considéré par rapport aux animaux, n'a point de *droits*, parce qu'entre eux et lui, c'est le pouvoir physique qui décide de tout. L'idée qu'on doit se former d'un *droit* ne peut s'appliquer qu'aux rapports que les hommes ont nécessairement entre eux » [Le Mercier, 2001, p. 26].

Le droit naturel ne s'applique donc qu'aux rapports relevant de la nécessité supérieure des intentions du Créateur, intentions qui ne se traduisent pas par l'instauration immédiate de l'ordre naturel mais par celle d'un dispositif incomplet supposé pouvoir s'achever par lui-même grâce à une programmation écrite quelque part, susceptible de s'auto-réaliser. Les hommes diffèrent des autres créatures en ce qu'ils sont libres et dotés de raison.

La science sociale, celle de l'ordre naturel, est ce programme institué par le Créateur, programme qui n'attend que sa mise en œuvre qui suivra nécessairement sa découverte par Quesnay et l'ensemble de la « secte ». Le mythe du contrat social paraît bien étranger à cette représentation dans laquelle les causes finales se confondent avec les causes efficientes. L'ordre providentiel défendu par Quesnay relève à l'évidence de cette religion naturelle moquée par Hume, proche de ce fait du libéralisme économique mais qui lui est irréductible : son paradis, le royaume agricole, n'est pas celui des libéraux, l'économie de marchés généralisés.

Références

Albaum, Martin [1955], "The Moral Defenses of the Physiocrats' *Laissez-Faire*", *Journal of the History of Ideas*, vol. 16, n° 2, p. 179-197.

Beer, Max [1939], *An Inquiry into Physiocracy*, London, Allen & Unwin.

Boissonade, Pierre [1932], *Colbert, le Triomphe de l'Étatisme, la Fondation de la Suprématie industrielle de la France, la Dictature du Travail (1661-1683)*, Paris, Librairie Marcel Rivière.

Cantillon, Richard [1952], *Essai sur la nature du commerce en général*, Paris, INED.

Carbaugh, Daniel [1972], "The Nature of Physiocratic Society: An Attempted Synthesis of the Beer-Ware Interpretations", *American Journal of Economics and Sociology*, vol 31, n° 2, p. 199-207.

Cartelier, Jean [1991], « L'économie de François Quesnay ou l'Utopie du Royaume agricole », *in* Quesnay, *Physiocratie*, (édité par Jean Cartelier), Paris, GF-Flammarion.

Cartelier, Jean [2002], „Zirkulation und Produktion in der *Philosophie rurale*: Eine kritische Untersuchung", in *Vademecum zu einem Klassiker der Physiokratie*, (édité par A. Heertje), Düsseldorf, Verlag Wirtschaft und Finanzen.

Cartelier, Jean [2012], "Nobility and *Royaume agricole*: The *Tableau économique* as Political Utopia", in *Quesnay and Physiocracy, Studies and Materials*, édité par Jean Cartelier et Gino Longhitano, Paris, L'Harmattan et *Cahiers d'économie politique*, p. 61-86.

Charles, Loïc [1998], « Théorie des prix et liberté d'exportation du blé chez Quesnay : une interprétation », *Cahiers d'économie politique*, n° 32, p. 41-65.

Clément, Pierre (éditeur) [1856-1882], *Lettres, mémoires et instructions de Colbert* publiés par Pierre Clément, Paris, Imprimerie impériale, 8 tomes en 10 volumes.

Dessert, Daniel [1984], *Argent, pouvoir et société au Grand Siècle*, Paris, Fayard.

Fox-Genovese, Elizabeth [1976], *The Origins of Physiocracy*, Ithaca-London, Cornell University Press.

Gide, Charles et Rist, Charles [1944], *Histoire des doctrines économiques*, 6e éd., Paris, Sirey.

Karsenti, Bruno [2013], *D'une philosophie à l'autre. Les sciences sociales et la politique des modernes*, Paris, Gallimard.

Larrère, Catherine [1992], *L'invention de l'économie politique au XVIIIe siècle*, Paris, PUF.

Larrère, Catherine [2004], « Une philosophie de la propriété. Les physiocrates entre droit naturel et économie », *Studi Settecenteschi*, 24, Bibliopolis, p. 49-70.

Le Mercier de la Rivière [2001], *L'ordre naturel et essentiel des sociétés politiques*, Paris, Fayard, [1767].

Longhitano, Gino [1988], *Il progetto politico di François Quesnay*, Catania, CUECM.

Longhitano, Gino [2012], "Wealth, Science, Societies", in *Quesnay and Physiocracy, Studies and Materials*, édité par Jean Cartelier et Gino Longhitano, Paris, L'Harmattan et *Cahiers d'économie politique*, p. 9-59.

Marx, Karl [1967] *Le Capital, in Œuvres*, vol. 1, Paris, La Pléiade, [1867].

Marx, Karl [1974], *Théories sur la plus-value*, Paris, Éditions sociales.

Mirabeau et F. Quesnay, [1999], *Traité de la monarchie*, (édité par Gino Longhitano), Paris, L'Harmattan et *Cahiers d'économie politique*.

Polanyi, Karl [1983], *La grande Transformation*, Paris, Gallimard, [1944].

Quesnay, François [2005], *Œuvres économiques complètes et autres textes*, (éditées par Christine Théré, Loïc Charles et Jean-Claude Perrot), 2 vol., Paris, INED.

Quesnay, François et Mirabeau [1910], *Les manuscrits économiques de François Quesnay et du Marquis de Mirabeau aux Archives nationales*, édités par Georges Weulersse, Paris, Paul Geuthner.

Samuels, J., Warren [1962], « The Physiocratic Theory of Economic Policy », *The Quarterly Journal of Economics*, vol. 76, n° 1, p. 145-162.

Schumpeter, Joseph A. [1954], *History of economic analysis*, New York, Oxford University Press.

Steiner, Philippe [2002], "Wealth and Power: Quesnay's Political Economy of the 'Agricultural Kingdom'", *Journal of the History of Economic Thought*, vol. 24, n° 1, p. 91-110.

Steiner, Philippe [2014], "Administration and OEconomic Government in *Quesnay's Political Economy*", in Roberto Baranzini & François Allison (eds.), *Economics and Other Branches – In the Shade of the Oak Tree*, Pickering & Chatoo.

Steiner, Philippe [2004], « Les propriétaires dans la philosophie économique », *Studi Settecenteschi*, 24, Bibliopolis, p. 23-47.

Turgot [1919], *Œuvres*, éditées par Gustave Schelle, 5 vol., Paris, Alcan.

Annexes

1. La théorie des prix de Quesnay

La théorie des prix de Quesnay appartient formellement à la théorie classique. Elle est constituée de deux éléments :

(1) une *technique de production* définie à partir des quantités produites des différents biens et des quantités nécessaires à leur production.

Une hypothèse simplificatrice est de considérer autant de branches que de produits et de se limiter à la production simple : chaque branche ne produit qu'un seul type de bien ; soit A la matrice des a_{ij}, quantités de bien j nécessaires pour fabriquer la quantité (prise comme unité physique) de biens i ; la technique se laisse résumer par $A \rightarrow I$ où A est une matrice carrée non négative irréductible et I la matrice unité ; la technique de production est supposée satisfaire aux conditions de Hawkins et Simon, ce qui permet de définir un *surproduit positif* c'est-à-dire un vecteur, une liste de quantités de marchandises représentant la différence entre la quantité produite nette par la branche et les quantités utilisées comme input dans les autres branches.

De *l'Analyse de la Formule*, il est possible de tirer un exemple de cette technique qui est : $\begin{pmatrix} 0.4 & 0.5 \\ 0.4 & 0.0 \end{pmatrix} \rightarrow \begin{pmatrix} 1 & 0 \\ 0 & 1 \end{pmatrix}$, où la première ligne décrit la production du blé (agriculture) et la deuxième celle du fer (industrie et commerce).

Cette économie produit globalement un surproduit égal à (0.2 0.5), ce qui revient à écrire que le *revenu*, c'est-à-dire la valeur de la production nette, est $y = 0.2p_1 + 0.5p_2$.

L'existence d'un surproduit positif a pour conséquence que la condition de reproduction du système ne suffit pas à déterminer les prix ou rapports d'échange. La formation d'un système d'équations dont les prix sont la solution requiert que le revenu soit imputé aux diverses branches ou réparti entre elles : d'où le second élément constitutif d'un système de prix classique : une règle d'imputation du revenu

(2) *une règle d'imputation attribuant à chaque branche une partie du revenu.*

Soit γ la fraction du revenu imputé à l'agriculture et $1 - \gamma$ celle imputée à l'industrie et au commerce.

Le système classique de détermination des prix s'écrit :

$$(1)\quad \begin{aligned} 0.4p_1 + 0.5p_2 + \gamma(0.2p_1 + 0.5p_2) &= p_1 \\ 0.4p_1 + (1-\gamma)(0.2p_1 + 0.5p_2) &= p_2 \end{aligned}$$

Selon la règle d'imputation adoptée, on retrouve les théories de Petty, Cantillon ou les prix de production de Ricardo et Torrens. Dans le cas particulier de Quesnay, l'affirmation de la productivité exclusive de l'agriculture (ou de la stérilité de l'industrie) revient à poser $\gamma = 1$. Dans ce cas, la solution est $[p_1 = 2.5p_2]$. Notons que les prix ainsi déterminés le sont à un facteur scalaire près : ce sont des prix relatifs et non des prix absolus. Si on prend $p_2 = 2$, comme dans l'Analyse de la formule, on trouve $p_1 = 5$.

Le revenu, lorsqu'il est calculé avec de tels prix, est le *produit net* de Quesnay. Il est égal ici à $y = 2$ conformément au texte de Quesnay. Calculé avec les prix de production, dont la règle d'imputation est l'uniformité du taux de profit, ce revenu serait du *profit*[23].

2. La circulation

Les prix donnés par (1) déterminent les coefficients de circulation entre les branches. D'eux dépend le schéma de circulation représenté par la *Formule.*

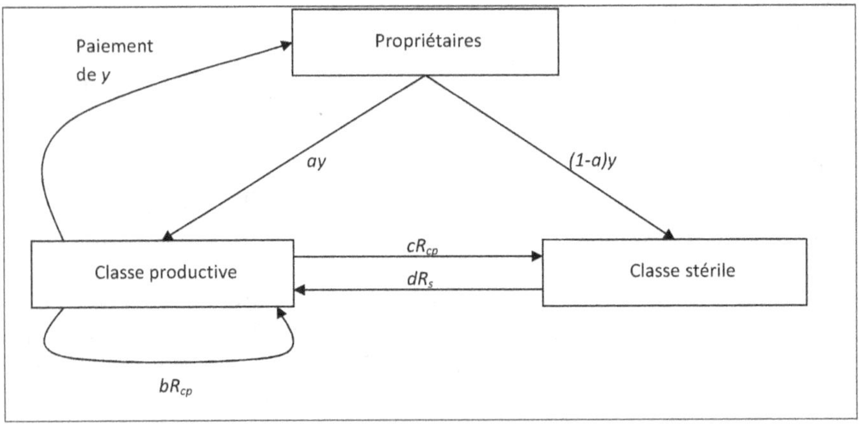

Cette même circulation, présentée sous forme algébrique, est :

$$(2)\quad \begin{aligned} R_{cp} &= ay + bR_{cp} + dR_S \\ R_s &= (1-a)y + cR_{cp} \end{aligned}$$

23. La solution serait alors $p_1 = 1.7247p_2$, $r = 0.4495$ et $y = 1.69$

où y désigne le *produit net*, R_{cp} les recettes de la *classe productive* et R_s celles de la *classe stérile* ; les coefficients a, b, c et d indiquent les coefficients de circulation entre les classes (respectivement égaux dans la *Formule* à : 0,5, 0,4, 0,4 et 1).

Les divers coefficients b, c et d représentent des dépenses nécessaires à la production (puisque y est le *produit net*). Il apparaît immédiatement que si $b + c = 1$, alors la *classe productive* est stérile tandis que si $d = 1$, c'est la *classe stérile* qui mérite bien son nom. Un coup d'œil sur la *Formule* nous indique que Quesnay a bien pris la précaution de faire en sorte que $d = 1$ *par hypothèse*, entraînant du même coup la productivité exclusive de l'agriculture. Cette thèse est en fait une simple hypothèse, posée au départ et non un résultat contre-intuitif que l'on n'aurait pas pu obtenir autrement.

Mais il apparaît également que le montant du *produit net* n'est pas dépendant de a, c'est-à-dire n'est pas affecté par la façon dont les titulaires du produit net le dépensent, contrairement à ce que soutiennent Mirabeau et Quesnay[24]. Ici le résultat est bien contre-intuitif mais ce n'est pas celui de Quesnay !

Si on s'intéresse à l'importance relative des deux classes, on trouve alors :

$$\frac{R_s}{R_{cp}} = (1-a)(1-b-c)+c \qquad (3)$$

3. Le royaume agricole comme « sous-système » blé

Le « royaume agricole », notion centrale de l'économie de Quesnay, peut se représenter formellement au moyen des sous-systèmes à la Sraffa : le royaume agricole est un sous-système « blé ». En utilisant les chiffres précédents, la technique du *royaume agricole* serait : $\begin{pmatrix} 0.2 & 0.25 \\ 0.1 & 0.0 \end{pmatrix} \rightarrow \begin{pmatrix} 0.5 & 0 \\ 0 & 0.25 \end{pmatrix}$. La classe stérile n'existe que par sa production entièrement absorbée par la classe productive, cette dernière produisant net 0.2 de blé pour les Propriétaires qui pratiquent le « faste de subsistance ».

24. Une étude détaillée des propriétés formelles de la *Formule* est proposée dans Cartelier [1991]. Cette étude a été étendue aux tableaux de la *Philosophie rurale* dans Cartelier [2002].

LA SOCIÉTÉ INDUSTRIELLE D'ARON ET GALBRAITH : DES REGARDS CROISÉS POUR UNE VISION CONVERGENTE ?[1]

Alexandre Chirat[2]

L'article propose une confrontation des analyses de deux grands intellectuels du XXe siècle aux destinées croisées, Raymond Aron et John Kenneth Galbraith, eu égard au thème de la société industrielle. Le but de cette contribution est de montrer qu'en dépit de différences contextuelles, disciplinaires et méthodologiques, ces deux auteurs proposent une vision convergente de la société d'après-guerre. L'étude comparative permet alors non seulement de spécifier les traits caractéristiques de leurs pensées à propos d'une époque qui connaît des transformations radicales, mais également de saisir l'esprit intellectuel qui l'anime. Dans cette perspective, nous démontrons qu'il existe des liens électifs puissants entre les thèses dites de la révolution managériale, de la fin des idéologies, de l'institutionnalisation des conflits ainsi que les théories de la convergence. L'article se termine par une présentation de l'étude du pouvoir dans l'œuvre des deux auteurs, lequel apparaît comme un concept nécessaire pour quiconque entend mener une analyse critique et dynamique de la société industrielle.

The industrial society according to Aron and Galbraith: Cross views for a converging position?

This paper provides a comparative study of Raymond Aron's and John Kenneth Galbraith's analysis of the Industrial Society. The aim of the article is to show that despites obvious differences, which are contextual, disciplinary and methodological, both develop a convergent vision of post-war society. Our study leads on the one hand to catch specificities of their respective thoughts and on the other to deal with the intellectual spirit of the era they belong to. The relationship between the so-called thesis of the Managerial Revolution, the idea of the end of ideology, the idea of the institutionalization of social conflicts and convergence theories is demonstrated. The paper ends with Aron's and Galbraith's analysis of the concept of power, which is at the heart of their critical vision of the Industrial Society.

Mots clés : Aron, Galbraith, société industrielle, théories de la Convergence, pouvoir.

Keywords: Aron, Galbraith, industrial society, Convergence theories, power.

Classification JEL : B2, P16, P51, Z13

1. Cet article a été présenté lors du Colloque international Raymond Aron, intitulé « Penser la politique par "gros temps" » organisé en juin 2017 par l'EHESS-CESPRA, l'IRSEM et la Société des Amis de Raymond Aron. Je tenais à remercier les organisateurs du colloque ainsi que les intervenants avec lesquels j'ai eu l'occasion d'échanger. Je tiens également à remercier les rapporteurs de la revue. Enfin, je tiens à remercier Kevin Mattson, pour m'avoir donné accès aux informations qu'il a pu recueillir dans différents fonds d'archives aux États-Unis, Dominique Schnapper pour m'avoir autorisé à consulter le Fonds d'archives Raymond Aron, et le personnel de la JFK Library de Boston (MA), pour leur accueil chaleureux lors de mon séjour d'étude dans les archives de John Kenneth Galbraith. Je reste, selon la formule consacrée, seul responsable des points de vue exprimés ici.

2. Université Lumière Lyon 2, Triangle UMR 5206.

> « C'est certainement le professeur d'économie politique américain le plus atypique que l'on puisse imaginer… Il est un professeur et il n'aime pas faire des cours. Il a contrôlé les prix et il y a pris du plaisir, et du coup il conserve une certaine préférence pour un certain contrôle des prix. Il écrit bien, avec humour, et il est convaincu que toutes les idées économiques les plus difficiles peuvent être exprimées dans un style compréhensible par tous ; ce qui lui a donné énormément de lecteurs et moins de prestige auprès de ses collègues[3]. Au point de vue politique, il appartient au libéralisme américain, c'est-à-dire en gros ce qu'on appelle la gauche en Europe. Il est de gauche, keynésien en économie bien entendu. Il est partisan des interventions de l'État, des dépenses de l'État. Je crois que dans un de ses livres, il a parlé de la pauvreté de l'État et de la richesse du pays[4]. Et… mon dieu, qu'est-ce que l'on peut ajouter ? C'est un débatteur redoutable, surtout par écrit. Car pour être sûr d'avoir le dernier mot, il commence par présenter ses adversaires de manière si dogmatique, si simpliste et si convaincante qu'on lui donne raison presque à l'avance. »
>
> Aron, à propos de Galbraith, *Apostrophes*

> « Il faut toujours faire attention car Raymond Aron est tellement intelligent, il a un tel don de persuasion, il a tant de charme, il s'exprime tellement bien qu'on a tendance à être d'accord avec lui, même quand il se trompe. Je le connais depuis vingt-cinq ans et j'ai adoré chaque rencontre que j'ai eu avec lui. Je me rappelle toujours le fait que, comme le président Reagan, lorsqu'il était plus jeune, c'était un homme de gauche. Il n'était pas un marxiste convaincu mais il avait lu Marx. […] Raymond Aron, de manière tout à fait convaincante, a eu tendance à aller contre le sens de l'histoire… Cela montre qu'il n'est pas soumis à l'humour des foules, mais cela ne signifie pas nécessairement qu'il ait raison. »
>
> Galbraith, à propos d'Aron, *Apostrophes*

Introduction

Le 29 janvier 1982, Bernard Pivot réunissait sur le plateau d'*Apostrophes* Raymond Aron et John Kenneth Galbraith pour une émission intitulée : « Libéral ? Vous avez dit libéral ? ». Le débat entre le sociologue français, considéré de droite, libéral au sens européen du terme, et l'économiste américain de gauche, *liberal* au sens américain, atteste des préoccupations partagées de la part de ces deux grands intellectuels du XXe siècle et de leur volonté commune de comprendre la société moderne, qu'ils la nomment

3. À ce sujet, Galbraith affirme effectivement : « Un nombre non négligeable d'intellectuel(le)s jugent que toute tentative réussie pour rendre les idées vivantes, compréhensibles et intéressantes relève en fait d'un manque d'érudition. Telle est la forteresse où se réfugient normalement les gens qui manquent singulièrement de logique » [2007, p. 202].

4. Galbraith [1958]. Sur ce thème dans l'œuvre de Galbraith, voir Le Masne [2006].

respectivement « Société industrielle » [Aron, 1962] ou « Nouvel État industriel » [Galbraith, 1967][5]. Cet article propose une étude comparative de leurs analyses de cette société industrielle. Les finalités que nous poursuivons par le truchement de cette étude comparative sont au nombre de trois. Premièrement, nous montrons qu'il existe des convergences majeures entre ces deux auteurs en dépit de leurs différences disciplinaires, méthodologiques et politiques. Deuxièmement, la confrontation de leur point de vue permet d'enrichir la connaissance de leurs œuvres respectives. Les études aroniennes traitent peu de l'influence des débats économiques, qui fut pourtant réelle, sur la pensée de Raymond Aron. Troisièmement, l'étude comparative de leur pensée nous amène à défendre l'idée selon laquelle le concept de société industrielle repose sur la compaction de quatre types de théories ; à savoir les théories de la révolution managériales, de la fin des idéologies, de l'institutionnalisation des conflits et de la convergence. Ce point n'a, à notre connaissance, jamais été spécifié dans la littérature. Dès lors, notre article aboutit à la description idéal-typique d'une vision du monde qui fut prégnante voire régnante dans l'après-guerre et sur laquelle les historiens de la pensée économique ne peuvent que difficilement faire l'impasse s'ils souhaitent comprendre les controverses de l'époque.

Aron et Galbraith partagent la volonté de comprendre le fonctionnement de la société qui leur est contemporaine. Toutefois, à première vue, leurs pensées sont fondées sur des différences majeures qui posent nécessairement la question de la légitimité de la comparaison. Tous deux sont étudiants dans les années 1930. Mais le premier reçoit une formation de philosophie et de sociologie qui l'amène d'abord à étudier la philosophie allemande de l'histoire [1969b], quand le second reçoit une formation d'économie qui le conduit à effectuer une thèse en économie de l'agriculture et des finances publiques. On peut toutefois noter que, dès cette époque, Aron fait preuve d'un intérêt notoire pour la science économique, comme en témoigne une longue recension critique, aux accents keynésiens, à propos des théories et doctrines monétaires [1939]. Tous deux tentent deuxièmement de penser la société moderne dans toutes ses dimensions. La primauté d'intérêt du premier porte cependant sur l'organisation politique et sociale quand celle du second souligne le rôle majeur de l'organisation économique de la société.

5. Sur le libéralisme d'Aron, voir Aron [1961, 1964], Manent [2001], Audard [2009], Audier [2012] et Châton [2017]. Galbraith définit son libéralisme en opposition au libéral européen, lequel serait « adversaire de l'intervention étatique » – Aron entrant donc difficilement dans cette catégorie. « Le libéralisme américain consiste bien plutôt à considérer comme devoir principal l'amélioration du bien-être et la lutte contre les positions acquises et à accepter, voire à solliciter, l'intervention publique lorsqu'il l'estime nécessaire à ces fins » [Galbraith, 1952, p. 11]. Voir aussi Mattson [2004] et Waligorski [2006].

Tous deux ont également été des intellectuels engagés dans le siècle et soucieux de rédiger leurs *Mémoires* [Aron, 1983 ; Galbraith, 1981]. Mais alors que Raymond Aron est demeuré avant tout un *Spectateur engagé*, Galbraith a été un acteur de la vie publique américaine, en tant que directeur de l'Office de l'Administration des Prix au début des années 1940, conseiller des Présidents ou des candidats démocrates ou encore en tant qu'ambassadeur en Inde de J. F. Kennedy [Parker, 2005]. Tous deux ont également été des intellectuels évoluant dans un « registre réaliste » [Lacouture, 1983, p. 2]. Ceci s'explique sans doute par une autre facette commune de leur parcours. Ils ont été journalistes, respectivement au *Figaro* et à *Fortune*. Sans faire école de pensée, ils ont été les cibles de critiques venant de toute part. Les ennemis privilégiés de Raymond Aron furent toutefois les intellectuels marxisants et communisants, quand ceux de John Kenneth Galbraith furent les économistes apôtres de l'autorégulation des marchés, représentants d'une « sagesse conventionnelle » évacuant les rapports de force de l'analyse économique.

Ces différences, que nous ne négligeons aucunement, n'empêchent cependant en rien de comparer la pensée de ces deux auteurs, notamment sur l'objet d'étude qu'ils partagent, à savoir la société industrielle d'après-guerre et à propos de laquelle ils ont chacun rédigé une trilogie [Aron, 1962, 1964, 1965a[6] ; Galbraith, 1952, 1958, 1967]. Les différences contextuelles, disciplinaires et idéologiques patentes rendent même aux yeux du chercheur d'autant plus intéressantes les éventuelles convergences de vues. Il en va alors de la comparaison qui suit comme de celle des différents régimes selon Aron : dire qu'il existe « des similitudes ne signifie pas qu'il convienne de dévaloriser les différences » [1964, p. 16]. Nous faisons simplement le choix de mettre ici l'accent sur les premières. Dès lors, la problématique qui nous anime est la suivante : malgré des différences notoires, dans quelle mesure les analyses de la société industrielle d'Aron et Galbraith présentent-elles des convergences ? Pour répondre à cette question, nous présenterons premièrement le destin croisé de ces auteurs ainsi que le témoignage de l'intérêt d'Aron pour la pensée de Galbraith. Dans une deuxième section, nous verrons en quoi ils pensent la nécessité d'appréhender la société industrielle au niveau macroscopique. La troisième est consacrée à leurs études de la grande entreprise, qu'ils considèrent comme l'institution centrale du régime économique de la société moderne, notamment en ce qu'elle contribue à

6. Cette trilogie est rédigée entre 1955 et 1958, étant à l'origine le cours sur les sociétés industrielles qu'Aron professa à la Sorbonne. Voir Aron [1983, p. 393]. On trouve des esquisses des thèses développées dans sa trilogie dès son Cours professé à l'ENA en 1952 [Aron, 1997].

l'émergence d'une nouvelle classe. Il s'agit dans leurs vocabulaires respectifs de « la technobureaucratie » ou de la « technostructure ». La quatrième section revient sur le rôle primordial qu'ils confèrent dans leurs analyses à l'application de la science et à la rationalisation des processus de production, ce qui les conduit à traiter de la question de la convergence des régimes américains et soviétiques. Nous analyserons ensuite dans la cinquième section leurs analyses de la mutation des rapports sociaux au sein de la société industrielle, lesquelles dérivent de l'étude des transformations économiques susmentionnées. La dernière section est alors consacrée à l'étude comparée de leurs développements sur le concept de pouvoir, lequel est éminemment complexe à appréhender en sciences sociales. La conclusion dresse les trois enseignements, précédemment indiqués, permis par cette étude comparée.

1. Destinées croisées de deux grandes figures du XXe siècle

Aron et Galbraith se sont rencontrés à plusieurs reprises au cours de leur vie. En tant que libéraux, au sens large cette fois, tous les deux ont pris part au *Congress for Cultural Freedom* (CCF) à Milan en 1955. Galbraith fait effectivement partie, en compagnie de son ami et collègue à Harvard Arthur Schlesinger, des quinze Américains ayant fait le déplacement outre-Atlantique [Grémion, 1995, p. 159]. L'*American for Democratic Action* (ADA) qu'ils ont fondé en 1947, aux côtés notamment d'Eleanor Roosevelt et qui représente « l'expression de la gauche intellectuelle du Parti démocrate », est fortement représentée lors de cette conférence[7]. Si Raymond Aron est de ceux qui participent aux discours d'ouverture du douze septembre, Galbraith donne suite à ceux-ci par une communication intitulée « L'économie, l'idéologie et l'intellectuel »[8]. Edward Shils, membre notoire du CCF et directeur de la revue associée *Encounter*, résume ainsi le propos de Galbraith : « la distinction cruciale concernant la politique économique entre socialisme et capitalisme » n'est plus à l'ordre du jour [Shils, 1955, p. 54]. Cette question de ladite « fin des idéologies » est ainsi en creux de la pensée de nos deux auteurs[9]. Deux jours plus tard, Galbraith préside une

7. Selon Galbraith, les membres de l'ADA sont même considérés comme des extrémistes au sein du parti démocrate [1981, p. 277]. Sur le rôle de Galbraith dans cette association, voir Waligorski [2006] et Frobert [2003]. Sur l'influence de Galbraith et Schlesinger sur la pensée libérale américaine ainsi que leur engagement auprès du CCF et de l'ADA, voir Mattson [2004].

8. John Kenneth Galbraith Personal Papers (JKG PP), Series 3, Box 21, File Congress for Cultural Freedom.

9. Sur ce thème, et notamment la différence entre Shils et Aron, voir la lettre d'Aron du 2 octobre 1977 à Job Dittberner ainsi que l'extrait de la thèse de Dittberner, *The End of Ideology and American*

session portant sur « l'apparition et le développement croissant des formes totalitaires et autoritaires de gouvernement au XXe siècle », soit un sujet dont traite largement Raymond Aron dans ses écrits politiques [1965a].

C'est sur le thème proche du « Gouvernement représentatif et libertés publiques dans les nouveaux États », au cours d'un séminaire organisé par Shils à Rhodes, qu'Aron et Galbraith sont à nouveau réunis, aux côtés, entre autres, de Bertrand de Jouvenel et Gunnar Myrdal[10]. La révélation, par le *New York Times*, en 1966, du financement du CCF par la CIA engendre une déstabilisation de l'organisation[11]. Galbraith et Schlesinger, en compagnie d'autres membres, font alors paraître le 5 mai 1966 la première déclaration à ce sujet, dans laquelle ils réaffirment l'indépendance des intellectuels participants et le fait que le CCF ait toujours fait preuve d'« un indéfectible attachement à la liberté de la culture » et incidemment au pluralisme intellectuel [cité in Grémion, 1995, p. 432]. Pour autant, l'article ne nie pas que le Congrès ait été financé par la CIA [Saunders 2000, p. 379]. Cet événement marquant dans l'histoire de l'organisation est d'ailleurs l'objet d'un échange épistolaire entre nos deux auteurs. Dans une lettre du 25 octobre 1966, adressée à Raymond Aron, Galbraith lui signifie qu'il accepte de participer au bureau de direction du Congrès, à condition que la transparence sur les financements soit assurée.

> "I am very much opposed both in principle and in practice to any form of intellectual or scholarly activity which is open to the clearest public view and the most searching public scrutiny. I have always opposed any sort of clandestine financing of intellectual and scholarly activity and I might add that I have carried this opposition into my past service in the United States Government. I am accepting in the clear understanding and knowledge that all present and prospective financing of the Congress from the Ford Foundation and similar sources will be wholly open to view and entirely consistent with the highest standards of intellectual and scholarly integrity[12]."

Social Thought, 1930-1960, contenu dans le Fonds d'Archives Raymond Aron, BNF, Boîte 177, Dossier Congrès pour la liberté de la culture.

10. Voir Shils [1959] ainsi que la synthèse des débats rédigée par Raymond Aron dans le *Manchester Guardian* du 17 octobre 1958 (JKG PP, Series 3, Box 21, File Congress for Cultural Freedom).

11. Galbraith, la CIA et le FBI entretiennent une longue histoire. Le premier se moque gentiment, dans ses *Chroniques d'un libéral impénitent*, du dossier constitué par le FBI à son sujet [1979, p. 157-181]. Cela ne l'empêchera pas pour autant de donner des conférences à la CIA, conférences portant justement sur sa vision de la société industrielle [1977].

12. Fonds d'Archives Raymond Aron, BNF, Boîte 177, Dossier Congrès pour la liberté de la culture. La même lettre se trouve dans les JKG PP, Series 3, Box 93. La lettre de Galbraith du 25 octobre a été également envoyée à Mickael Josselson, membre actif de l'organisation agissant en tant qu'agent de la

Aron marque son assentiment dans sa réponse du 9 novembre de la même année : « Ai-je besoin de vous dire combien je suis d'accord avec l'opinion que vous exprimez ? J'avais moi-même mis comme condition à l'acceptation du poste que l'on me pressait d'accepter d'une part que cette présidence ne comporte aucune rétribution, d'autre part que le financement des activités du congrès fut désormais soustrait à toute contestation et ouvert à toutes les enquêtes. » Étonnamment, ni les mémoires de Galbraith [1981] ni la biographie de Parker [2005] ne mentionnent son rôle au sein du CCF. Galbraith était-il au courant des financements douteux du Congrès ? L'étude de sa correspondance ne permet pas de prouver qu'il ne l'était pas[13]. Aron a quant à lui joué le rôle de « figure de proue » du congrès[14]. Saunders, ayant enquêté auprès des principaux protagonistes de l'organisation, soutient la thèse qu'il ne pouvait pas ne pas être au courant du rôle de la CIA dans le financement des activités du colloque [2000, p. 394]. Cela semble être corroboré par la lettre du 15 septembre 1967 adressée par Aron au président de l'Assemblée du Congrès, lettre faisant suite à une réunion tenue à Paris au cours de laquelle Aron serait partie subitement. Il commence par présenter ses excuses d'avoir ainsi quitté la réunion visant à refonder les activités du Congrès. Mais cette lettre est une lettre de démission[15]. Les révélations de l'année précédente sur l'implication de la CIA semblent particulièrement lui peser, en tant que français, dans le contexte de la France du général de Gaulle [Saunders 2000, p. 392]. Selon Aron, changer le nom de l'organisation serait un aveu de culpabilité. Ne pas le changer menacerait « l'ensemble des activités » du Congrès. Pour autant, il souligne dans sa lettre que « non seulement [il] ne regrette pas d'avoir pris part [aux activités du congrès] ». Il ajoute : « J'en suis même fier dans une certaine mesure[16]. »

CIA (Saunders 2000). Aron et Galbraith semble avoir tous deux eu une relation amicale avec cet homme. Galbraith lui fit par exemple envoyer un exemplaire du *Nouvel État industriel* (Lettre de Josselson à Galbraith du 4 septembre 1967, JKG PP, Box 21, File Congress for Cultural Freedom).

13. C'est par exemple Mike Josselson en personne qui informe Galbraith que la fondation Ford renouvelle son soutien financier au Congrès en novembre 1966, soit quelques mois après la révélation du scandale par le *New York Times*. Voir la lettre du 7 octobre 1966 (JK PP, Series 3, Box 91). Par ailleurs, Schlesinger était conscient du rôle de la CIA dans la création du Congrès (Saunders 2000, p. 91). Étant donné la relation de proximité entretenue avec Galbraith, on peut douter que ce dernier n'ait pas été au courant.

14. Pour un aperçu, voir Châton [2017, p. 21]. Voir aussi Grémion [1995], Saunders [2000], Aronova [2012], Gane [2016].

15. Galbraith démissionne en 1972, n'ayant pas assez de temps pour s'investir pleinement dans les activités de l'organisation, qui a été renommée L'Association Internationale pour la Liberté de la Culture.

16. Cette lettre n'a pas été trouvée dans le fonds d'archives Raymond Aron. Nous en avons trouvé la traduction, envoyée par Josselson à Galbraith, dans les archives de ce dernier (JKG PP, Series 3, Box 121).

Ce qui nous importe avant tout de comprendre est toutefois que c'est cette participation au Congrès, au moment précis de la rédaction de leur trilogie respective, qui a permis à Aron d'accroître sa large connaissance du développement des sciences sociales outre-Atlantique, et notamment de l'œuvre de Galbraith[17]. De surcroît, sachant que l'on retrouve parmi les membres du CCF les sociologues Shils [1955] et Bell [1960], l'économiste Tinbergen [1961] ainsi que Bertrand de Jouvenel [1956], on ne s'étonne guère qu'Aron et Galbraith aient développé des analyses sur lesquelles nous reviendrons et que l'on subsume parfois hâtivement sous les étiquettes de « théorie de la convergence » et de « fin des idéologies ». Leurs noms sont à cet égard régulièrement mentionnés, voire agglomérés, par les chercheurs travaillant sur le thème de la fin des idéologies [Meynaud 1961], sur la question des théories de la convergence [Gaitonde, 1974 ; Skinner, 1976] ou sur le concept de société industrielle [Kennedy, 2011].

Les contacts de nos deux auteurs ne se limitent pas à leur engagement au sein du CCF. Bénéficiant d'une « large reconnaissance intellectuelle » sur le plan international, Aron fut invité à Harvard pour professer pendant un semestre [Châton, 2017, p. 27]. Il partagea alors avec Schlesinger et Galbraith une bouteille de champagne au soir de l'élection de Kennedy, le 9 novembre 1960, bouteille que Galbraith « gardait au frais depuis 1952 »[18]. L'échange qu'ils ont sur le sujet au cours de l'émission *Apostrophes* témoigne d'une complicité partagée par Aron et « [son] ami Galbraith », d'un goût commun pour l'ironie, mais aussi d'une certaine divergence quant à leur vision du rôle politique de l'intellectuel[19]. On apprend d'ailleurs à ce sujet que le point d'achoppement principal entre ces deux penseurs relève non pas

17. Pour une étude portant sur la vision aronienne de l'idéologie américaine, voir Steinmetz-Jenkins [2016]. Aron a également rédigé un livre portant sur la politique étrangère des États-Unis et qu'il intitule *République impériale* [1973].

18. Todd, in Galbraith *et al.* [1971, p. 17]

19. *Aron* : « Il m'est arrivé plusieurs fois de discuter avec le président Kennedy », « j'ai connu beaucoup des conseillers de Kennedy parce qu'ils venaient de Harvard, et que d'une certaine manière je suis doublement de Harvard [*rires de Galbraith*], puisque j'ai un doctorat honoris causa de Harvard et j'y ai été professeur pendant un semestre. Et j'ai vu tous les ministres de Harvard dans la joie, dans l'exaltation de la victoire de Kennedy, tous attendaient ce qu'ils allaient devenir, car tous étaient destinés à aller à Washington. C'était très beau à voir pour un spectateur non engagé à l'espèce ». *Galbraith* : « Je crois Raymond que vous étiez chez moi le soir où Kennedy a été élu. [*Aron acquiesce]*. Je crois que je vous ai dit également ce soir-là que je ne songeais absolument pas à devenir ambassadeur. Et j'ai vu que j'ai très rapidement changé d'avis du tout au tout parce que l'on m'a offert le poste. Je crois qu'il faut tous faire l'aveu de ces écarts de nos comportements et je fais cette confession publique ». Aron raconte alors comment Galbraith minorait le rôle des ambassadeurs dans un monde où les moyens de communication étaient désormais très développés. [*Rires des deux*]. *(Apostrophes)*

de leurs analyses, d'où la légitimité de notre comparaison à venir, mais de leur positionnement idéologique vis-à-vis du communisme.

> *Aron* : « Je n'ai pas le désir d'entrer dans une discussion avec Galbraith sur les communistes. Nous savons bien tous les deux que c'est le point sur lequel nous sommes les plus éloignés l'un de l'autre. Lui dit qu'il n'est pas communiste mais il n'est pas anticommuniste. Alors pour moi, quelqu'un qui n'est pas communiste et qui n'est pas anticommuniste, il est affecté d'une certaine cécité ». [*Apostrophe*].

Au-delà de leurs rencontres au sens physique, ce sont leurs rencontres intellectuelles qui nous intéressent. Celles-ci semblent être plutôt à sens unique dans la mesure où Galbraith ne fait jamais explicitement référence à l'œuvre d'Aron. C'est pourtant dans la collection dirigée par ce dernier, « Liberté de L'esprit », que paraît chez Calmann-Lévy, en 1961, la traduction de son premier best-seller : *L'ère de l'opulence*[20]. En 1958, affirmant que « les marchés sont rarement conformes au schéma de l'économie libérale », Aron fait d'ores et déjà explicitement référence au premier livre de la trilogie de son collègue américain : *American Capitalism* [1952]. Il considère que « Galbraith a étudié de manière suggestive » le fait que les prix « ne sont pas toujours le résultat d'innombrables décisions individuelles » mais bien souvent « la consécration d'un certain rapport de force » [1958, p. 852][21]. Aron développe à nouveau cette vision du système des prix dans ses *Dix-huit Leçons* [1962, p. 305]. S'il ne fait étonnamment pas explicitement référence à *L'ère de l'opulence* dans ses principaux ouvrages portant sur la société industrielle, Aron n'hésite cependant pas à reprendre l'expression popularisée par Galbraith [1969a, Préface]. Il voit dans « la soudaine conscience de la pauvreté au milieu de l'opulence » une illustration de « la dialectique de la société technique et de l'idéal égalitaire » [1969a, p. 34]. Il tient à cet égard Galbraith, quand bien même celui-ci mène parfois des « combats sans périls », pour un des penseurs contribuant à mettre en lumière qu'« il importe moins de produire davantage que de répartir au mieux la production supplémentaire » [1969a, p. 275][22]. Leurs préconisations pratiques en

20. Aron a également œuvré, deux décennies plus tôt, à la diffusion de la pensée de James Burnham [1947], dans la même collection, lequel a influencé l'œuvre de Galbraith. Voir la lettre de Galbraith à Burnham du 6 août 1971, (JKG PP, Series 3, Box 77) et Romano [2003]. Burnham fut membre du Comité américain du CCF, ce qui peut expliquer la connaissance de ses idées de la part nos deux auteurs. Burnham démissionne de l'association en 1954, considérant qu'elle est devenue « une clique partisane ». Archives de l'American Committee for Cultural Freedom, New York University Taminent Library, Box 3.

21. Voir notamment Galbraith [1952, p. 54-67].

22. « Il combat infatigablement ce qu'il appelle la sagesse traditionnelle, dont il trouverait difficilement des représentants qualifiés » [Aron, 1969a, p. 275].

termes de politiques fiscales, reposant sur une logique conséquentialiste plutôt que doctrinaire, présentent d'ailleurs des similitudes dans la recherche d'un équilibre entre redistribution et incitation [Pierce, 1963][23]. Chez Pivot, Aron dit fort à propos de Galbraith qu'il est « un esprit radical » qui propose « un programme modéré » de réformes[24].

Mais c'est l'ouvrage le plus théorique de Galbraith, qui marque l'apogée de son œuvre et l'aboutissement de sa trilogie, qu'Aron a publiquement commenté. Publiée dans la toute jeune revue *L'Expansion*, sa recension du *Nouvel État industriel* s'intitule « un marxiste américain ». Galbraith est présenté au lecteur dans un style sardonique que le premier ne renierait pas. Aron le dépeint comme « le plus spirituel des professeurs d'économie politique, le plus sérieux des humoristes ». Le résumé du livre loue le réalisme de Galbraith, son intelligence, le fait qu'il y ait effectivement « certaines similitudes » entre les technostructures soviétiques et occidentales. Aron rend en outre compte à raison du fait que l'analyse proposée « pose la primauté, quasi absolue, des forces de production de la technique moderne ». Le reproche principal qu'il lui adresse est alors identique à celui de la plupart des commentateurs du *Nouvel État industriel.* Galbraith exagère les traits du système économique qu'il souhaite mettre en lumière, exagération qu'Aron considère comme la réponse à une autre caricature : le « type idéal de marché » des économistes[25].

> « Il faut exagérer pour se faire entendre, il faut pousser une idée vraie jusqu'au point où elle devient fausse pour offrir une image neuve ou un mythe agissant. En économie comme en sociologie, la vérité ennuie parce qu'elle est nuancée, complexe, équivoque. J. K. Galbraith n'ennuie jamais » [Aron, 1968, p. 75][26].

23. Par conséquentialiste, nous entendons avec Peirce l'idée que les mesures fiscales qu'ils sont susceptibles de préconiser dépendent étroitement du contexte institutionnel général. Elles sont susceptibles de varier selon les lieux et les époques. Par doctrinaire, nous désignons à l'inverse les doctrines fiscales, c'est-à-dire un corps de préconisations à appliquer indépendamment des contextes spécifiques.

24. Aron semble reprendre un diagnostic du livre de Meynaud, lequel traite d'ailleurs largement des idées de Galbraith. Aron confie avoir lu et apprécié ce livre dans lequel Meynaud écrit effectivement : « Radical, et même quelque peu iconoclaste dans la présentation des faits, Galbraith reste conformiste quand il s'agit d'en tirer les leçons » [Meynaud, 1961, p. 75].

25. Ces principaux traits qu'Aron juge bon de recenser sont le pouvoir de marché des grandes entreprises, le degré de contrôle de leurs propres prix, le rôle majeur de la technostructure dans le système économique, la remise en cause de la souveraineté des consommateurs, la critique (jugée ambiguë) du complexe militaro-industriel.

26. Fourastié, dans *L'Express*, salue pour sa part les « Joyeux pétards de Galbraith », lesquels explosent comme autant de « démystifications » de « l'imagerie usuelle » de la science économique classique

Au terme de cette première section, trois éléments légitiment selon nous la comparaison que nous effectuons. Premièrement, Aron et Galbraith ont observé les mêmes événements historiques. Deuxièmement, ils ont pris part au cours de leur trajectoire intellectuelle respective à une entreprise commune de réflexion sur la société industrielle au sein du CCF. Troisièmement, ils se connaissaient en tant qu'hommes mais également en tant que penseurs, notamment dans la mesure où Raymond Aron a participé de la diffusion et largement commenté l'œuvre de Galbraith.

2. Une analyse macroscopique et dynamique de la société industrielle

Le terme de « société industrielle », qu'Aron reprend à Saint-Simon et Comte, peut apparaître équivoque [1962, 1969a]. Il use de surcroît parfois des termes de « société technique » et de « société scientifique », quand Galbraith parle, lui, de « société opulente » et de « Nouvel État industriel ». Mais la réalité désignée est la même, à savoir la transformation radicale des sociétés modernes, notamment occidentales, suite à la Seconde Guerre mondiale. L'augmentation de la productivité et des taux de croissance, l'application systématique de la science à la production, la rationalisation de ces processus productifs, l'importance prise par les grandes entreprises, l'augmentation de la consommation individuelle ou encore l'apaisement et la mutation des conflits sont pour nos deux auteurs autant de faits économiques et sociaux qui caractérisent cette société industrielle[27]. En d'autres termes, ils traitent de la société qui vit sous le régime économique de l'accumulation fordiste [Boyer, 2004], dont le « paradigme technico-économique » est le système fordien de deuxième génération [Dockès, 1990, 1993]. Or, pour comprendre cette société, Aron et Galbraith considèrent tous deux la nécessité de la penser dans sa totalité et de manière dynamique.

Ils ont tout d'abord une vision commune de leur discipline respective. Aron fustige l'incomplétude de la sociologie qui se contente d'« enquête de détails » [1962, p. 21]. Ses écrits sur « l'âge industriel » insistent sur le fait qu'« une société ne peut être comprise que synthétiquement, en son unité globale » [1966, p. 185]. Il a également conscience que dans le

[1968, p. 135]. Pour un aperçu de la réception française du livre, voir les cahiers du *Nouvel Observateur* [Galbraith *et al.*, 1971], avec notamment des articles de Pierre Mendès France et Michel Rocard.

27. Nous usons du terme au singulier, en tant que concept heuristique, en tant qu'idéal-type. La non-utilisation du pluriel ne préjuge ainsi en rien d'une prétendue similitude des différentes sociétés particulières. Voir point 5 de cet article.

domaine de l'économie politique, « certaines propositions, vraies au niveau microscopique, ne le sont pas nécessairement au niveau macroscopique » [1962, p. 164]. Dans sa revue du *Nouvel État industriel*, le futur prix Nobel Robert Solow accuse précisément Galbraith d'être un penseur de système, et ce contrairement aux normes de spécialisation de la science économique moderne [Solow 1967, p. 103]. Si Galbraith revendique s'appuyer sur des travaux spécialisés et estime avoir contenu sa tâche « dans les limites de [ses] talents », sa trilogie sur le capitalisme américain vise en effet explicitement à prendre en compte un champ toujours plus vaste d'interrelations entre le système industriel dominé par les grandes entreprises et les autres institutions de la société. Il illustre ainsi d'une métaphore le fait que *le Nouvel État industriel* soit à *L'ère de l'opulence* « ce que la maison est à la fenêtre » [1967, p. 1].

Aron et Galbraith ont en commun de proposer une analyse dynamique de la société industrielle, qui se fonde d'abord, voire quasi exclusivement dans le cas de l'économiste de formation, sur une étude du système économique. La volonté de pensée la totalité et de manière dynamique, en insistant sur les transitions, se comprend sans doute dans le cas d'Aron par l'imprégnation de l'œuvre de Comte sur sa pensée [Leboyer, 2016]. Si les cours deux et trois professés à la Sorbonne sur la société industrielle se concentrent sur les conflits sociaux et les régimes politiques, le premier cours, et ce n'est pas anodin, traite précisément de l'économie politique [1962, préface]. Cela s'explique selon nous par l'influence de Marx sur la pensée d'Aron, puisque grâce à l'auteur du *Capital*, nous n'avons « plus l'illusion de comprendre une société quand on ignore l'organisation du travail, la technique de production, les rapports entre les classes » [Aron, 1955]. Leurs analyses macroscopiques de l'économie combinées à une sensibilité pour les dynamiques historiques ont conduit Aron et Galbraith à s'interroger sur le phénomène économique majeur préoccupant tous leurs confrères : la croissance et le développement[28].

Concernant la croissance du produit par tête, due essentiellement aux gains de productivité, tous deux considèrent, et ce sans originalité notoire, qu'ils ont été permis par l'extension de l'échelle de la production, par les nouvelles techniques de production mais aussi de ventes ainsi que par le rôle majeur

28. Le foisonnement de ces thèmes à partir de la fin de la Seconde Guerre mondiale s'explique par les circonstances économiques favorables ainsi que par le problème scientifique de l'explication de cette croissance [Solow, 1956, 1957]. À ce sujet, Raymond Aron cite régulièrement les travaux de Rostow [1960], Colin Clark [1957] et Jean Fourastié [1949], les travaux du premier n'étant d'ailleurs pas étranger à Galbraith. Aron a d'ailleurs proposé un compte rendu de l'ouvrage de Rostow, dans lequel il s'en prend essentiellement à sa méthode [Aron, 1960].

des grandes entreprises. Galbraith aurait ainsi pu choisir comme épitaphe du *Nouvel État industriel* la phrase d'Aron selon laquelle « la vie des hommes en société est déterminée par l'organisation de la technique et de l'économie » [1962, p. 93]. Mais ne se contentant jamais d'une explication qui reposerait uniquement sur un déterminisme technologique et resterait à un niveau purement macroscopique[29], il est important de noter qu'ils soulignent le rôle des motivations individuelles, certes conditionnées socialement, dans les processus économiques, qu'il s'agisse de la croissance des pays occidentaux ou de la situation des pays qui sont en voie de développement[30].

Ainsi Aron explique-t-il que le progrès technique « implique une attitude rationnelle et pour ainsi dire scientifique à l'égard de la production » [1962, p. 175]. Il affirme que les attitudes individuelles sont un facteur clé de la croissance : « ce qui est décisif, c'est la manière dont les sujets économiques pensent leurs relations à leur travail » [1962, p. 197-203]. Il rend alors compte du fait que cet esprit individuel est toujours modelé d'une part par le « cadre institutionnel » et d'autre part par « les incitations », prenant ainsi explicitement en compte les interactions réciproques entre les deux niveaux du social[31]. Discutant de l'analyse de Walt W. Rostow, il rappelle à nouveau que « le décollage suppose des transformations profondes d'ordre social, psychologique, politique aussi bien qu'économique [1966, p. 45].

De la même manière, Galbraith ne néglige jamais le rôle ou les transformations des attitudes sociales lorsqu'il traite de ce thème. *L'ère de l'opulence* est consacrée aux conséquences de la croissance sur l'évolution des mentalités individuelles, notamment dans leur rapport à la production, mais également, en retour, sur les conséquences de cette mutation eu égard à la structure de l'économie américaine, laquelle souffre selon Galbraith de graves déséquilibres. À propos du développement, et à l'instar d'Aron, il estime qu'il faut briser les structures qui conduisent les sujets économiques

29. Le déterminisme technologique est sans doute plus important chez Galbraith. Mais si le développement de la technologie et de ses impératifs possède une primauté logique dans son analyse, il n'est en rien l'unique mécanisme causal d'explication. De même qu'Aron, Galbraith a constamment recours à des explications en termes de causalité plurielle et surtout cumulative.

30. À l'époque, le sens du terme « développement » est toujours lié à l'idée de sous-développement. On considère, influencé par une vision (uni)linéaire du progrès économique, que les pays occidentaux sont développés et représentent en ce sens une norme. Le sens moderne, bien que proche, vise plutôt à insister sur les aspects non matériels du bien-être. Bien que Galbraith et Aron usent du terme dans l'acception de l'époque, ils n'ont pas manqué de nous dessiller les yeux à propos des désillusions de la « société opulente ».

31. Nous entendons par deux niveaux les individus et les institutions, qui peuvent certes être de différents ordres.

des pays en voie de développement à s'accommoder de la pauvreté et, dès lors, à ne pas promouvoir des attitudes susceptibles de générer des effets d'entraînement. C'est d'ailleurs la raison pour laquelle il confère à l'éducation un rôle majeur non seulement pour la croissance des pays développés [1967], mais aussi pour le décollage des pays qui ne le sont pas [1962, 1983]. L'exemple de l'éducation constitue une excellente illustration du mode de raisonnement macroscopique et de la volonté réaliste que partagent Aron et Galbraith. Conscients que le réel ne connaît pas les frontières des disciplines scientifiques, ils expliquent la dynamique du système éducatif de la société industrielle à partir des impératifs de sa dynamique économique.

> « Toutes les sociétés modernes éprouvent le besoin d'élever le niveau intellectuel et technique de l'ensemble de la population » [Aron, 1964, p. 203]. « La productivité du travail industriel *exige* des dirigeants, des ingénieurs, des cadres, une formation technique du haut en bas de l'échelle. Industrialisation, urbanisation, scolarisation (avec une certaine marge de variation) vont ensemble » [Aron, 1966, p. 76]

> « Les éducateurs ont la vanité de vouloir modeler le système d'éducation sur l'image qui a leur préférence. Il peut se faire que leur influence ne soit pas négligeable, mais la décision appartient bel et bien au système économique. Ce que l'éducateur prend pour de la latitude, c'est ordinairement la latitude de se plier aux *exigences* de l'économie » [Galbraith, 1967, p. 245]

Trois enseignements communs de l'analyse de la société industrielle menée respectivement par Aron et Galbraith peuvent être mis à profit pour quiconque nourrit le projet de saisir la dynamique des transformations de la société contemporaine, en tant que concept ou dans ses différentes manifestations historiques. Premièrement, le projet visant à comprendre la nature d'une société à une époque donnée se doit de partir de l'analyse de la dynamique de son régime économique. Les écrits de Schumpeter [1911, 1942], que Galbraith a côtoyé en tant que collègue à Harvard, et que nos deux auteurs citent volontiers, sont une illustration de ce que peut-être une telle analyse. Deuxièmement, le projet intellectuel doit alors être en mesure de penser les interactions entre les deux niveaux du social, à savoir les institutions d'une part et les conduites des individus de l'autre. À cet égard, on peut souligner leur intérêt commun envers l'œuvre de Veblen. Ils ont tous deux, dans les années soixante-dix, préfacé des rééditions de la *Théorie de la Classe de Loisir*[32]. Enfin, loin de proposer une analyse restrictive, le projet doit penser les relations qui unissent la dimension économique des institutions

32. Aron [1970] et Galbraith [1973c].

avec les dimensions sociales et politiques. Cette présentation, à un niveau généraliste, des similitudes de projets de nos deux auteurs et de quelques convergences pour y parvenir étant effectuée, il convient maintenant d'entrer dans la comparaison des regards qu'ils ont posés sur la société industrielle qui leur est contemporaine, en débutant conformément à ce qui a été présenté par l'analyse de son régime économique, dont l'institution centrale est la grande entreprise moderne.

3. La grande entreprise, institution centrale de la société industrielle

Le changement majeur du système économique depuis le début du XXe siècle, qui s'accélère après la Seconde Guerre mondiale, est pour Galbraith l'apparition des entreprises modernes, notamment sous la forme des sociétés anonymes [1973a, p. 58][33]. La technologie complexe qui s'applique au processus de production a selon lui engendré des impératifs, en termes de capitaux, de délais ou encore de productivité, « qui ont rendu à la fois nécessaire et possible l'organisation des grandes entreprises » [Galbraith, 1967, p. 16][34]. Raymond Aron porte un jugement proche sur les causes de la concentration industrielle lorsqu'il affirme qu'« [elle] n'est pas un phénomène simple que les exigences techniques ou les modalités de concurrence accentueraient impitoyablement. L'élargissement des unités de production dans un secteur, résulte de considération de productivité » [1955, p. 186][35]. Si le premier met plutôt l'accent sur les nécessités sociotechniques quand le second le met sur les nécessités économiques de rendement, tous les deux estiment que la grande entreprise est une forme nécessaire de l'organisation productive eu égard au paradigme sociotechnique d'alors. Elle est perçue comme la forme organisationnelle requise par la rationalisation à l'œuvre des processus productifs. Galbraith souligne à en ce sens le rôle pionnier joué par le complexe militaro-industriel ; à savoir la production d'armement mise en œuvre conjointement par des entreprises privées et des agences fédérales[36].

33. Le développement de grandes organisations, que l'on pense aux administrations ou aux syndicats, est lui-même lié à cette émergence [Galbraith, 1952, 1967].

34. Pour une étude de l'argumentation de Galbraith, voir Baudry et Chirat [2018].

35. Il prend soin de distinguer la concentration industrielle de la concentration financière, laquelle dérive « plus de la volonté de puissance que du souci de rendement ».

36. Sur ce thème prégnant dans l'œuvre de Galbraith, notamment à partir du *Nouvel État industriel*, voir Bailly [2006] et Fontanel et Coulomb [2006]. Dans son analyse du complexe militaro-industriel, Galbraith met en avant trois points. Premièrement, ce secteur est représentatif du pouvoir des membres

De surcroît, ils soulignent l'existence de deux mondes économiques en partie distincts. L'un regroupe les petites entreprises évoluant sur des marchés concurrentiels. L'autre est composé de ces grandes entreprises disposant d'un pouvoir de marché [Galbraith, 1967, 1977]. Ce sont ces dernières qui sont au cœur de la forte croissance caractéristique de la société industrielle. « Même si elles prélèvent des profits monopolistiques, [les entreprises concentrées] favorisent la croissance plus qu'une majorité de petites entreprises » [Aron, 1962, p. 304]. Ce désir de décrire avec réalisme le fonctionnement des structures de marché, conjugué à leur connaissance des travaux de Chamberlin sur la concurrence monopolistique [1933], explique leur remise en cause d'une vision idéalisée de la concurrence [Aron, 1967, p. 187 ; Galbraith 1952][37]. Le corollaire de la distinction entre leur vision duale de l'économie est incidemment la distinction entre deux modes idéal-typiques de coordination et de régulation du système économique – la planification et le marché – et la mixité des modes réels de coordination.

> « Deux techniques de régulation sont, dans l'abstrait, praticables : le marché et le plan. Toutes les techniques concrètes comportent un mélange de plan et de marché » [Aron, 1958, p. 850]

> « Dans l'optique de l'économiste, du théoricien de la science politique ou de l'augure, la planification consiste à remplacer les prix et le marché, comme mécanismes qualifiés pour déterminer ce qui sera produit, par la détermination autoritaire de ce qui sera produit, de ce qui sera consommé et de ce qui sera payé » [Galbraith, 1967, p. 37].

Galbraith précise toutefois que le terme planification revêt deux sens. Dans l'optique de la firme, en effet, la planification désigne plutôt l'établissement de plans d'actions visant « à minimiser les influences du marché », c'est-à-dire « l'incertitude », ainsi qu'à s'adapter au mieux à « tout événement non prévu au programme », afin de minimiser « les conséquences de l'incertitude » [Galbraith, 1967, p. 36][38]. Bien que Galbraith confère un pouvoir beaucoup plus important qu'Aron aux entreprises concernant leur

des différentes technostructures. Deuxièmement, ce secteur est représentatif du pouvoir pris par les grandes organisations. Troisièmement, dans une perspective fonctionnaliste, il met en avant l'idée selon laquelle les commandes publiques d'armements jouent un rôle dans la stabilisation macroéconomique de la demande globale.

37. À cet égard, Aron est éloigné de la vision hayékienne de la concurrence, laquelle condamne les formes mixtes de coordinations. Sur les différences entre ces deux auteurs, voir Châton [2016].

38. Galbraith fait ici référence aux travaux fondamentaux de Marris sur le sujet [Marris, 1964].

capacité à « mettre en sommeil » le marché, ce dernier décrit de manière similaire le fonctionnement interne de ces grandes entreprises[39].

> « Toute société industrielle implique un calcul économique rigoureux sans lequel les pertes de richesses et d'énergie seraient immenses[40]. » [...]. « Une grande entreprise industrielle comme Renault est dirigée centralement, elle établit des plans de production pour l'année. Mais ces plans sont soumis à révision parce que la vente des automobiles Renault n'est pas planifiée et n'est pas planifiable, elle dépend des désirs des consommateurs[41] » [1962, p. 99-106].

Cette description de la pratique des entreprises de la société industrielle est le propre des théories dites managériales de l'entreprise[42]. Le point de départ de ces analyses, suite à la parution du livre référence de Berle et Means [1932], est le constat d'une dissociation entre la propriété de l'entreprise et son contrôle, sa gestion. Les travaux de Galbraith se nourrissent explicitement des réflexions d'Adolf Berle. Aron partage leur point de vue. Cela s'explique par sa connaissance des travaux embryonnaires de Marx sur le développement de la société par actions [Aron, 1962, 1967, 2002] ainsi que par sa lecture critique de l'œuvre de Burnham [Aron, 1964, 1966[43]]. Il est dès lors lui aussi amené à conclure « qu'il y a dissociation possible entre l'organisation technique de la production et les rapports de propriété ». Au concept fameux de technostructure chez Galbraith répond ainsi celui d'« appareil technico-bureaucratique » chez Aron [1954, p. 473][44]. Ces entités désignent les individus disposant des connaissances nécessaires à la prise de décision dans l'entreprise.

---

39. Aron et Galbraith soulignent tous les deux que la propriété publique ou privée des capitaux de l'entreprise n'importe que très peu sur son fonctionnement, notamment eu égard au rôle de la prévision.

40. Galbraith écrit : « Les capitaux engagés dans ce processus sont si importants qu'ils ajoutent le souci de l'urgence à celui de l'exactitude » [1967, p. 28].

41. Ce thème les oppose pour partie. Aron croit en une plus grande effectivité de la souveraineté des consommateurs, quand Galbraith développe l'idée de souveraineté du producteur.

42. Voir Weinstein [2010] et Baudry et Chirat [2018].

43. Aron distingue parfois les ingénieurs des « techniciens de la direction », c'est-à-dire les managers, alors que Galbraith tend à les agglomérer en une seule classe à l'aide de son concept de technostructure [Aron, 1962, p. 314]

44. Voir également Aron [1962, p. 250-251 ; 1966, p. 169]. À ce sujet, dans l'émission *Apostrophes*, Aron affirme : « Je disais partiellement ce que Galbraith écrit beaucoup mieux que moi et plus en détail, dans le *Nouvel État industriel*, qu'il y avait une technostructure, et qui était, dans une certaine mesure, la même à l'Ouest et à l'Est, parce que, j'ai une formule en tête, la technique entraîne beaucoup de choses avec soi. » Dans ses *Mémoires*, il est plus circonspect : « La détermination des sociétés par les technostructures est supposée, non pas démontrée » [1983, p. 404].

Tous les deux soulignent effectivement que la représentation formelle de la hiérarchie par l'organigramme de l'entreprise ne correspond pas aux rapports de force et de pouvoir dans son fonctionnement concret [Aron, 1969a, p. 133 ; Galbraith, 1967, p. 80-81]. Dans la mesure où les membres de cet appareil technique et bureaucratique qui contrôle l'entreprise comprennent moins les actionnaires que les managers, les cadres et les ingénieurs, Galbraith et Aron rendent incidemment compte de la pluralité des buts potentiellement poursuivis par l'entreprise. Quand le sociologue affirme que « le mobile du profit ne joue pas seul » dans l'entreprise et que « le manager cesse de viser le profit » [1962, p. 120-122 ; 1966, p. 138], Galbraith indique que les buts principaux de l'entreprise, qui dérivent de ceux de la technostructure qui la contrôle, sont un niveau minimum de profit – et non une maximisation – pour garantir l'existence de l'organisation ainsi que la croissance de cette organisation[45]. Une différence importante existe toutefois entre la vision de Galbraith et celle d'Aron, ce qui explique en partie la différence de tonalité de leurs ouvrages. Alors que le premier insiste sur le fait que le système industriel tend à imposer ses buts à l'ensemble de la société industrielle, ce contre quoi il met en garde non seulement dans *L'ère de l'opulence* mais également dans *Le Nouvel État industriel*, le second met lui en lumière leurs interactions réciproques[46].

> « Les buts de la grande firme évoluée seront un reflet des buts des membres de sa technostructure. Et les objectifs du corps social tout entier tendront à être ceux de la grande entreprise. [...] Une grande part de ce que l'on croit important n'est, en fait, que l'adaptation des attitudes sociales à l'ensemble des buts de la technostructure. Ce qui compte ici, c'est ce que l'on croit. Ces objectifs qui sont devenus ceux de la société, bien qu'ils dérivent des buts de la technostructure, passent pour avoir une finalité originale » [Galbraith, 1967, p. 169-171]

> « La pluralité des buts que les sociétés peuvent se proposer reproduit et simplifie la pluralité des attitudes propres aux entrepreneurs des diverses époques et des diverses nations. De même qu'un entrepreneur peut chercher les signes de son élection, les profits, la prospérité de l'entreprise familiale, la réussite en tant que preuve de sa valeur, la joie de créer, chaque société met son régime de production au service d'un idéal, sans avoir toujours conscience de celui qui l'anime » [Aron, 1966, p. 138].

45. Pour une présentation synthétique et critique des idées de Galbraith sur le sujet, voir Marris [1968].

46. Le titre *L'ère de l'opulence* est trompeur. « Jusqu'ici le tableau de la société « affluente » – version américaine – est, dans l'ensemble, attrayant. Mais d'autres aspects de ce livre complexe interdisent l'optimisme. En fait, plusieurs chapitres constituent une critique de l'opulence dont les commentateurs n'ont pas toujours souligné la dureté et encore moins les implications pour la politique sociale » [Meynaud, 1961, p. 67]. Pour une présentation synthétique de ses thèses, voir Galbraith [1965].

Au terme de cette section, on peut conclure premièrement que nos deux auteurs confèrent un rôle majeur aux grandes entreprises dans le régime économique de la société industrielle[47]. « La firme, que les Américains appellent *corporation*, les Français "entreprise", est devenue l'institution typique de l'économie du XXe siècle » [Aron, 1967, p. 131]. Ils mettent alors en exergue la complexité de leur fonctionnement interne, en insistant notamment sur le rôle des personnes qui contrôlent l'entreprise sans pour autant en être les propriétaires, sur les rapports de pouvoir réels plutôt que formels ainsi que sur la circulation des buts valorisés socialement entre les organisations économiques et l'ensemble de la société. L'autre point majeur de leur analyse du concept même de société industrielle repose sur le fait que ces grandes entreprises marquent une rupture dans la rationalisation des processus de production et l'application de la science. Tous deux confèrent de l'importance à l'idée selon laquelle la technique charrie des transformations profondes des sociétés. C'est ce qui les a amenés à traiter de la question de l'éventuelle convergence des sociétés industrielles historiques, ou du moins de leurs régimes économiques.

4. Une convergence des systèmes économiques et des sociétés industrielles ?

La question des « théories de la convergence » est un sujet brûlant attisé par les vents de la Guerre froide et animant les débats intellectuels au cours des années 1960 et 1970, notamment au sein du CCF[48]. Les noms de Galbraith et d'Aron y sont régulièrement associés. Les développements qui précèdent permettent en partie d'en comprendre les raisons. L'examen de la littérature des écrits portant sur ce thème montre qu'il est inextricablement lié à trois autres. Il s'agit des analyses tenant compte des déterminismes technologiques, des théories managériales de l'entreprise et de celles qui pensent la baisse de

47. Une des critiques adressées à Galbraith, voire à l'ensemble des théories managériales de la firme, s'applique également, dans une moindre mesure cependant au vu de la situation française, à la pensée d'Aron. Elle a été formulée dès 1961 par Gabriel Kolko. Il estime que ces auteurs ont « ignoré le rôle majeur, et potentiellement révolutionnaire, de l'impact des stock-options sur la direction de l'entreprise » [Kolko, 1961, p. 66]. On peut ainsi dire que si Aron et Galbraith ont décrit le régime d'accumulation fordiste, ils n'ont pas perçu certains éléments déjà présents en son sein et qui annonçaient potentiellement le mouvement vers un régime d'accumulation extensif et inégalitaire [Boyer 2004], celui du capitalisme dit financier ou patrimonial.

48. La réception soviétique de l'œuvre de Galbraith permet également d'attester de l'importance idéologique de la thématique. Voir le manuscrit d'Okroi [ND], datant de la seconde moitié des années 1970.

l'intensité des conflits idéologiques mais aussi sociaux[49]. Il s'agit donc de trois axes communs aux analyses d'Aron et Galbraith. Cette proximité a déjà été mise en exergue par plusieurs auteurs.

Jean Meynaud, tout d'abord, affirme qu'Aron admet « l'achèvement des grandes controverses économiques qui ont constitué l'un des fondements essentiels des discordes politiques », soit « le diagnostic formulé aux États-Unis par John Kenneth Galbraith » [Meynaud, 1961, p. 22][50]. Gaitonde, dans une revue qui se veut une critique des théories de la convergence, indique que « les vues de Raymond Aron ressemblent étroitement à celles de Galbraith » dans la mesure où tous deux accordent une grande importance au concept de « société industrielle », adoptent une « approche technologique » et mettent en avant les processus d'étatisation des économies occidentales et de décentralisation des économies soviétiques [1974, p. 41-42]. Si ces affirmations sont vraies, il n'en demeure pas moins qu'elles ne sont que l'ébauche d'une comparaison de la pensée de nos deux auteurs eu égard au concept de convergence.

Ce dernier doit d'ailleurs être immédiatement spécifié pour perdre en équivoque et ainsi conserver une valeur heuristique. Lesdites théories de la convergence sont en effet une nébuleuse au sein de laquelle il faut *ad minima* distinguer trois dimensions. Il se pose premièrement la question de la convergence des régimes économiques des sociétés des deux blocs. Un article célèbre du premier récipiendaire du prix Nobel d'économie, Jan Tinbergen [1961], s'inscrit explicitement dans cette veine. Il souligne que les économies « communistes » et les économies « libres » sont soumises à des forces de changement qui créent une tendance à la convergence des structures et des comportements économiques. La deuxième question qui se pose est celle de la convergence des rapports sociaux et incidemment des types socioculturels de comportement. Le second cours de la Sorbonne d'Aron [1964] et l'article de Sorokin [1960] sont respectivement deux œuvres qui appréhendent la

49. Voir par exemple De Jouvenel [1956], Bell [1960], Sorokin [1960], Meynaud [1961], Tinbergen [1961], Prybyla [1964], Gaitonde [1974], Skinner [1976], Duverger [1964, 1972]. Pour une revue de littérature qui tient particulièrement compte de la vision des intellectuels soviétiques, voir le rapport, datant de février 1970, de la CIA qui s'intitule « The theory of "convergence" and/or futurology ». La référence du rapport est [CIA-RDP79-O1194A000A00140001-7]. La pensée de Galbraith sur ce thème de la convergence est aussi souvent discutée en la confrontant, outre à celle d'Aron, à celle de Burnham. Voir Duverger [1972] et ce même rapport de la CIA.

50. Voir Galbraith [1955, p. 31]. Meynaud rapproche également le point de vue d'Aron de celui de Duverger [1964] sur cette question, bien que le premier s'oppose à l'argumentaire du second [Aron, 1966, p. 142-146 ; 1983, p. 403-404]. Les rapports d'Aron et Duverger ont été longuement discutés au cours du colloque où nous avons présenté ce papier.

dimension sociale de cette question d'une éventuelle convergence. Enfin, la troisième dimension est d'ordre politique. Elle pose la question de la convergence des régimes politiques des nations des deux blocs. Si beaucoup d'intellectuels se sont prononcés à ce sujet, peu ont étudié ces régimes en détail. Ces précisions étant effectuées, nous pouvons revenir à notre comparaison.

Le rapport d'Aron à la notion de convergence, s'il a pu souffrir d'ambiguïtés lors de la parution de ses différents livres sur la société industrielle, comme le signale à juste titre Bernard Pivot dans l'émission *Apostrophes*, ne nous semble rétrospectivement pas équivoque. *Les Dix-Huit Leçons* peuvent certes être considérées comme un des livres présentant la thèse de la convergence des régimes économiques. Bien qu'il rappelle les différences concernant les rapports de propriété et les modalités de répartition des ressources, Aron met effectivement au premier plan la ressemblance des techniques de production et le fait que les appareils technico-bureaucratiques répondent au même besoin et exercent les mêmes rôles dans les deux types de sociétés industrielles[51]. Autrement dit, il souligne le fait que toutes les sociétés industrielles partagent les mêmes modalités de croissance, mêlant à des degrés divers la coordination par le marché et la planification[52]. Il va jusqu'à leur reconnaître des similitudes de buts : « Toutes les sociétés industrielles sont progressives, elles veulent calculer rationnellement, elles tiennent les désirs des individus pour illimités » [1962, p. 143]. Certains aroniens affirment que l'idée qu'Aron ait défendu la thèse de la convergence est « une légende tenace »[53]. Considérant ce thème dans la dimension économique qu'il revêt chez Aron, nous nous inscrivons en faux contre cette affirmation. Le fait qu'il martèle que le communisme soit un substitut du capitalisme, et non l'étape historique qui doit nécessairement lui succéder, donne d'ailleurs du crédit à notre propos.

51. Aron écrit par exemple [1954, p. 473] : « À l'intérieur d'une usine moderne, les individus se trouvent encadrés par un appareil technico-bureaucratique, qui détermine rigoureusement leur conduite au travail. Cet appareil est analogue en France, qu'il s'agisse d'une entreprise privée comme Citroën ou d'une entreprise publique comme Renault, à travers le monde, qu'il s'agisse d'une entreprise dite capitaliste comme les usines Chrysler à Detroit ou d'une entreprise soviétique comme les usines de tracteurs à Stalingrad ou les usines d'automobiles de Moscou. Je ne dis pas qu'il n'y ait aucune différence, mais, fondamentalement, la structure technique et bureaucratique est imposée par les exigences du travail en commun, telles qu'elles résultent de l'état des moyens de production et de l'indispensable effort de discipline collective. »

52. Ota Šik, dans *La troisième voie*, propose des réflexions sur l'idée de régime d'économie mixte [1974]. Dans ce livre, il critique l'interprétation qu'Aron donne du marxisme. Il critique également *le Nouvel État industriel*, notamment eu égard à sa minimisation du rôle agissant des mécanismes de marché.

53. Voir par exemple [Châton, 2016, p. 33]. Cette idée a aussi été soutenue par certains participants du colloque international Raymond Aron de juin 2017.

La lecture de *La lutte des classes* lève toute ambiguïté éventuelle sur l'hypothèse d'une convergence des régimes sociaux. Certes, les deux sociétés sont gouvernées par des catégories dirigeantes. Elles sont toutefois plurielles et leurs rapports parfois agonistiques dans les sociétés occidentales [1954, 1965b], et ce quand bien même Aron a parfaitement conscience du phénomène que Galbraith nomme la « symbiose bureaucratique » des technostructures du privé et du public. Le premier affirme en effet que « l'unification des catégories qui exercent le pouvoir politique et économique apparaît inévitable » [1964, p. 177]. Si les inégalités demeurent de surcroît dans les deux types de sociétés, les syndicats n'ont pas pour autant les mêmes fonctions dans les deux régimes. Les luttes sociales sont contenues à l'intérieur du parti en URSS. C'est d'ailleurs la raison pour laquelle Aron estimait qu'elle ne pourrait imploser que de l'intérieur. De même que la convergence sociale n'est pas à l'ordre du jour, Aron ne fait pas l'hypothèse de la convergence des régimes politiques. Dans *Démocratie et Totalitarisme*, il montre que la société industrielle s'accommode autant des régimes « constitutionnels-pluralistes » que des régimes « de parti monopoliste ». S'il reconnaît que certaines étapes de la croissance sont susceptibles d'avoir des affinités électives avec certains régimes politiques, il tient pour « non fondée » la thèse selon laquelle « toutes les sociétés industrielles doivent comporter la même superstructure politique », la thèse selon laquelle « la civilisation industrielle étant donnée, un régime et un régime seulement y est exactement adapté » [Aron, 1965a, p. 357-358].

Des trois dimensions de la question de la convergence, l'œuvre de Galbraith traite presque exclusivement de la première[54]. Il pense que s'amorce une certaine convergence des « deux systèmes ostensiblement différents ». « Cette convergence tient à la similitude d'ensemble des systèmes d'organisation et de planification. [...] La convergence commence avec l'échelle moderne de la production, la masse énorme de capital nécessaire, la technologie avancée, et, conséquence première de tout cela, la complexité de l'organisation » [1967, p. 394-396]. Son analyse de la symbiose bureaucratique, son constat selon lequel la nature de la propriété ne détermine pas le comportement de la technostructure ainsi que la décentralisation qu'il voit à l'œuvre à l'Est sont autant d'éléments qui l'amènent à conclure que le fonctionnement des grandes organisations est similaire dans les deux types de sociétés[55].

54. Voir la présentation et la discussion de Reisman à ce sujet [1982, p. 136-157].

55. Sa vision de cette décentralisation a été influencée par son voyage en Pologne et Yougoslavie. Voir Galbraith [1959] et [Parker 2005, p. 325-327]. Il a également consulté le recueil de Mason [1959] pour la rédaction du *Nouvel État industriel*, où l'on trouve un article de Gerschenkron [1959) sur le thème des

Son analyse est encore renforcée dans la mesure où il remet en cause la souveraineté du consommateur dans les économies dites de marché[56]. Malgré le désaccord explicite d'Aron sur l'idée de souveraineté du producteur, ils estiment conjointement que les régimes économiques mutent vers un régime mixte, « un mélange indiscernable de planification et d'influences de marchés [Galbraith, 1966, p. 15][57]. Il est ainsi particulièrement important de remarquer que cette thèse de la convergence économique transcende les clivages analytiques, méthodologiques, si l'on pense à Tinbergen, mais aussi politiques :

> « Nous avons vu que des économistes aussi bien néo-classiques que marxistes attribuaient plutôt cette convergence aux simplifications et aux équivoques du *Nouvel État industriel.* Toutefois, ici, Galbraith se trouve en compagnie aussi nombreuse que variée : qu'il nous suffise de citer Rostow et François Perroux, Raymond Aron et Marcuse... » [Lépine et De Douhet, in Galbraith *et al.*, 1971, p. 114).

Dans un ouvrage de 1988, coécrit avec l'économiste soviétique Stanislas Menshikov, Galbraith reprend le thème de la convergence, en lien avec celui de la coexistence [1988][58]. Son coauteur est explicite. Ils développent dans ce livre la thèse de la « convergence socio-économique entre le capitalisme et le communisme » vers un régime d'économie mixte [Menshikov, 2005, p. 180]. Concernant maintenant les deux autres dimensions de la convergence, on peut dire que Galbraith ne s'est livré à aucune étude systématique de la question. Au détour d'une rencontre organisée par le *Nouvel Observateur*, il indique toutefois que les nouvelles classes moyennes qui émergent sont susceptibles, à l'Ouest comme à l'Est, d'être des moteurs du changement social. Cela s'explique sans doute par l'influence forte des événements de 1968[59]. Concernant la dimension politique, Galbraith est souvent considéré comme

---

entreprises soviétiques. Le titre du chapitre neuf de son livre, dans la première édition française, est « digression sur le socialisme ». Il s'intitule en réalité en anglais : « A digression *on the firm* under socialism ».

56. Galbraith [1967, p. 18-19]

57. « La première [détermination de la modernité économique] consiste à découvrir qu'il n'y a pas de différence substantielle entre régime soviétique et régime américain. J. K. Galbraith a manié récemment ce paradoxe (en train de se muer en *conventional wisdom*) avec la subtilité que chacun attend désormais de lui : en Union soviétique aussi bien qu'aux États-Unis, écrit-il dans le *New Industrial State*, la production obéit à un plan et les consommateurs achètent les marchandises offertes et imposées. [...] La souveraineté du consommateur, un mythe ? Peut-être, mais la puissance de la publicité, un autre mythe ? Et la toute-puissance des entreprises également » [Aron, 1969a, p. 307].

58. Voir Parker [2005, p. 621-622]. Gorbatchev, lors d'une rencontre consécutive à cette publication, confie à Galbraith l'admiration et l'intérêt qu'il a pour ses livres.

59. Sur l'influence de Mai 68 sur l'économie américaine en tant que discipline, voir Chirat [2018b].

un partisan de la thèse de la convergence [Waligorski, 2006, p. 271-272]. Il n'a pourtant pas produit d'analyse détaillée des différents régimes politiques. L'interview sur laquelle se fonde cette opinion laisse entendre deux idées différentes selon nous. Les deux systèmes risquent surtout de muter vers des formes fort éloignées des idéologies qu'elles affichent. Et les mutations dues aux convergences économiques affecteront moins les structures politiques que les comportements des individus.

> « Lewis: do you suggest that as the two society converge, the Communist society will necessarily introduce greater political and cultural freedom?
>
> Galbraith: I'm suggesting precisely that. The requirements of deep scientific perception and deep technical specialization cannot be reconciled with intellectual regimentation. They inevitably lead to intellectual curiosity and to a measure of intellectual liberalism. And on our side, the requirements of large organization impose a measure of discipline, which is very much less than the individualism that has been popularly identified with the Western economy » [in Stanfield, 2004, p. 15].

5. Classes et conflits dans la société industrielle

Le dernier grand thème de l'analyse macroscopique de la société industrielle, lié lui aussi à ceux de la révolution managériale et à l'hypothèse de l'apaisement des luttes idéologiques, est celui de la transformation des conflits sociaux. La « critique positive » de la vision des classes chez Marx effectuée par Dahrendorf s'appuie ainsi directement sur la thèse de la séparation du contrôle et de la propriété des moyens de production dans les sociétés anonymes ainsi que sur la vision de Burnham d'une société directoriale ou « post-capitaliste » [Dahrendorf, 1959, p. 40-49]. L'idée principale est celle d'une institutionnalisation des conflits et d'une diminution de leur virulence. Giddens, qui se fonde notamment sur la pensée d'Aron, rend compte que la société industrielle demeure certes une société de classes, mais que le système de classe se transforme inexorablement [1975, p. 53-68]. Nos deux auteurs fournissent des arguments susceptibles de comprendre ces transformations, lesquelles s'insèrent aisément dans leur schéma d'analyse de la dynamique de la société industrielle.

Dans *American Capitalism*, livre le moins désenchanté de Galbraith et où il demeure le plus convaincu de l'automaticité des mécanismes de pouvoirs compensateurs, ce dernier affirme que la richesse nationale croissante « empêche les grandes tensions sociales qui se seraient produites en climat de pauvreté » [1952, p. 138]. Désormais, la lutte est avant tout une lutte pour la répartition des richesses produites et leur redistribution [p. 137]. Les grands syndicats jouent un rôle compensateur et protecteur face aux grandes entreprises susceptibles de capter les richesses du fait de leur pouvoir de marché [p. 148]. *L'ère de l'opulence* reprend cet argumentaire. La réduction des inégalités, bien qu'il subsiste des îlots de pauvreté et des injustices, est permise par la croissance et la progressivité de l'impôt [1958, p. 84-97]. Le conflit traditionnel de la société capitaliste dévoilé par Marx s'efface lentement, pour faire place à l'objectif commun de l'accroissement des ressources matérielles.

> « La production a éliminé les motifs de friction les plus sérieux liés à l'inégalité sociale. Conservateurs et libéraux se sont rendu les uns et les autres à l'évidence : l'augmentation collective de la production aboutit à une redistribution, et même à une diminution de l'inégalité[60]. Si la plus ancienne des questions sociales, celle qui a soulevé le plus d'agitation, n'est pas résolue, elle bat de l'aile et ses adversaires lui ont substitué un autre objectif en se concentrant sur l'augmentation de la productivité. Ce changement a une importance considérable. L'intérêt accru porté à la production, à l'époque actuelle, est remarquable en soi. Mais il a pris la place occupée antérieurement par la discussion entre possédants et non-possédants » [Galbraith 1958, p. 97].

Le *Nouvel État industriel* propose alors une analyse fonctionnaliste du rôle des syndicats. Galbraith tend de plus en plus à les considérer avant tout comme des « auxiliaires du système ». Ils contribuent à l'existence de « relations industrielles relativement pacifiques » [1967, p. 287]. Si les syndicats et le mouvement socialiste américains n'ont pas une tradition révolutionnaire puissante, ceux-ci se comportent d'une manière pleinement conforme aux besoins de la technostructure. Galbraith propose à cet égard une analyse du rapport salarial du mode de régulation fordiste qui préfigure celles des régulationnistes français [Boyer, 2004]. Certes les syndicats revendiquent. Ils réclament notamment des hausses des salaires nominaux. Mais la grande entreprise moderne accède aisément à ses revendications dans la mesure où i) elle réalise de forts gains de productivité, ii) les membres de la technostructure qui décident des niveaux de rémunération sont eux aussi salariés et enfin iii) l'entreprise est en mesure de fixer ses prix sur le marché. La principale menace dans la société industrielle est dès lors l'inflation puisque, en l'absence de régulation étatique, « la spirale des salaires et des prix devient

60. Cette formulation suggère une certaine automaticité de la baisse des inégalités liées à la croissance, comme le suggère par exemple à l'époque l'analyse de Kuznets. Galbraith n'a pourtant cessé dans sa carrière d'affirmer le rôle fondamental des choix politiques dans la lutte contre la pauvreté et les inégalités sociales. Voir Laguérodie [2005].

un élément organique du système » [p. 255]. La réussite des revendications salariales des syndicats, permise par les spécificités du système industriel, contribue à cette diminution des luttes sociales « en contribuant à prévenir le mécontentement et, par suite, tout sentiment d'aliénation ». Incidemment, leur réussite les condamne paradoxalement au déclin [p. 281].

Les écrits de Raymond Aron mettent en avant les mêmes éléments. Concernant les syndicats, et à l'exception notoire de la France, il les perçoit comme « non doctrinaires » [1964, p. 229]. À l'instar des partis politiques travaillistes, ils sont de plus en plus nombreux à accepter le régime économique et enclins à tenter de l'améliorer de l'intérieur [1964, p. 175]. En d'autres termes, les conflits sont canalisés dans les règles du jeu et ne portent désormais plus sur les règles elles-mêmes [Reynaud, 1989]. La lutte économique pour la répartition des richesses prend le pas sur la lutte politique [1964, p. 113]. Les organisations réformistes supplantent les organes révolutionnaires. L'explication de ce phénomène avancée par Aron est similaire à celle de Galbraith : l'augmentation croissante de la production et ce bien que la pauvreté n'ait pas disparu pour autant [1962, p. 183].

> « Le problème millénaire de l'inégalité n'est pas "résolu" (à supposer déjà qu'il puisse l'être) par le seul avènement d'une société opulente (ou à demi opulente), mais il ne se pose pas dans les mêmes termes à partir du moment où, d'année en année, les ressources collectives augmentent et où la masse de la population profite de cette augmentation » [1966, p. 195].

Si les conflits s'institutionnalisent, cela ne signifie aucunement l'avènement d'une société industrielle sans classes [1964, p. 106-107]. La société industrielle est « stratifiée » et « différenciée », quel que soit son régime politique. Aron souligne à de multiples reprises la disparition progressive des mouvements révolutionnaires. Mais il considère, concernant l'Occident, que « l'essence de la démocratie, combinée avec la civilisation industrielle, est un état de constante agitation » [1964, p. 227]. Il décèle d'ailleurs une réduction de la passivité des citoyens face aux questions sociales ainsi qu'une intensification « des revendications » et « des occasions de revendiquer » [p. 226]. *La lutte des classes* laisse la place à une « satisfaction querelleuse » [Châton, 2017, p. 33-35][61]. Une des causes réside pour Aron, dans une logique tocquevillienne, dans la hausse sempiternelle des besoins, laquelle dépasse la hausse des moyens de les satisfaire et engendre incidemment un nombre important de frustrations relatives [1969a, p. 161-164].

61. Titre du chapitre 12 d'Aron [1964].

La question de la mutation des classes sociales et des conflits sociaux est, nous l'avons vu, intimement connectée à la question du contrôle exercé dans l'entreprise. Mais à la question « qui gouverne l'entreprise ? » se surimpose celle qui consiste à savoir « qui gouverne la société ? ». À cet égard, les réponses apportées par Galbraith et Aron divergent. Certes, tous deux adoptent une perspective critique à l'égard de la thèse de C. W. Mills développée dans *The power elite* [1956]. Galbraith lui reproche de voir « trop de préméditation et de volonté établie » dans le comportement de la classe aisée, laquelle se dissimulerait derrière un « voile protecteur » de cadres et de techniciens [1958, p. 92]. Aron laisse entendre que Mills penche « vers l'idée d'une sorte de "conspiration" de quelques-uns » [1965b, p. 20]. Il fait donc de lui un représentant de la thèse de la « classe dirigeante » [1969a, p. 56], de la « thèse unitaire », en opposition à la « thèse pluraliste » développée dans son article sur les « catégories dirigeantes » [Châton, 2017, p. 35]. Dans la mesure où il pense l'entente et la convergence d'intérêts des technostructures publiques et privées ainsi que le fait que les intellectuels soient de plus en plus mis au service du système industriel, Galbraith redoute cependant que cette « thèse unitaire » ne devienne une réalité. Il milite toutefois pour un pluralisme des catégories qui disposent de pouvoirs, pour que précisément puissent jouer les mécanismes compensateurs mis en avant dans le premier opus de sa trilogie. On touche, avec cette question des catégories dominantes, au nerf de la guerre de toute étude historique des sociétés, à savoir la prise en compte du pouvoir dans l'analyse.

6. Du Pouvoir aux pouvoirs

D'après Jean Lhomme [1958], la science économique a, à partir de la révolution marginaliste, pris ses distances avec la question du concept de pouvoir. Contre cette tendance, et à l'instar de Russel [1938], Berle [1959, 1969], De Jouvenel [1972] ou Perroux [1973], Galbraith estime qu'il constitue pourtant un concept fondamental des sciences sociales. Il affirme à cet égard qu'« en éludant le pouvoir – en faisant de la science économique un sujet non politique – la théorie néo-classique a, dans ce processus, détruit sa relation au monde réel » [1973b, p. 5]. C'est pourquoi le concept parcourt toute son œuvre, pour aboutir en 1983 à la publication de *L'Anatomie du pouvoir*[62]. Cette question des rapports de pouvoir, notamment économiques, n'est en rien étrangère à la réflexion d'Aron [1958, 1964]. Le premier point

62. Voir Chirat [2018a]. Nous étudions plus en détail dans cet article la théorie du pouvoir de Galbraith. Nous nous permettons de renvoyer le lecteur à la première section notamment.

de convergence entre nos deux auteurs réside dans l'idée selon laquelle le concept doit être décomposé pour être étudié, le moyen le plus couramment utilisé étant de lui associer des adjectifs : pouvoir économique, politique ou social. L'influence de Max Weber, cruciale dans le cas d'Aron, diffuse chez Galbraith, explique selon nous cet intérêt.

La première des questions à propos du pouvoir économique concerne « le pouvoir dans l'unité de production » [Aron, 1958, p. 56]. C'est le rapport critique d'Aron et Galbraith à l'œuvre de Marx qui permet ici de comprendre leurs points de vue[63]. Marx associe le pouvoir, non seulement économique mais aussi politique, à la propriété des moyens de production. Aron refuse à la propriété non seulement d'être l'unique source du pouvoir économique mais également d'être nécessairement le fondement du pouvoir desdites catégories dirigeantes [1954, p. 469-471 ; 1958, p. 849 ; 1965b, p. 10]. Il rappelle que si le pouvoir économique provient parfois de la propriété de l'entreprise, il peut également provenir d'une « fonction particulière » ainsi que d'une « position clé » dans le processus productif. On comprend dès lors pourquoi Aron, à l'inverse de nombreux économistes marxistes, ne refuse aucunement l'idée d'une prise de contrôle de l'entreprise par des appareils technocratiques. Sa tentative pour appréhender cette mutation apparaît toutefois équivoque :

> « Péchiney n'appartient à personne, avant même que l'on distribue les actions aux ouvriers, puisque Péchiney appartient à des milliers d'actionnaires, qui, s'ils sont propriétaires au sens juridique du terme, n'exercent plus le droit traditionnel et individuel de la propriété. De la même façon, Dupont de Nemours ou General Motors appartiennent à des centaines de milliers d'actionnaires, qui maintiennent la fiction juridique de la propriété mais n'en exercent pas les privilèges authentiques » [Aron, 1967, p. 187].

Lorsqu'il affirme que « Péchiney n'appartient à personne », c'est sur le mode paradoxal qu'elle appartient à un très grand nombre d'actionnaires puisqu'elle revêt la forme juridique de la société anonyme. Ainsi constate-t-on une confusion entre d'une part la propriété au sens juridique du terme et d'autre part la propriété conçue comme le contrôle, la direction et la gestion de l'entreprise. Du moins, l'expression des « privilèges authentiques » de la propriété qui ne sont plus exercés peut sembler suggérer que la propriété des instruments de production devait impliquer la mise en œuvre du processus. Dans sa recension des catégories dirigeantes, Aron parle des « gestionnaires

63. Dans *Apostrophes*, Galbraith a cette formule inspirée de celle de Clémenceau : « Marx était un trop grand homme pour être laissé aux communistes. »

du travail en commun », lesquels peuvent ou non être propriétaires [1964, p. 170]. À l'heure du capitalisme familial, le droit de propriété, tel un droit naturel, semblait nécessairement conférer le contrôle de l'entreprise, ce qui n'est effectivement plus le cas. Aron ne fournit cependant pas une théorie du pouvoir dans l'entreprise aussi explicite que Galbraith. Pour ce dernier, c'est un rapport de force *de facto* et non *de jure* qui permet de comprendre pourquoi le contrôle de l'entreprise échoue historiquement aux capitalistes individuels puis à la technostructure [Baudry et Chirat, 2018]. Ce dernier construit une théorie du pouvoir « dans l'unité de production » qui repose sur le concept de « ressources rares » :

> « Le pouvoir s'associe à l'agent de production qui est le plus difficile à obtenir ou le plus difficile à remplacer. En termes précis, il s'attache à celui dont l'offre est affectée de la plus grande inélasticité marginale. Cette inélasticité peut résulter soit d'une rareté naturelle, soit d'un contrôle efficace des ressources disponibles dû à quelques facteurs humains, soit aux deux causes à la fois » [Galbraith, 1967, p. 67]

C'est la rareté du facteur de production que fournit la technostructure, à savoir « l'intelligence organisée » ainsi que des « savoir-faire » spécifiques d'ordre organisationnels et industriels, qui explique son pouvoir discrétionnaire dans l'entreprise. On peut cependant reprocher à Galbraith, à l'instar de Kolko, d'avoir surestimé ce pouvoir des non-propriétaires, puisqu'il a négligé d'une part le rôle des actions dans la rémunération des membres de cet appareil technocratique et sous-estimé d'autre part le poids de quelques grands actionnaires au sein des bureaux de direction, soit le plus haut étage hiérarchique de la technostructure. Quoi qu'il en soit, il n'en demeure pas moins qu'Aron comme Galbraith se sont attardés, pour saisir le régime économique de la société industrielle, sur la question des rapports de pouvoir dans l'entreprise, au sens non seulement des rapports d'autorité formels mais aussi des possibilités d'effectuer des choix discrétionnaires. Nous avons terminé la section précédente sur la question des groupes sociaux qui disposent de la puissance sociale au sein de la société industrielle, en soulignant l'idée selon laquelle Galbraith est relativement proche de la vision de la thèse unitaire quand Aron s'en détache. Ce qui nous importe maintenant afin de comprendre cette différence est de comparer leur théorie générale des sources du pouvoir en société.

Galbraith recense trois sources principales générant du pouvoir, entendu au sens très classique de capacité à faire triompher sa volonté sur celle des autres [1983]. Il considère que si les trois sources de pouvoir sont toujours intimement mêlées, certaines ont, à des périodes historiques données, plus d'importance que d'autres. La première est la personnalité. Elle rappelle le concept wébérien de légitimité charismatique. Elle est la source principale du pouvoir dans les sociétés militaires et féodales. La seconde est la propriété, la richesse, qui croît en importance à mesure que le capitalisme tend à se répandre. La dernière source, cruciale, car caractéristique de la société industrielle, est l'organisation. Ces trois sources, la personnalité, la propriété et l'organisation, consacrent respectivement trois types de pouvoir selon Galbraith : le pouvoir dissuasif, le pouvoir rétributif et le pouvoir persuasif. Le pouvoir politique et social de la technostructure, qui dérive de son pouvoir de contrôle de l'entreprise, repose pour Galbraith sur l'organisation, c'est-à-dire l'entreprise, en ce sens où elle est un véhicule pour diffuser ses buts à l'ensemble de la société.

Que le pouvoir soit d'ordre temporel ou spirituel, il estime toutefois qu'il repose toujours sur une combinaison des trois sources mentionnées[64]. Aron, quant à lui, prend le soin de distinguer le pouvoir spirituel du pouvoir temporel. Le pouvoir spirituel, dans la société industrielle, a deux corps prétendants : les prêtres ainsi que les intellectuels et scientifiques [1964, p. 169]. Galbraith consacre un chapitre du *Nouvel État industriel* à la place de ce « corps des éducateurs et scientifiques » dans le système industriel. Il dispose selon lui d'un pouvoir notoire dans la mesure où il forme la main-d'œuvre que requièrent les nouvelles méthodes de production. C'est pourquoi il espère que les membres de ce corps ne se soumettront pas benoîtement aux impératifs de la production et de la technique et sauront préserver, du fait d'un rapport de force qui leur est favorable, une place aux considérations esthétiques et culturelles dans la société industrielle.

Concernant le pouvoir temporel, Aron recense lui aussi trois sources [1964, p. 169-171 ; 1965b, p. 13-14]. La première est l'argent, rappelant la propriété chez Galbraith. Les gestionnaires des moyens de production, propriétaires et managers toutefois, en sont selon lui les dépositaires dans la société industrielle. La seconde source est le nombre. Ce sont les individus capables de cristalliser, dans des syndicats et des partis politiques, les revendications collectives, de les incarner, de les exprimer. Dès lors, le pouvoir de ceux qu'il nomme les « meneurs de masse » se rapproche tant du pouvoir politique que du pouvoir spirituel. La description qu'Aron en fait les rapproche des individus dont le pouvoir repose, selon Galbraith, sur leur « personnalité » charismatique. Enfin, la troisième source de pouvoir provient de « la machine administrative » [1965b]. Il s'agit des politiciens, des hauts fonctionnaires ou des chefs des armées, c'est-à-dire des individus

64. Pour une illustration, voir Chirat [2018a].

qui contrôlent les grandes organisations privées et bureaucraties publiques. L'idée est à nouveau proche de celle de Galbraith, à la différence que celui-ci ne distingue pas les organisations selon leur nature, mais leur confère un pouvoir propre distinct du pouvoir rétributif de l'argent. Malgré leurs différences typologiques, on constate à nouveau que Galbraith et Aron ont une analyse similaire des personnes qui disposent d'un pouvoir notable dans la société industrielle, à partir d'une conception idéal-typique de ses sources.

Conclusion

Aron et Galbraith sont deux figures intellectuelles majeures du XXe siècle qui ont eu, à de multiples reprises, l'occasion de discuter de la dynamique des sociétés modernes. L'étude comparative de leur analyse du concept de société industrielle nous a permis de mettre en exergue des convergences d'analyse. Ce point importe, premièrement, parce qu'il atteste qu'une analyse macroscopique des sociétés non seulement nécessite de dépasser les frontières disciplinaires mais est également susceptible de transcender les clivages méthodologiques et politiques. Deuxièmement, l'étude comparative de leurs pensées permet d'enrichir la compréhension des œuvres de chacun de ces deux auteurs. Dans le cas d'Aron, nous montrons que la compréhension de sa trilogie sur la société industrielle ne peut faire l'impasse sur la dimension économique de ses raisonnements. Dans le cas de Galbraith, cette étude comparative permet d'attester de l'unité de ses analyses économiques et de ses analyses sociopolitiques. Enfin, cette comparaison nous a permis de démontrer que le concept de société industrielle, qui émerge après la Seconde Guerre mondiale, repose *in fine* sur quatre grandes thèses réciproquement solidaires : l'apaisement des conflits idéologiques radicaux, la dissociation de la propriété et du contrôle des entreprises, l'institutionnalisation des conflits portant sur la répartition des richesses ainsi que la convergence des régimes économiques des sociétés développées. Sur ce dernier thème, nous avons d'ailleurs établi qu'une discussion sur le concept de convergence des sociétés doit distinguer les ordres économiques, socioculturels et politiques[65]. Cette mise en exergue des liens électifs entre les quatre thèses qui nourrissent les réflexions sur le concept de société industrielle est alors susceptible de fournir une matrice de compréhension des controverses intellectuelles et des débats dans les sciences sociales de l'après-guerre. Avec un étiquetage certes

65. Une telle grille de lecture permet par exemple de mieux saisir l'enjeu de la controverse entre Fukuyama et Huntington qui, pour certains, a constitué une resucée des débats autour du concept de convergence et de fin des idéologies.

réducteur mais synthétique, on peut reconstruire et circonscrire le projet de recherche de la nébuleuse des études portant sur la société industrielle à l'aide du schéma ci-dessous[66].

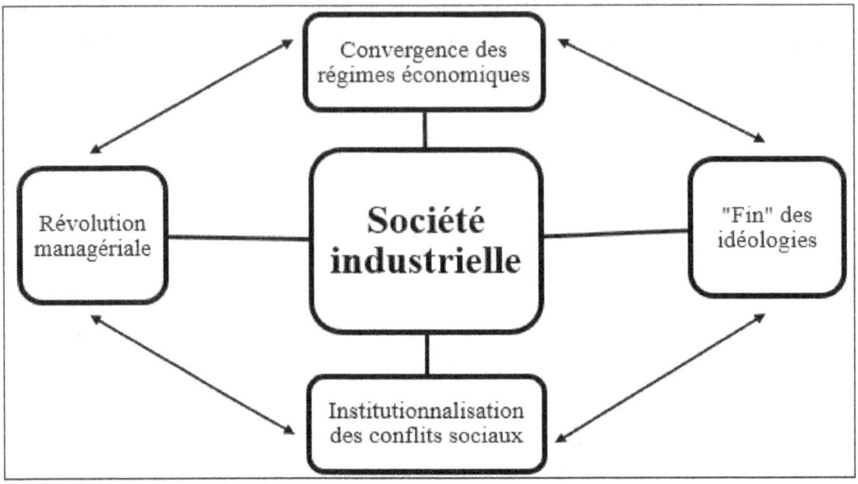

On peut être tenté de conclure cet article par l'idée selon laquelle les analyses d'Aron et Galbraith sur la société industrielle, si elles permettent de comprendre une certaine phase historique qu'ont connue les pays développés, se sont avérées erronées ou incomplètes dès la décennie 1970, notamment eu égard à la thèse de la révolution managériale. On considère traditionnellement que cette dernière a laissé place à la « revanche des actionnaires », favorisée par la financiarisation de l'économie, la mondialisation des échanges de biens et de capitaux et la transformation des modes d'organisation interne des entreprises. Toutefois, les catégories d'analyses développées par Galbraith permettent par exemple, sous réserve d'être actualisées, de comprendre cette mutation des structures économiques postérieures aux années 1970, comme l'attestent l'article de Pascal Petit [2006] ou plus systématiquement encore l'ouvrage de Stephen Dunn [2010]. Mais, plus important à nos yeux, dans le cadre de leurs trilogies, Aron et Galbraith nous livrent avant tout un esprit, une ambition, un souffle. Rompre avec la tendance académique moderne à la spécialisation disciplinaire et à la fragmentation des questionnements et des analyses.

66. Les flèches représentent les liens électifs qui unissent les différentes thèses entre elles. Les traits illustrent le fait que toutes sont reliées au concept de société industrielle.

Quiconque entend comprendre, dans une perspective macroscopique et critique, la dynamique d'une société est donc susceptible de retenir de cette comparaison l'enseignement selon lequel il se doit de penser conjointement et de manière cohérente les phénomènes économiques, sociaux et politiques. C'est à cet égard que l'usage du concept de pouvoir est fondamental. Il remplit une fonction unificatrice.

Bibliographie

Aronova Elena [2012], "The Congress for Cultural Freedom, Minerva, and the quest for instituting 'Science Studies' in the age of Cold War". *Minerva*, 50 (3), p. 307-337.

Aron Raymond [1939], « Monnaie et crédit (à propos d'un livre récent) », *Thalès*, 4, p. 235-253.

Aron Raymond [1954], « Note sur la stratification du pouvoir ». *Revue française de science politique*, 4 (3), p. 469-483.

Aron Raymond [1955], *L'opium des intellectuels*, Paris : Calmann-Lévy.

Aron, Raymond [1958], « Note sur le pouvoir économique ». *Revue économique*, 9 (6), p. 849-858.

Aron Raymond [1960], « Les étapes de la croissance économique », *European Journal of Sociology*, 1 (2), p. 297-302.

Aron Raymond [1961], « La définition libérale de la liberté ». *European Journal of Sociology*, 2 (2), p. 199-218.

Aron Raymond [1962], *Dix-Huit Leçons sur la société industrielle*, Paris : Gallimard.

Aron Raymond [1964], *La lutte des classes*, Paris : Gallimard.

Aron Raymond [1965a], *Démocratie et Totalitarisme*, Paris : Gallimard.

Aron Raymond [1965b], « Catégories dirigeantes ou classe dirigeante ? » *Revue française de science politique*, 15 (1), p. 7-27.

Aron Raymond [1966], *Trois essais sur l'âge industriel*, Paris : Plon.

Aron Raymond [1967], *Les étapes de la pensée sociologique*, Paris : Gallimard, 2010.

Aron Raymond [1968], « Un marxiste américain », *L'Expansion*, janvier, p. 74-75.

Aron Raymond [1969a], *Les désillusions du progrès*, Paris : Gallimard.

Aron Raymond [1969b], *La philosophie critique de l'histoire*, Paris : Gallimard, 2010.

Aron Raymond [1970], « Avez-vous lu Veblen ? », in Veblen (1970), Préface, *Théorie de la classe de loisir*, Paris : Gallimard.

Aron Raymond [1973], *République Impériale : les États-Unis dans le monde 1945-1972*, Paris : Calmann-Lévy.

Aron Raymond [1983], *Mémoires : 50 ans de réflexion politique*, Paris : Julliard.

Aron Raymond [1997], *Introduction à la philosophie politique : démocratie et totalitarisme*, Paris : Éditions de Fallois.

Aron Raymond [2002], *Le Marxisme de Marx*, Paris : Éditions de Fallois

Audard Catherine [2009], *Qu'est-ce que le libéralisme ? Éthique, politique, société*, Paris : Gallimard.

Audier Serge [2012], *Néo-libéralisme(s) : une archéologie intellectuelle*, Paris : Grasset.

Bailly Michel Alexandre [2006], « Néolibéralisme et militarisme dans l'analyse économique et dans la pensée galbraithienne », *Innovations. Revue d'économie et de management de l'innovation*, 23 (1), p. 193-216.

Baudry Bernard et Chirat Alexandre [2018], « John Kenneth Galbraith et l'évolution des structures économiques du capitalisme : d'une théorie de l'entrepreneur à une théorie de la firme ? » *Revue économique*, 69 (1), p. 159-187.

Bell Daniel [1960], *The end of ideology*. New York: Free Press.

Berle Adolf A. et Means Gardiner C. [1932], *The modern corporation and private property*, New York: Transaction publishers, 1991.

Berle Adolf A. [1959], *Power without property*, New York: Harcourt, Brace & World.

Berle Adolf A. [1969], *Power*, New York: Harcourt, Brace & World.

Boyer Robert [2004] *Théorie de la régulation*, Paris : La Découverte.

Burnham James [1947], *L'ère des organisateurs*, Paris : Calmann-Lévy.

Chamberlin Edward H. [1933], *The Theory of Monopolistic Competition*, Harvard University Press. Traduction : [1953], La *théorie de la concurrence monopolistique, une nouvelle orientation pour la théorie de la valeur*, Paris : PUF.

Châton Gwendal [2016]. « Libéralisme ou démocratie ? Raymond Aron lecteur de Friedrich Hayek », *Revue de philosophie économique*, 17 (1), p. 103-134.

Châton Gwendal [2017]. *Introduction à Raymond Aron*, Paris : La Découverte, coll. Repères.

Chirat Alexandre [2018a], « When Galbraith frightened conservatives: Power in Economics, Economist's power and Scientificity », *Journal of Economic Issue*, 52 (1), p. 31-56.

Chirat Alexandre [2018b]. Le Mai 68 des économistes américains. *L'Économie politique*, (3), p. 104-112.

Clark Colin [1957], *The Conditions of Economic Progress*, London: Macmillan & Co.

Dahrendorf Ralf [1959], *Class and class conflict in industrial society*, Stanford University Press.

De Jouvenel Bertrand [1956], «Some fundamental similarities between the soviet and capitalist economic systems», p. 41-80, in *The Soviet Economy*, Congress for Cultural Freedom, Martin Secker and Warburg LDT.

De Jouvenel Bertrand [1972], *Du Pouvoir : histoire naturelle de sa croissance*, Paris : Hachette Littérature.

Dockès Pierre [1990], « Formation et transferts des paradigmes socio-techniques », *Revue française d'économie*, 5 (4), p. 29-82.

Dockès Pierre [1993], « Les recettes fordistes et les marmites de l'histoire (1907-1993) », *Revue économique*, 44 (3), p. 485-527.

Dunn Stephen [2010], *The economics of John Kenneth Galbraith: introduction, persuasion, and rehabilitation*, Cambridge University Press.

Duverger Maurice [1964], *Introduction à la politique*, Paris : Gallimard.

Duverger Maurice [1972], *Janus, les deux faces de l'Occident*, Paris : Fayard.

Fontanel Jacques et Coulomb Fanny [2006], « J. K. Galbraith, économiste de la paix », *Innovations. Revue d'économie et de management de l'innovation*, 1 (23), p. 217-234.

Fourastié Jean [1949], *Le Grand Espoir du XXe siècle*, Paris : PUF.

Fourastié Jean [1968], « Les joyeux pétards de Galbraith », *L'Express*, 17 au 23 juin, p. 135-139.

Frobert Ludovic [2003], *John Kenneth Galbraith : la maîtrise sociale de l'économie*, Paris : Michalon.

Gaitonde V. A. [1974], "An Answer to the Theory of Convergence", *Social Scientist*, 3 (5), p. 38-51[67].

Galbraith John Kenneth *et al.* [1971], *La Crise des sociétés industrielles*, Les Cahiers du Nouvel Observateur.

Galbraith John Kenneth [1952], *American capitalism: The concept of countervailing power*, Oxford: Basil Blackwell, 1980. Traduction : *Le capitalisme américain*, Paris : Librairie Médicis, 1966.

Galbraith John Kenneth [1955], *Economics and the Art of controversy*, New York: Rutgers University Press.

Galbraith John Kenneth [1958], *The affluent society*, Boston: Houghton Mifflin. Traduction : [1961] *L'ère de l'opulence*, Paris : Calmann-Lévy.

Galbraith John Kenneth [1959], "Heresy revisited", *Encounter*, January, p. 45-53.

Galbraith John Kenneth [1962], *Economic Development in Perspective*, Cambridge: Harvard University Press.

Galbraith John Kenneth [1965], "On the quality of life", *Encounter*, January, p. 31-39.

Galbraith John Kenneth [1966], "The world through Galbraith's eyes", *New York Times*, 18 December, in Galbraith [2004].

Galbraith John Kenneth [1967], *The New Industrial State*, Princeton University Press, fourth edition, 2007. Traduction : [1968], *Le Nouvel État industriel*, Paris : Gallimard.

Galbraith John Kenneth [1973a], *Economics and the public purpose*, Boston, Houghton Mifflin. Traduction : [1974], *La science économique et l'intérêt général*, Paris : Gallimard.

67. Le prénom de cet auteur n'est pas mentionné dans l'article, seules ses initiales le sont.

Galbraith John Kenneth [1973b], "Power and the useful economist". *American Economic Review*, 63 (1), p. 1-11.

Galbraith John Kenneth [1973c], "Thorstein Veblen and *The theory of the leisure class*", Preface, *The theory of the leisure class*, Boston: Houghton Mifflin Company.

Galbraith John Kenneth [1977], "The Valid Image of modern industrial economy", Archives de la CIA, CIA-RDP80M00165A001200140012-4.

Galbraith John Kenneth [1979], *Chroniques d'un libéral impénitent*, Paris : Gallimard.

Galbraith John Kenneth [1981], *Une vie dans son siècle*, Paris : La Table Ronde, 2006.

Galbraith John Kenneth [1983], *The Voice of the Poor. Essay in Economic and Political Persuasion*, Cambridge: Harvard University Press.

Galbraith John Kenneth et Menshikov Stanislas [1988], *Capitalism, communism and coexistence: from a bitter past to a better prospect*, Boston: Houghton Mifflin Company.

Galbraith John Kenneth [2004], *Interviews with John Kenneth Galbraith*. Edited by James Ronald Standfield and Jacqueline Bloom Stanfield, University Press of Mississippi.

Galbraith John Kenneth [2007], *Économie hétérodoxe*, Paris : Seuil. Recueil de texte :

– *The Anatomy of Power*, [1983], p. 21-196
– *Economics in perspective*, [1987], p. 197-542
– *A short history of financial euphoria*, [1990], p. 543-620
– *The culture of contentment*, [1992], p. 621-772
– *A journey through Economic time*, [1994], p. 773- 1030
– *The Good society*, [1996], p. 1031-1172

Gane Nicholas [2016], "In and out of neoliberalism: Reconsidering the sociology of Raymond Aron", *Journal of Classical Sociology*, 16 (3), p. 261-279.

Gerschenkron Alexander [1959], "Industrial enterprise in soviet Russia", in Edward Mason [1959], *The corporation in modern society*, p. 277-300.

Giddens Anthony [1975], *The class structure of the advanced societies*, New York: Harper & Row.

Grémion Pierre [1995], *Intelligence de l'anticommunisme : le Congrès pour la liberté de la culture à Paris (1950-1975)*, Paris : Fayard.

Kennedy Douglas [2011], "Industrial society: requiem for a concept", *The American Sociologist*, 42 (4), p. 368-383.

Kolko Gabriel [1961], *Wealth and in America. An Analysis of Social Class and Income Distribution*, New York: Praeger Publishers, 1971.

Lacouture Jean [1983], « Lippmann, Galbraith et les "intellectuels" américains », *Le Débat*, (1), p. 109-115.

Laguérodie Stéphanie [2005], « Galbraith et le pouvoir économique de John F. Kennedy », *L'Économie politique*, (4), p. 26-42.

Leboyer Olivia [2016], « Raymond Aron, lecteur d'Auguste Comte, avec un inédit d'Aron de 1928 », *Revue européenne des sciences sociales*, 54 (2), p. 113-144.

Le Masne Pierre [2006], « Le rôle des services publics pour Galbraith », *Innovations. Revue d'économie et de management de l'innovation*, 1 (23), p. 173-192.

Lhomme Jean [1958], « Considérations sur le pouvoir économique et sur sa nature », *Revue économique*, 9 (6), p. 859-895

Manent Pierre [2001], *Les libéraux*, Paris : Gallimard.

Marris Robin [1964], *The economic theory of managerial capitalism*, London: Macmillan.

Marris Robin [1968], "The New Industrial State by John Kenneth Galbraith", *The American Economic Review*, 58 (1), p. 204-247.

Mason Edward S. (ed.) [1959], *The corporation in Modern Society*, New York: Atheneum, 1966.

Mattson Kevin [2004], *When America was Great: the fighting faith of postwar liberalism*, New York: Routledge.

Menshikov Stanislas [2005], "John Kenneth Galbraith and the anatomy of Russian Capitalism", in Laperche, Blandine et Uzunidis, Dimitri (ed.), [2005], *John Kenneth Galbraith and the future of economics*, London: Palgrave Macmillan.

Meynaud Jean [1961], *Destin des idéologies*, Lausanne : Études de sciences politiques.

Mills Charles, "Theory and the New Industrial State: Galbraith through soviet eyes", Manuscrit, p. 1-36, JKG PP Wright, [1958], *The power elite*, Oxford: Oxford University Press, 2000.

Okroi Loren [ND], "Soviet social", Series 9, Box 1022.

Parker Richard [2005], *John Kenneth Galbraith, His Life, His Politics, His Economics*, Chicago: University of Chicago Press

Petit Pascal [2006], « D'un capitalisme managérial... à l'autre », *Innovations. Revue d'économie et de management de l'innovation*, 23 (1), p. 49-69.

Perroux François [1973], *Pouvoir et économie*, Paris : Dunod.

Pierce Roy [1963], "Liberalism and democracy in the thought of Raymond Aron", *The Journal of Politics*, 25 (1), p. 14-35.

Prybyla Jan S., [1964], "The convergence of western and communist economic systems: A critical estimate", *The Russian Review*, 23 (1), p. 3-17.

Reynaud Jean-Daniel [1989], *Les règles du jeu : l'action collective et la régulation sociale*, Paris : Armand Colin.

Reisman David [1982], *Galbraith, Tawney and Adam Smith*, London: Palgrave MacMillan.

Romano Joseph [2003], « James Burnham en France : l'import-export de la "révolution managériale" après 1945 », *Revue française de science politique*, 53 (2), p. 257-275.

Rostow Walt W. [1960], *Les étapes de la croissance économique*, Paris : Seuil, 1963.

Russell Bertrand [1938], *Power: A new social analysis*, New York: Routledge, 2004.

Saunders Frances Stonor [2000], *Who paid the Piper? The CIA and the cultural cold war*, London: Granta Books.

Shils Edward [1955], "The End of ideology", *Encounter*, November, p. 52-58.

Shils Edward [1959], "Old societies, New states", *Encounter*, March, p. 32-41.

Schumpeter Joseph A. [1911], *Theorie der wirtschaftlichen Entwicklung*, Leipzig: Duncker und Humblot. Traduction : [1999], *Théorie de l'évolution économique*, Dalloz.

Schumpeter Joseph A. [1942], *Capitalism, Socialism and Democracy*, New York: Harper. Traduction : [1972], *Capitalisme, socialisme et démocratie*, Paris : Payot.

Šik Ota [1974], *La troisième voie*, Paris : Gallimard.

Skinner Reinhard J. [1976], "Technological determinism: A critique of convergence theory", *Comparative Studies in Society and History*, 18 (01), p. 2-27.

Solow Robert M. [1956], "A contribution to the theory of economic growth", *The Quarterly Journal of Economics*, 70 (1), p. 65-94.

Solow Robert M. [1957], "Technical change and the aggregate production function", *The Review of Economics and Statistics*, 39 (3), p. 312-320.

Solow Robert M. [1967], "New Industrial State or son of affluence", *Public Interest*, 9, p. 100-108.

Sorokin Pitirim A. [1960], "Mutual convergence of the United States and the USSR to the mixed sociocultural type", *International Journal of Comparative Sociology*, (1), p. 143.

Steinmetz-Jenkins Daniel [2016], « Raymond Aron et la critique de l'idéologie américaine », in Fabrice Bouthillon *et al.* (dir). [2016], *Raymond Aron et la défense de la liberté : Nationalisme, libéralisme et postmodernité*, Paris : Éditions de Fallois, p. 21-39.

Tinbergen Jan [1961], "Do communist and free economies show a converging pattern?", *Europe-Asia Studies*, 12 (4), p. 333-341.

Veblen Thorstein [1899], *The theory of the leisure class*, New York: MacMillan. Traduction : [1970], *Théorie de la classe de loisir*, Paris : Gallimard.

Waligorski Conrad [2006], *John Kenneth Galbraith: the economist as political theorist*, Rowman & Littlefield.

Weinstein Olivier [2010], *Pouvoir, finance et connaissance : les transformations de l'entreprise capitaliste entre XXe et XXIe siècle*, Paris : La Découverte.

THE PRIVATE AND PUBLIC NORMATIVE ORDERINGS OF THE MODERN FIRM: INDUSTRIAL PLURALISM IN A HISTORY OF ORGANIZATIONAL THOUGHT PERSPECTIVE

Virgile Chassagnon[1] *and Naciba Haned*[2]

The development of the theory of the firm has included only limited insight into the legal and political nature of business enterprises, and the inquiry into the nature of normative orderings has been obscured. By normative ordering, we mean a regulatory standard regarding industrial relations applicable for a given time to real entities—here, firms. This article contributes to bridging this theoretical gap by examining the historical and institutional evolution of firms concerning industrial pluralism and by focusing on the accuracy of the study of the entanglement of private and public normative orderings in firms.

Les ordres normatifs privés et publics de la firme moderne. Le pluralisme industriel repensé dans une perspective d'histoire de la pensée organisationnelle

Le développement de la théorie de la firme s'est souvent affranchi d'une analyse de la nature légale et politique des entreprises si bien que la réflexion sur la nature des ordres normatifs est elle-même demeurée marginale. Par ordre normatif, nous entendons un standard de régulation des relations industrielles qui s'applique pour une période donnée à des entités réelles, ici aux firmes. Cet article contribue à la littérature sur le pluralisme industriel en proposant une analyse des évolutions institutionnelles et historiques des firmes et en mettant en exergue une forme d'intrication des ordres publics et privés dans les entreprises.

Keywords: history of the organizational thought, industrial pluralism, modern firm, power, private and public orderings, relational contracting.

Mots-clés : contrats relationnels, firme moderne, histoire de la pensée organisationnelle, ordres privés et publics, pluralisme industriel, pouvoir.

JEL Classification: A12, D20, J50, L20

1. Univ. Grenoble Alpes, Grenoble INP, CREG, 38000 Grenoble, France, IREPE.
* Institute of Engineering Univ. Grenoble Alpes.
virgile.chassagnon@univ-grenoble-alpes.fr

2. ESSCA École de management, campus de Lyon, 7 rue Curie, 69006, Lyon, France.
naciba.haned@essca.fr

1. Introduction

Since the seminal work of Coase [1937], the question of the nature of the firm has fueled academic debates well beyond the field of economics. However, it remains difficult to sketch the form of any consensus on this issue. Discussions on the subject have been intense, divisive, and sometimes heated between economists, lawyers, and sociologists in time. Nonetheless, the question has not been adequately investigated, and it thus presents a conceptual opportunity for scholars to investigate the fertile complementarity between the private and public normative orderings of capitalist firms, notably regarding the history of organizational thought. By normative order, we mean a regulatory standard regarding industrial relations applicable for a given time to real entities—here, firms. Therefore, private normativity refers to the internal ordering of a firm, while public normativity refers to positive legal structure that is external to a firm. The analysis of normative complementarities should be encouraged from a conceptual and historical perspective to better define the nature of the firm.

Recent developments in organizational economics that relax classical assumptions (e.g., the substantive rationality of economic agents or the assumption of behavioral opportunism) and/or incorporate relational dynamics in their analyses [see the organizational economics textbook by Gibbons and Roberts [2013] are encouraging, but extant research rarely studies the entanglement of the two forms of normativity [for a review of the role of economic normative orderings on industrial relations, see Bargain [2015]). Similarly, the advances in experimental economics in the industrial relations field has achieved real scientific progress [Fehr and Fischbacher Gächter, 2002; Fehr, Bartling and Schmidt, 2013]. Nevertheless, these works have not really helped elucidate the nature of normativity in firms, and its role in regulating modern industrial relations. Hence, we think that the research question on the nature of normative orderings in firms deserves to be investigated from an analysis of the organizational thought of industrial pluralism, which is often based on an institutionalist perspective of the political economy.

To question normativity the firm must be considered within the context of a political "economicity," in which the arrangement and organization of industrial relations form multidimensional power relations that structure the collective action and therefore the "productive efficiency" of the firm (see Chassagnon, 2014). As an anthropologist, Smith [2007, 1974] suggests in a historical perspective that firms are the basic units of social structures and political action. Regarding policy and referring to the self-regulatory function of firms' current businesses that create these spaces of power, Smith [2007, 1974] explains that firms implement authoritarian internal modes [i.e., sets of exclusive rights (*universitas juris*) that provide a normative structure]. The question of the nature of the normative orderings of the firm is thus central to understanding the conditions for the emergence of a new productive compromise between stakeholders and, notably, between capital and labor [see Commons, 1924].

Although private regulatory mechanisms are embedded in an external public order, firms develop private self-regulatory mechanisms that guide the members of the organization and link them together in their production activities, despite formal contractual arrangements. Regarding the question of the nature of the firm, it appears that the internal organization of this fundamental institution of market economies is characterized by heterogeneous normative orderings. Nevertheless, the firm is more than a legal concept [see Phillips, 1994; Gindis, 2009; 2016; Chassagnon, 2012; 2014]—although it is influenced by and influences the law. Ultimately, for mainstream economics, the firm is often perceived as only the sum of the contracts that serve as support in positive law. Schematically, corporate law recognizes the corporation as fiction [Joo, 2002], to the extent that it exists only when legislators recognize it as an economic ordering [Gordon, 1997]. However, this does not mean that the firm cannot be a normative order. Instead, the firm is a private arena of power relations that must serve its general interest. Firms are private entities, but they explicitly contribute to public general interest (i.e., they are private entities that serve society and its development and they concern the most active people, they are at the heart of their living conditions and physiological recovery, they contribute greatly to gross domestic product, and they have an enormous impact on the ecological protection).

In this sense, the firm is a political and economic order, which clearly concerns the social and legal nature of this relational productive entity. Therefore, several questions arise from the economic thought of industrial pluralism: Where then can the firm be located in relation to an internal social ordering and a state public order? Accordingly, how can the private nature of the firm, which governs its internal industrial relations, be characterized? By extension, what kind of normative regulation can be implemented in the capitalist firm?

This article is organized into three sections based on the economic analysis of industrial pluralism in firms. The first section aims to demonstrate that the firm as a private economic entity conceals "legal no-go" areas based on social norms and other informal arrangements. In the second section, the central and longest part of the paper, we focus on the increasing influence of dynamic relational contracts and power relationships in the regulation of employment relationships, which—in the spirit of Williamson [1985]—are the heart of the capitalist firm. Within this perspective, we rely on the development of a double control and regulation logic and the entanglement of private and public orderings. Thus, the union of the two normative orderings leads us to understand the relations of power in the firm through a triple perspective: authority, *de jure* power, and *de facto* power. Research perspectives related to the governance of modern firms as political entities are proposed in a third section that pursues the modern economic view of industrial pluralism.

2. Social norms, informal regulation, and internal private ordering: the building blocks of a theoretical field in the thought of industrial pluralism

One of the most faithful representatives of the law and economics perspective is undoubtedly Manne [1967], for whom legal formalism—especially contract law—is at the heart of economic efficiency. However, parallel to this specific point of view, we have seen certain positions advocating the recognition of legal pluralism in the history of organizational economics, for which we would consider the social nature of contracts and other institutional arrangements. The public legal ordering coexists with a private internal ordering marked by social norms and various types of rules regarding organizational loyalty.

In addition to states, firms are the most influential economic actors in the capitalist system. In industrial regulatory projects, firms are observed to be unavoidable—even if they do not exist as such in the (positive) constituent structure of globalized societies (see *supra*). Nevertheless, this "contractual incompleteness" does not prevent firms from working, for being responsible for the fate of thousands of people, and for bolstering the growth of host countries (when the firm acts beyond national boundaries and beyond state powers). As soon as it is viewed as an end in itself, the firm becomes an organized institution [see Chassagnon 2014; Hodgson, 2015] that develops its own values and its own rules that are affiliated with a law not recognized as such by the (positive) right of the "state".

The law is not an epiphenomenon; instead, the law constitutes a reality that escapes the firm, which does not mean that the law does not make sense for the firm but that it makes sense to other (non-legal) institutional realities of the firm, such as its informal dynamics. Such a remark applies to most societal relations, but is particularly significant and explicit with respect to the firm, because the firm is primarily a dynamic entity, constantly changing, and continually adapting to changing environments. Thus, the firm must continually implement new policies and new organizational standards. Any productive activity is based on institutional arrangements [Aoki, 2007], and all institutional arrangements require a social substrate. The institutions of modern societies are the result of social interactions that are embedded in formal constitutive rules (see the historical point of view of North, Wallis and Weingast [2009]).

Social institutions must accept the rules imposed by the state power, which differ in the constraints that they create based on the preferred modes of regulation in different countries. However, these institutions can also develop, influence, and interpret these rules privately, as long as they do not come in conflict with the law, customs, and other manners of society. Thus, the very private nature of firms explicitly refers to the internal organization of the firm. This central argument is at the heart of the theoretical heuristic proposed in transaction cost economics by the 2019 Nobel Prize Laureate, Williamson whose work on industrial pluralism in firm governance has had a central role in the history of organizational thought.

Williamson [1985, 2002] clearly recognizes the existence of an enforceable legal system and a private, internal nature of firms, which corresponds to the personal rights of firms. Specifically, the internal governance structure of the firm is influenced not only by the institutional environment that sets the rules of the game but also by the parallel development of rules and procedures that are specific to the firm that allow it to regulate its own organizational behavior and function in its own environment. The private ordering is specific to and defined by the firm itself.

Governance of private firms is a property of the contractual relationship networks that could be established in part by law regarding the conduct of economic activities. Positive and state rules are based on external influences regarding the internal organization of firms, and they are based on their hierarchical position with respect to the ultimate regulatory standards. On the contrary, the private nature that governs the internal social organization of the firm results in a political balance among different members. Nevertheless, firms generate internal rules that may face threats of sanctions by the very members of the organization itself. The private internal ordering of the firm is based on intrinsic organizational standards and complements positive law. In an industrial pluralism perspective, transaction cost theorists consider that firms spontaneously create their own law allowing them to regulate themselves, not only internally [Williamson, 2002] but also vis-à-vis external suppliers (see Héritier, Mueller-Debus and Thauer [2009] on an extension of the Williamson's heuristic).

On different occasions, Williamson focused on this crucial idea that his organizational approach perpetuates an old school of thought that makes industrial pluralism the heart of the firm's analysis. He based his works on major managerial authors who have a great influence in the history of organizational thinking. Thus, in his 1938 book, Barnard emphasized the entanglement of the formal rational aspects resulting from law and the informal rational aspects stemming from the internal organization of firms. In other words, private normativity in firms exists because public normativity enables and even establishes it. It is the cornerstone of legal industrial pluralism. In a law and economics perspective major law authors, namely Shulman [1955], Cox [1958] and Summers [1969] have defended the thesis of the superiority of the legal model of industrial pluralism and notably the process of collective negotiation between employers and unions—compared with the model of legal centralism. In his 1985 book, Williamson uses several arguments developed by American labor lawyers representing the legal industrial pluralism who consider the firm as 'island of self-rules' [see Stone, 1992]. More specifically, according to Williamson [1991, 2002], the firm is a private normative ordering considered as both a hierarchical governance[3] structure and a private contractual arrangement. This approach to the firm as a private ordering is opposed to another legal tradition, namely, legal centralism. In summary, the model of legal industrial pluralism is considered a good system of labor relationship insofar as it is a 'proposed' model and not an 'imposed' model that establishes the autonomy of the firm, which is in accordance with the contractual tradition of the United States and the private nature of business institutional arrangements.

More broadly, Williamson's theory of the private nature recounts the complementarity between legal enforceability and private self-enforceability, which together draw upon the mechanisms of ordering (order-preserving mechanism), allowing firms to adapt to changes in their institutional environments [Williamson, 2002]. In this sense, the private nature of the firm avoids ex post opportunistic behavior by promoting relational contracts that correspond to their internal governance structure and the organizational

3. Governance is defined as the implicit or explicit contractual structure in which transactions work.

design of their contractual relations [Furubotn and Richter, 2005; Richter, 2008]. Williamson [1985] considers that "sovereignty" in a firm—defined as the authority (the order) to resolve disputes between parties—is based on two principles (1) the authority of the courts that connect legal centralism and (2) the private nature of firms related to legal industrial pluralism. According to Williamson, the second refers to litigation settlements by the parties themselves (internally) without resorting to a third party, while the first, to quote Galanter, refers to an external control of the firm that provides remedies prescribed in the spirit of authoritarian learning and exercised by experts who officiate under the auspices of the state [Galanter, 1981].

Moreover, the coexistence of different normative orderings is not devoid of economic efficiency considerations; the legal orderings and the "let live" private nature of firms' internal organization are also reasons for cost savings [Williamson, 1985]. The entanglement of normative orderings serves firms' growth in the long term, where private normativity is also sometimes termed economic normativity (and even "economizing" in Williamson). The firm as a collective entity based on specific organizational and institutional arrangements between persons is the archetype of legal industrial pluralism[4]. In other words, the collectively organized firm is in line with the system referred to as legal industrial pluralism, according to which the collective aspect of labor relations and laws must overshadow the individual aspects (see the work of Stone [1992], which completes the Williamson's point of view).

In a firm, regulatory principles are enriched by the full private ordering, which can prevent the firm from bearing additional transaction costs. Social norms emerge to govern and sustain productive activities as part of the long-term cooperation of the members of a firm. People interact with one another, share knowledge with one another, and respond to private initiatives, which ultimately allows them to avoid resorting to a third party to govern the conditions of production. Many lawyers—and also organizational economists close to Williamsonian thought within the field of law and economics [see, for example, Posner, 1997; Hart, 2001]—have highlighted the influence of social norms in firms' governance mechanisms. In this regard, Rock and Wachter [2001] suggest that firms, in a context in which governance mainly imposes "rules and not legally enforceable standards," would replace the positive legal system of contractual relations with such

4. Industrial pluralism is similar to the notion of legal pluralism. Thus, we propose using the term of legal industrial pluralism. In other words, industrial pluralism refers to legal pluralism applied to industrial relations.

standards. In a 1999 article, Eisenberg deplores the absence of consideration of the emergence of social norms in the industrial process and particularly in corporate law. Specifically, he examines the interrelation between social norms and law and shows that non-compulsory social norms[5] accepted as part of individual belief systems are important to understanding the logic that underpins how firms operate.

Members of a firm choose to be governed by their social norms rather than by law in their everyday relationships. In this sense, as Eisenberg asserts, social norms have a dual nature: they are rules and regularities. In firms, social norms, whether they are considered mandatory or not, are internalized privately. Moreover, we suggest that social norms result from specific properties of the group and not from a cost–benefit calculation that would reveal the "calculative" nature of individuals that mainstream economists largely rely on. These contributions are particularly notable because they demonstrate that within firms, inherent fiduciary duties apply to the firm as a whole and do not rely on formal rules. Eisenberg [1999] also asserts that in firms, a duty of loyalty emerges, which is encouraged by legal rules and social norms, and that this duty contributes to firms' productive efficiency. Legal rules provide formal support that gives meaning to social norms, which reinforces the thought of old and new institutional theory regarding the intricacies of formal and informal rules within firms [see notably, Commons, 1924; North, 1990].

Firms have a private legal system that does not emerge spontaneously as a natural ordering but instead occurs based on existing institutional structures. Beyond a firm's official rules, it is essential to recognize in an industrial pluralism perspective the existence of a normative ordering to effectively analyze private firms and to not be confined to blindness by strict adherence to "legal centralism." Law provides a normative ordering that is hierarchically unified, systematic, and exclusive and leaves no room for adaptation [Griffiths, 1986]. The reality, however, shows that other normative rules that guide human behavior in organizations are also operative. Examples in

5. Eisenberg [1999] distinguishes legal rules, organizational rules, and social norms. Legal rules are produced by the state system. Organizational rules are formal rules adopted by private firms. These are close to legal rules, because they are subject to sanctions—sometimes legal—for their breach. By contrast, social norms cannot be affiliated with statutory rules. There are three types of social norms: (1) the regularities in human behavior do not involve a sense of obligation or a sense of conscious engagement; (2) the rules and regularities consciously accepted but not required; and (3) the rules and knowingly accepted practices in which individuals feel—regardless of law and sanctions—an obligation, which is what he calls "mandatory" standards (obligational norms).

the literature have asserted that such "multiple systems of legal obligation" [Hooker, 1975, p. 2] break with the notion of systematic law.

The notion of legal pluralism has developed impressively since the work of Galanter [1981] which was later often used by Williamson. For Moore [2014, p. 18], legal pluralism "lumps together official forms of law with clusters of unofficial rules." The "new" legal pluralism [see Merry, 1986] emphasizes the coexistence of different systems of rules and various normative regulation processes. Nevertheless, legal pluralism is not a simplistic ideological approval of non-state laws. Encouraging the debate between positivists and representatives of the "natural" approach to law, legal pluralism theorists consider that there is no monopoly of the state regarding rights; instead, the law results from various normative orderings, such as the private nature of the firm.

As Galanter [1981, p. 34] writes, "courts comprise only one hemisphere of the world of regulating and disputing. To understand them, we must learn how they interact with other normative orderings that pervade social life." For him, individuals are guided by motivations, beliefs, and standards that can be legal—in the positive sense—and/or not legal.

The private nature of firms subjects them to regulations that are not binding in positive law. However, many criticisms have been made regarding this logic of legal pluralism [see Aviram, 2004]. A question arises regarding the status of this private order: Is there a zone of lawlessness or limited extension of law? In essence, if we consider that the rights are from the legislator and therefore from state bodies, the ordering of private spaces constitutes "no law." For example, Hodgson [2009] asserts that all societies contain a plural system of normative rules, but that does not mean there are plural systems of law. The private governance (normative rules) of a firm is not the law; instead, it is based on an institutional substrate that includes certain rights. Governance of a firm thus reflects a type of middle ground between private and public normativity.

3. A double normative regulation: legal constraints, relational contracts, and power

Legal relations are not confined to spontaneous developments resulting from the linking of a person and an object; nevertheless, they are largely dependent on customs and private standards that regulate and resolve contractual disputes. This notion of institutional entanglement is mostly observed among sociologists studying law and organizational arrangements. Formal rules can be effective without being enforceable, in that they facilitate the effectiveness of informal sanctions. The main consequence of this type of embedding of internal control mechanisms is the coexistence of public policy and private ordering, which are linked in an interdependent relationship. The coexistence and coevolution of several orderings is likely to explain the plurality of power relationships in the firm.

3.1. The plural nature of the employment relationship as a seminal contribution in the history of organizational thought

Within the firm, the employment contract—which follows from a right—is the main element of "central" control as was clearly shown by the founders of the theory of the firm Knight [1921] and Coase [1937] (for an analysis of the history of economic thought on this, see Chassagnon and Vivel [2013]). However, beyond the contractual rules of the external working relationship, internal control devices do not affect positive rules; however, such rules are typically not naturally developed. Firms have real independence from their legal environment. However, firms require multiple avenues of legal support to exist, and first and foremost is employment contract.

Employment contracts contain devices—particularly in terms of legal protections—that distinguish them from simple merchant contracts with independent contractors [Collins, 1992]. By means of employment contracts, firms transform egalitarian political relationships into strictly inegalitarian economic relationships with subordinates and governing relationships grounded in labor law. Moreover, employment contracts implement employment relationships governed by private collective rules specific to the firm, which places employees in situations of "mutual control" and avoids contractual disputes [Williamson, Wachter and Harris, 1975] over non-law matters (which are not covered by the contracts and clauses), which cannot be the responsibility of a court. Notably, unions are strictly private groups with an independence vis-à-vis public ordering and important in protecting the interests of a specific profession.

Employment relationships are guided by self-enforcing standards—framed by unions rebalancing the power between capital and labor—to ensure sustainability. The law provides employers with real "discretion" in conducting their business and in their internal organization [Wachter, 2004]. Internal administrative procedures reflect a structural equilibrium of political decisions and power relations regarding different human components of firms.

In summary, positive law establishes rules—through the state—that remain external to the firm and from which the firm will develop its private standards. Thus, although there is no legal recognition of the existence of firms as such in positive law, the private ordering of the firm is implicitly accepted by law as autonomous. Without recognizing them as such, the state accepts the existence of firms as entities constructed as legal and autonomous political orderings (e.g., unlike the Mafia or drug cartels).

Legal industrial pluralism is thus understood in firms as systems regulating employment relationships. Private ordering results in organizations based on a set of customs, common standards and perspectives that supersede the explicit contractual and thus allow cooperation that cannot be prescribed by formal guidelines [Posner, 2010]. Notably, such a system nonetheless works very well in Anglo-American countries because these legal models are historically based on a contractual liberal tradition that grants legitimacy to the "spontaneous" and (often short-term) private agreements that supersede rules imposed by the State [Stiglitz, 2016].

More generally, although their legal systems differ—and this is important—different legal principles influence one another through the prism of an employment contract, which is a common feature in all capitalist countries and in all developed and integrated global market economies. The employment relationship is conceptualized as a right to the pursuit of a successive contract, that is, a relational contract (we already observe this idea in the seminal 1937 paper of Coase). Because the employment agreement contains no temporal restrictions, creates an employee commitment, and provides the employer with real flexibility in terms of adaptation, the contract is relational.

Additionally, the entanglement of extrinsic motivations (satisfaction resulting from the reward linked to an activity) and intrinsic motivations (activity-related satisfaction itself) guides individual intentionality, promotes collective cohesion, and conditions employee efficiency [Deci and Ryan, 1985; Bénabou and Tirole, 2003]. Therefore, the sharing of a common purpose [Barnard, 1938] is a necessary condition for the emergence and distribution of power through relational contracting; the sharing of a common goal is also the meeting point of the various motivations of the individual. Notably, only the employment relationship allows individuals to share the collective objectives of a firm. In this sense, the employment relationship splits into a formal slope and an informal slope. The formal slope is to discriminate against any attitude contrary to the pursuit of collective production objectives (a formal and external type of power). The informal slope is to produce the coincidence between personal cohesion and collective cohesion, that is, the legitimate acceptance of these same objectives (an informal and internal type of power)—in a perspective similar to the seminal work of Knight [1921].

3.2. Dynamic relational contracting and informal logics in the modern firm: a new conceptual breakthrough in the history of organizational thought

The modern history of organizational thought was characterized by the strong development of the literature on relational contracts. Relational contracts refer to real governance mechanisms in long-term relationships, which are expected not only to reproduce but also to change over time based on unpredictable contingencies of the *ex-ante* contract. Relational contracts occur when the contracting parties behave cooperatively and do not use external circumstances to opportunistically exploit the relationship (employment). In this sense, relational contracts encourage employees to comply with the objectives of the firm, including whether they are outside the ex-ante defined contractual framework. Relational contracts have the characteristics of informal agreements reproduced by the value of future relations [Baker, Gibbons and Murphy, 2002], and the execution is carried out ex ante in terms of the behavior of the involved actors. Relational contracts promote fairness and reciprocity in labor relations, because these contracts provide specific incentives that complement formal contracts [Goldberg, 1976; Williamson, 1985; Hviid, 2000; Baker, Gibbons and Murphy; 2002; Chassang, 2010]. [6] Thus Gibbons [2000, p. 37] writes, "the exercise of non-contractible rights must be coordinated by relational contracts. In short, the firm must have managers. We therefore reach a conclusion that is either obvious or powerful: understanding the role of managers, who conceive, communicate, and implement the relational contracts that underpin informal organizational processes, is essential to understanding firms."

From this perspective, relational contracting is observed to be similar to the idea of long-term contracts as reference points for individuals. According to Hart and Moore [2008, p. 3], "a party is happy to provide consummate performance if he feels that he is getting what he is entitled to, but will withhold some part of consummate performance if he is shortchanged—we refer to this as shading. An important assumption we will make is that a

6. Note that in specific cases relational contracts can substitute for formal contracts [Poppo and Zenger, 2002].

party's sense of entitlement is determined by the contract he has written. This is the sense in which a contract is a reference point."[7]

Economists have primarily considered the firm to be a set of formal contracts supported by positive law under cover of the will and freedom of the contracting parties. However, because legal systems are imperfect, relational contracts complementary devices [Johnson, McMillan and Woodruff, 2002]. The major conclusion that emanates from the concept of relational contracting is that the boundary between public and private normative orderings blurs, on the one hand, and loses its meaning, on the other. On this point, it is important to note that in the 1970s, social science scholars had already proposed influential contributions that enriched organizational thinking. According to Goldberg [1976], the line between public rules and private rules is blurred, so that to achieve desirable results, the firm builds a set of barriers, which establish mixture complex private and public courts. This nesting is understood to indicate that the firm is reliant upon a particular socio-legal logic [MacNeil, 1974; 1978; 2000].

The theory of relational contracts emanating from the US economic and legal doctrines that both support and are derived from the work of Macaulay [1963], a sociologist of law, who demonstrates that managers do not always resort to the legal system to plan and coordinate their exchange relations. Rather, this theory notes that contracts are not a panacea because firms establish informal sanctions and are able to generate organizational commitment through social norms. This idea is later developed by the "lawyer-sociologist", MacNeil who opposes the law and economics approach of Manne [1967] and Posner [1979] for whom the principles of law should promote economic efficiency [MacNeil, 1980a]. Instead, the social philosophy of MacNeil relies on a relational theory of business [see Campbell, 2001]. Relational contracts do not appear in the civil code or judicial Anglo-American law; indeed, they construct a legal and economic reality that is not codified. They oppose discrete contracts, and these instant transactions do not involve standards and other social relations but are instead simply a return for a promise against a thing promised. Discrete contracts are impersonal and free of any unforeseen consequence; they cannot affect the future that should be provided in this contract (presentation). These arguments have counted in the evolution of the multidisciplinary analysis of industrial relations.

7. See the 2010 work of the two 2016 Nobel Prize laureates Hart and Holmström.

In this historical point of view, relational contracts have no relation with classical contracts; the identity of partners is important, and they are created to be renewed and reduce transaction costs. Intra-firm relationships fulfil this logic in that they are not confined to a specific contract and are limited in time. Similarly, these relations are based on sharing a common identity and social values. Relational contracts contain intrinsic value for the firm beyond those legal standards produced by contract law. These contracts can be reviewed and changed in the relationship, because what is of import is not so much the degree of compliance with a predefined contractual obligation as the sustainability of a socio-economic exchange relationship. In this sense, the relational contract is a permanent contract in an industrial pluralism point of view; and in a permanent contract, we cannot ex ante predict completion. The relational contract—based on its flexible nature—is a legal response to the procedural rationality of economic decision-makers. In rejecting legal formalism in favor of flexible and scalable contracting, MacNeil incorporates agents of cognitive limitations. The main rule that contains the relational contract is observed to be concerned with mutual cooperation, well before the rules produce results. Members of the firm derive mutual benefits from renewing their exchange relations.

According to MacNeil, relational contracts are contracts, as their name suggests. Relational contracts have a similar normative value to traditional contracts but are less rigid and formalized. When partners wish to revise or extend the terms of contractualized relations, they maintain and strengthen the contracts in place. MacNeil has always considered this dual and plural nature of contracts. Relational contracts—designated by the term "ongoing relational contracts" [MacNeil, 2000]—are based very clearly on the logic of the private nature of the firm. Here, intrinsic values and flexibility measures in traditional contracts are used in the public regulation of the firm environment [Campbell and Harris, 1993]. Intrinsic values and flexibility measures are used in the regulation of the firm environment [Campbell and Harris, 1993]. A social relationship is based on the contract, and its uniqueness determines the type of contract used. The relational specificity of the firm determines its use of employment relationship, which differentiates relational contracts from traditional market contracts.

For MacNeil [1980b], a contract is no more and no less than relations between the parties regarding an exchange process projected into the future. In so defining contracts, he emphasizes—and this is historically considered by Goldberg [1976] and Williamson [1985]—the relational constitution of intra-firm contracts based on, he says, "cooperative social behavior" grounded in solidarity and reciprocity. These relational contracts are the basis of organizational design that coordinates complex production activities by promoting, through social norms intrinsic to the firm, cooperation among its productive agents. Of course, such reasoning cannot overcome the formal authoritative relations that arise from the employment contract and that guide the actions and behaviors of economic agents. In this sense, this authority of positive law—labor law understood through the legal principle of subordination—frames and conditions the acceptance of social norms. The employment relationship, in this sense, is thus a pillar on which the entity of the "firm" is built. Moreover, the relational contract becomes the *de facto* executory contract in our private normative sense.

The topic of private nature takes on increasingly more importance in the economic and legal doctrine. This increasing importance is because of the increasing complexity of the institutional environment of multinational firms in their business activities, because they are managing different jurisdictions and attempting to meet many "empty" legal contexts. In legal industrial pluralism, we must observe the notion of a normative and cognitive device that allows decision-making bodies to act in a procedurally complex and uncertain environment, something that law does not allow regarding contract standards.

Emphasizing the social embeddedness of contracts and the importance of social interaction in the process of cooperation, the legal literature proposes a "procedural analysis" of contracts as social relations in their own right [see Teubner, 2000]. Firms' competitiveness and efficiency regarding productivity are conditioned by their internal organization and their members' willingness to cooperate, and the influence of these two normative orderings (one internal and one external to the firm) is at the heart of their organizational design. There are strong interactions between "economic and legal normativity."

3.3 Private and public orderings: formal and informal powers in modern organizational economics

The analysis of the interactions between the public and private orderings of the firm, which are also based on dynamic relational contracts, lead us to identify two main sources of power in the firm: formal sources derived from (positive) law and more informal sources resulting from the logic of private ordering. Again, the employment relationship is at the heart of the entanglement of these different forms of power. The employment contract allows the existence of employer–employee subordination through public ordering; organizations as cooperative systems composed of individuals who form a whole from a rational system of coordination that generates an authority as Barnard [1938] has been well demonstrated in the history of organizational thought. Finally, authority in the firm is the "legal guarantor" of employee contractual obligations and contractual cooperation. Law legitimizes, through employment contracts, the power of an employer to become an authority [Simon, 1951; Williamson, 1975]. The employer draws his authority contractually from the acceptance by subordinates of the legitimacy of the employer's decisions. Subordination is a latent decision in the allocation of tasks. Within this contractual area of obedience, there is authority.

Authority refers to a mutual arrangement that stops when the contract expires. Outside this instituted area of obedience, there is power. Power occurs when authority vanishes. Power emerges in situations of confrontation that are the result of insubordination in the Foucauldian philosophy [Foucault, 1982]. The root of the employment contract is not power, but authority, which is hallmarked by "unquestioning recognition by those who are asked to obey; neither coercion nor persuasion is needed" [Arendt, 1969, p. 45]. Consequently, authority, which is the institutionalization of power and a distinct moment in the power process, coexists with other (non-instituted) powers in the modern firm.

Chassagnon [2011, p. 39] defines power in a whole system as "an individual or collective entity's ability (that will be exerted or not) to structure and restrain choices and actions of another individual or collective entity by some particular mechanism intrinsic to the given social relationship that may be formal as well as informal." He proposes, from the perspectives of institutional and organizational analyses, a typology that considers the two (*de jure* and *de facto*) sources of power different from authority that we can explain through the context of our private/public ordering framework.

The first source of power, *de jure,* comes from the legal system of private property that confers the right to exclude (discharge). It is because entity A can deprive entity B of its work, which B has valuable competences such that A has *de jure power* over B [Grossman and Hart, 1986]. Ownership is a formal resource. This argument is close to the Marxian theory. Most of the time, only the employer or top managers have this resource because shareholders delegate the right of exclusion to them.

The second power, *de facto,* does not strictly result from contractual and legal public mechanisms but results from internal private ordering: access to the critical resources [Rajan and Zingales, 1998]. It is because B is involved in an employment contract and invests in human capital that B has access to the key resources of the collective entity controlled by A; therefore, B has *de facto* power over A. Thus, if the law is, through contract and ownership, a formal source of authority and power and the core resource of the employer, access to critical resources is the informal source of the employee's power. The vehicle of power is the specialization of human capital at the heart of resource interdependence. The employees who are specialized obtain control over a new critical resource: themselves. This new critical resource provides them with part of the power. *De facto* power is in the hands of the employer, the corporate executives, and the employees because each participates in the intra-firm knowledge-creating process. The analysis of *de facto* powers reconsiders the creation of production value and reconsiders human capital and the employees' skills (i.e., the "labor factor") faced with the hegemony of capital.

The exploitation of *de facto* power is a salient property of private ordering that has been developed in cognitive capitalism. The starting point is that employees do not have resources other than their specific human capital in capitalist firms; thus, they must be indispensable, productive, and effective to obtain part of the power. Granting employees access to the critical resources of the collective entity through private ordering is economically efficient. The main conclusion of the "triptych" presented in this paper is that the more a firm is based on strong human capital, the greater the *de facto* power compared with the *de jure* power, and the more total power and rent are redistributed between the different individual entities. Consequently, the more an organization is based on strong human capital, the less power the employer and his executive team have over the employees—so long as the relational resources are inalienable.

In an industrial pluralism context, the internal governance of the modern firm is based *ex post* on the threefold relationship between formal authority, *de jure* power and *de facto* power, which appears as a fertile combination of the different research results obtained in the modern history of organizational thought. Finally, the analysis of the complementarity between public and private orderings in the modern firm allowed us to understand how power could appear as a relevant unit of analysis of industrial relations and normative pluralism; in doing so, the firm assumes the properties of a political entity.

4. The firm as a political entity

The firm is a political entity [see Benson, 1975], for three main reasons that complement each other: (1) its internal organization rests, as we have just seen, on plural power relations ; (2) they contribute to wealth (in his recent work, Chassagnon [2018] shows that what he calls the world-firms compete with the big states in terms of annual incomes), social cohesion and health and so to the general interest of civil society (in his collection of essays, Keane [1988] considers that self-organizing institutional entities as manufacturing enterprises contribute to revitalize civil society) and (3) they are social actors whose immense powers have become in the history major countervailing powers with the consent of the state.

On this last point, the historical analysis of North, Wallis, and Weingast [2009, pp. 159-166, 210-213] is original. They explain that the *raison d'être* of the firm is based on the third-party enforcement of the state to organize relationships within the firm and between it and other individuals and firms. In other words, they consider the political nature of the firm regarding the fact that the institutions governing the formation of firms require the consent of the state and public decision to give open access to general corporate incorporation. In this perspective, they write: "the state is an organization of organizations and the development of natural states from fragile, through basic, to mature can be described in terms of the interaction between elite organizations within the dominant coalition. Political and economic development result from creating more sophisticated and durable institutions to structure elite relationships within the dominant coalition. Perpetually lived public organizations must coevolve with perpetually lived private organizations" [North, Walls and Weingast, 2009, p. 159].

The analysis of the entanglement of public policies and private orderings involves questions regarding topics of governance "internal" to the firm. The productive efficiency of firms is closely linked to the effectiveness of the collective compromise between labor and capital. Currently, this compromise is widely considered to be more complex because of a structural crisis exceeding all corporate stakeholders and because of an increased gap, not between labor and capital, but regarding income inequalities (i.e., a steadily increasing of high incomes) and capital inequalities (i.e., a steadily increasing share of dividends for the past 30 years). This favorable trend in capital at the expense of labor [see Piketty, 2014] undermines the renewal of productive social compromise and the efficiency of internal private orderings. Therefore, shareholders must realize their purpose, that is, regarding the assumption of the risk and status of the residual claimant [*à la* Alchian and Demsetz, 1972]. The current situation in terms of added value distribution makes them sheltered creditors and makes employees (human capital) become largely harmed, whereas the social acceptance of the institutional production structure is born in the effectiveness of the private normativity of the business firm. Evidently, the more employees have to bear the risks of economic activity, the less interest employees have in finding a productive compromise with employers and the less the logic of private ordering, which is often based on a form of individual consent, can develop in the firm.

Indeed, private ordering is necessarily based on a democratic compromise between labor and capital and therefore a sustainable productive compromise. However, the context of crises has undoubtedly weakened the "industrial contract," and therefore also undermined the sustainability of private normativity, and more largely, of legal industrial pluralism. In a market economy based on knowledge, details must be provided on the rules for the participation of human resources in the strategy and governance of firms for the purposes of increasing production efficiency and thus the effectiveness of private normativity. As Summers [1982, p. 261] already recalled in the 1980s, the firm should be conceived as an "operating institution combining all factors of production to conduct an on-going business", employees are "as much members of that enterprise as the shareholders who provide the capital".

The firm is a political entity whose nature is to create value for the collective and for society as a whole. However, how can this aspect of the firm as a collective institution serving the public interest (which is at the service of all) be effectively (and economically) re-examined? The intricate public and private orderings raise the question of the institutional evolution of the firm's internal governance. For example, public policy might provide more representation to employees in decision-making and in the development of the firm's key strategic directions, allowing them to contribute to private normativity and the logic of internal efficiency (see again the pioneering work of Williamson, 1975). In this view, employees are central social actors in national and international public policies and, more largely, in the political economic development of firm governance [Cioffi, 2010]. In summary, it is urgent that firm employees be recognized with respect to firm governance [Wang and Barney, 2006]. This argument leads to a 'flattening firm', which involves revisiting traditional vertical hierarchy. In a 2012 paper, Rajan weakens the role of ownership in the firm and redeems employee power in firm governance.

Firm participants have interest in full cooperation because it is a strong condition of a firm's productive efficiency and survival. One of the main weaknesses of the shareholder primacy perspective is that it fails to consider the creation of productive cooperation and, consequently, the value creation called "relational quasi-rent" [see, e.g., Aoki, 1988]. The legal foundation of a corporation (e.g., moral personality) is a constituent institutional instrument of corporate law instituted to promote the firm for the organization of productive activities, that is, the sources of value creation in the firm have yet to be questioned. Gourevitch and Shinn [2005] develop an analysis of corporate governance with respect to power and responsibility from the idea that "corporate governance structures are fundamentally the result of political decisions" [Ibid, p. 3]. They propose approaching political power and corporate control in terms of "degrees of coordination."

Roe [2003] develops a similar perspective from a social conflict perspective, not a political coalition perspective. He explains that "social conflict, often among owners, managers, and employees, leads to political settlements and these settlements can determine the structure of one of these pieces of the firm" [Ibid, p. 5]. Similarly, an important insight resulting from this political perspective is that "the struggle for power inside the firm is settled by the struggle for power outside the firm, in the political system that determines rules" [Gourevitch and Shinn, 2005, p. 57]. Roe [2003] defends the thesis, according to which, beyond law and economics, the firm and its governance are influenced by the "political environment." It is clear that power within a firm is linked to a considerable degree to external political institutions and coalitions [see the recent work of Zingales, 2017].

Finally, the organizational analysis of industrial pluralism we propose is conducted specifically at the firm level—that is to say to the internal governance of the modern firm—, but it would also be interesting to learn how it applies to other forms of capitalist institutions, especially as the complexity of our market economies is associated with an increasing number of normative hemispheres. Our reasoning extends beyond a micro-level approach, as we have not really addressed the firm in its current globalized environment and in its external governance, which implies analyzing inter-organizational industrial relationships. In a 1975 paper Benson considers that "the political-economy perspective is integrative in the sense that a number of diverse concerns of interorganizational research are bought together in a general framework. Beyond this, the focus upon resources and power permits a direction connection between the interorganizational field and the realm of societal organization or macrostructure" [Ibid, p. 230]. Interestingly, a close attention should be paid to inter-firm relational contracts (for an empirical definition see Argyres, Bercovitz and Zanarone [2016]).

5. Conclusion

This paper leads to the consideration of the firm as an economic and political entity that relies on a combination of public institutional formalism (i.e., a legal personality that is internationally recognized) and private regulation (social norms, conventions, and other informal arrangements). Thus, the firm is a place of expression and development of two complementary normative orderings that are mutually "reinforcing" in terms of their internal control processes. The firm relies on formal and state orderings and internal spontaneous orderings, which support the thesis of normative pluralism. In the firm, there are domestic laws and social norms that are true islands of freedom that are allowed but that not recognized under the law. However, it is misleading to fail to make an ontological distinction between state law and the rules of private governance in firms as the various contributions of the theory of industrial pluralism have shown.

For there to be rights, there must be normative principles enforceable by state authorities that provide logic to private regulation. The law is monolithic gasoline, unlike social control devices, of which there are many. It is a specious effect to consider that private regulation of firms occurs in a vacuum, beyond morals and the societal environment. In private, there is a public order, and vice versa. In other words, the public legal scope of firms is affected and affects the private regulatory orderings, and vice versa. Similarly, private orderings are not spontaneous creations of the market economy but are based on formal institutional infrastructures that make them effective. However, because such orderings generate informal rules and intrinsic cultural values, firms have become "semi-autonomous" entities [Moore, 1973] subject to the rules of society and made cohesive by bonds of various types. Firms are thus capable of showing their autonomy and imposing self-regulatory processes (e.g., corporate responsibility and sustainable business ethics, which is self-regulation in the firm by means of internal private policies, commitments, practices and charters) that seem conducive to new society issues.

References

Alchian, Armen A. and Harold Demsetz [1972], "Production, Information Costs, and Economic Organization", *American Economic Review,* vol. 62, n° 5, p. 777-795.

Aoki Masahiko [1988], *Information, Incentives and Bargaining in the Japanese Economy*, Cambridge: Cambridge University Press.

Aoki Masahiko [2007], "Endogenizing Institutions and Institutional Change", *Journal of Institutional Economics*, vol. 3, n° 1, p. 1-31.

Argyres, Nicholas, Janet Bercovitz and Giorgio Zanarone [2016], *The Role of Relational Contracts in Inter-Firm Relationships: Theory and Evidence on Multiunit Franchising*, SSRN Working Paper.

Arendt Hannah [1969], On Violence, New York and London: A Harvest/ HBJ Book.

Aviram Amitai [2004], "A Paradox of Spontaneous Formation: The Evolution of Private Legal Systems", *Yale Law and Policy Review*, vol. 22, n° 1, p. 1-68.

Baker, George, P., Robert Gibbons and Kevin J. Murphy [2002], "Relational Contracts and the Theory of the Firm", *Quarterly Journal of Economics,* vol. 107, n° 1, p. 39-84.

Bargain Gwenola [2015], *Normativité économique et droit du travail*, Paris : PUF.

Barnard Chester I. [1938], *The Functions of the Executive*, Cambridge: Cambridge University Press.

Bénabou, Roland, and Jean Tirole [2003], "Intrinsic and Extrinsic Motivation", *The Review of Economic Studies*, vol. 70, n° 3, p. 489-520.

Benson Kenneth J. [1975], "*The Interorganizational Network as a Political Economy", Administrative Science Quarterly*, vol. 20, n° 2, p. 229-249.

Campbell David I. [2001], "Ian Macneil and the Relational Theory of Contract", in Ian R. Macneil and David I. Campbell (ed.)., *The Relational Theory of Contract: Selected Works of Ian Macneil* (pp. 3-58), London: Sweet & Maxwell.

Campbell, David, and Donald Harris [1993], "Flexibility in Long-Term Contractual Relationships: The Role of Co-operation", *Journal of Law and Society*, vol. 20, n° 2, p. 166-191.

Chassagnon Virgile [2011], "The Law and Economics of the Modern Firm: A New Governance Structure of Power Relationships", *Revue d'Économie Industrielle*, vol. 134, n° 2, p. 25–50.

Chassagnon Virgile [2012], "Une analyse historique de la nature juridique de la firme. Du noeud de contrats à l'entité (collective) réelle", *Revue de la Régulation*, vol. 12, p. 1-16.

Chassagnon Virgile [2014], "Toward a Social Ontology of the Firm: Reconstitution, Organizing Entity, Institution, Social Emergence and Power", *Journal of Business Ethics*, vol. 124, n° 2, p. 197-208.

Chassagnon Virgile [2018], *Economie de la firme-monde. Pouvoir, régime de gouvernement et régulation*, Louvain-la-Neuve:De Boeck.

Chassagnon, Virgile and Christel Vivel [2013], "Frank H. Knight and Ronald H. Coase on the Nature of the Capitalist Firm: An analysis of the Seminal Contributions [1921-1937]", History *of Economic Ideas*, vol. 21, p. 2, p. 63-84.

Chassang Sylvain [2010], "Building Routines: Learning, Cooperation and the Dynamics of Incomplete Relational Contracts", *American Economic Journal*, vol. 100, n° 1, p. 448-465.

Cioffi John W. [2010], *Public Law and Private Power. Corporate Governance Reform in the Age of Finance Capitalism*, Ithaca and London: Cornell University Press.

Coase Ronald H. [1937], "The Nature of the Firm", *Economica*, vol. 4, n° 16, pp. 386-405.

Collins Hugh [1993], "Why are There Contracts of Employment?", *Journal of Institutional and Theoretical Economics*, vol. 149, n° 4, pp. 762-768.

Commons John R. [1924], *Legal Foundations of Capitalism*, New York: The Macmillan Company.

Cox Archibald [1958], "The Legal Nature of Collective Bargaining Agreements", *Michigan Law Review*, vol. 57, n° 1, p. 1-36.

Deci, Edouard L., and Richard M. Ryan [1985], *Intrinsic Motivation and Self-Determination in Human Behavior*, New York: Plenum Press.

Eisenberg Melvin A. [1999], "Corporate Law and Social Norms", *Columbia Law Review*, vol. 99, n° 5, p. 1253-1292.

Fehr, Ernst, and Klaus M. Schmidt [2013], "Use and Abuse of Authority: A Behavioral Foundation of the Employment Relation", *Journal of the European Economic Association*, vol. 11, n° 4, p. 711-742

Fehr, Ernst, Urs Fischbacher and Simon Gachter [2002], "Strong Reciprocity, Human Cooperation and the Enforcement of Social Norms", *Human Nature*, vol. 13, p. 1-25.

Foucault Michel [1982], "The Subject and Power", *Critical Inquiry*, vol. 8, n° 4, p. 777-795.

Furubotn, Eirick G., and Rudolf Richter [2005], *Institutions and Economic Theory: The Contribution of the New Institutional Economics*, Ann Arbor: University of Michigan Press.

Marc Galanter [1981], "Justice in Many Rooms: Courts, Private Ordering and Indigenous Law", *Journal of Legal Pluralism*, vol. 19, n° 1, p. 1-47.

Gibbons, Robert [2000], *Why Organizations Are Such a Mess (and What an Economist Might Do About It)*, Unpublished Manuscript. Working paper available here: http://web.mit.edu/rgibbons/www/Why%20Organizations%20Are%20Such%20a%20Mess.pdf.

Gibbons, Robert and John Roberts [2013], *The Handbook of Organizational Economics*, Princeton University Press.

Gindis David [2009], "From Fictions and Aggregates to Real Entities in the Theory of the Firm", *Journal of Institutional Economics*, vol. 5, n° 1, p. 25-46.

Gindis David [2016], "Legal Personhood and the Firm: Avoiding Anthropomorphism and Equivocation", *Journal of Institutional Economics*, vol. 12, n° 3, p. 499-513.

Goldberg Victor P. [1976], "Toward an Expanded Economic Theory of Contract", *Journal of Economic Issues*, vol. 10, n° 1, p. 45-61.

Gordon Jeffrey N. [1997], "The Shaping Force of Corporate Law in the New Economic Order", *University of Richmond Law Review*, vol. 31, n° 5, p. 1473-1495.

Gourevitch, Peter A., and James Shinn [2005], *Political Power and Corporate Control, The New Global Politics of Corporate Governance*, Princeton: Princeton University Press.

Griffiths John [1986], "What is Legal Pluralism?", *Journal of Legal Pluralism*, vol. 24, n° 1, p. 1-55.

Grossman, Sanford J., and Oliver Hart [1986], "The Costs and Benefits of Ownership: A Theory of Vertical and Lateral Integration", *Journal of Political Economy*, vol. 94, n° 2, p. 691-719.

Hart Oliver D. [2001], "Norms and the Theory of the Firm", *University of Pennsylvania Law Review*, vol. 149, n° 6, p. 1701-1715.

Hart, Oliver D., and Bengt Holmström [2010], "A Theory of the Firm Scope", *Quarterly Journal of Economics*, vol. 20, n° 2, p. 229-249.

Hart, Oliver D., and John Moore [2008], "Contracts as Reference Points", *Quarterly Journal of Economics*, vol. 123, n° 1, p. 1-48.

Héritier, Adrienne, Anna Kristin Mueller-Debus and Christian R. Thauer [2009], "The Firm as an Inspector: Private Ordering and Political Rules", *Business and Politics*, vol. 11, n° 4, article 2.

Hodgson Geoffrey M. [2002], "The Legal Nature of the Firm and the Myth of the Firm-Market Hybrid", *International Journal of the Economics of Business*, vol. 9, n° 1, p. 36-60.

Hodgson Geoffrey M. [2009], "On the Institutional Foundations of Law: The Insufficiency of Custom and Private Ordering", *Journal of Economic Issues*, vol. 43, n° 1, p. 143-166.

Hodgson Geoffrey M. [2015], *Conceptualizing Capitalism: Institutions, Evolution, Future.* Chicago: University of Chicago Press.

Hooker, Barry, and Geoffrey M. Hodgson [1975], *Legal Pluralism—An Introduction to Colonial and Neo-Colonial Laws*, Oxford: Oxford University Press.

Hviid Morten [2000], "Long-Term Contracts and Relational Contracts" in Boudewijn Bouckaert and Gerrit De Geest (ed.), *Encyclopedia of Law and Economics* (pp. 46-72). Cheltenham: Edward Elgar et University of Ghent.

Johnson, Simon, John Mcmillan and Christopher Woodruff [2002], "Courts and Relational Contracts", *Journal of Law, Economics and Organization*, vol. 18, n° 1, p. 221-277.

Joo Thomas W. [2002], "Contract, Property and the Role of Metaphor in Corporations Law", *UC Davis Law Review*, vol. 35, n° 3, p. 779-820.

Keane John [1988], *Civil Society and the State*, London: Verso.

Knight, Franck [1921], *Risk, Uncertainty and Profit*, Chicago: University of Chicago Press.

Macaulay Stewart [1963], "Non-Contractual Relations in Business: A Preliminary Study", *American Sociological Review*, vol. 28, n° 1, p. 55-67.

Macneil Ian R. [1974], "The Many Futures of Contracts", *Southern California Law Review*, vol. 47, n° 3, p. 691-816.

Macneil Ian R. [1978], "Contracts: Adjustment of Long-Term Economic Relations Under Classical, Neoclassical, and Relational Contract Law", *Northwestern University Law Review*, vol. 72, n° 6, p. 854-905.

Macneil Ian R. [1980a], "Power, Contract and the Economic Model", *Journal of Economic Issues*, vol. 14, n° 4, p. 909-923.

Macneil Ian R. [1980b], *The New Social Contract: An Inquiry into Modern Contractual Relations*, New Haven: Yale University Press.

Macneil Ian R. [2000], "Contracting Worlds and Essential Contract Theory", *Social and Legal Studies*, vol. 9, n° 3, p. 431-438.

Manne Henry G. [1967], "Our Two Corporation Systems: Law and Economics", *Virginia Law Review*, vol. 53, n° 2, p. 259-284.

Merry Sally E. [1986], "Legal Pluralism", *Law and Society Review*, vol. 22, n° 5, p. 869-896.

Moore Sally F. [1973] Law and Social Change: The Semi-Autonomous Social Field as an Appropriate Subject of Study. *Law and Society Review*, vol. 7, n° 2, p. 719-746.

Moore Sally F. [2014], Legal Pluralism as Omnium Gatherum, *FIU Law Review*, vol. 10, n° 1, p. 5-18.

North Douglass C. [1990], *Institutions, Institutional Change, and Economic Performance*, Cambridge: Cambridge University Press.

North, Douglass C., John Joseph Wallis and Barry R. Weingast [2009], *Violence and Social Orders: A Conceptual Framework for Interpreting Recorded Human History*, Cambridge and New York: Cambridge University Press.

Phillips Michael J. [1994], "Reappraising the Real Entity Theory of the Corporation", *Florida State University Law Review*, vol. 21, n° 4, p. 1061-1122.

Piketty Thomas [2014], *Capital in the Twenty-First Century*, Cambridge, Massachusetts; London: Belknap Press.

Poppo, Laura and Todd Zenger [2002], "Do Formal Contracts and Relational Governance Function as Substitutes or Complements", *Strategic Management Journal*, vol. 23, n° 8, p. 707-725.

Posner Richard A. [1979], "Some Uses and Abuses of Economics in Law", *University of Chicago Law Review*, vol. 46, n° 2, p. 281-306.

Posner Richard A. [1997], "Social Norms and the Law: An Economic Approach", *American Economic Review*, vol. 87, n° 2, p. 365-369.

Posner Richard A. [2010], "From the New Institutional Economics to Organization Economics: With Applications to Corporate Governance, Government Agencies, and Legal Institutions", *Journal of Institutional Economics*, vol. 6, n° 1, p. 1-37.

Rajan Raghuram G. [2012], "The Corporation in Finance", *Journal of Finance*, vol. 67, n° 4, p. 1173-1217.

Rajan Raghuram G. and Zingales Luigi [1998], "Power in a Theory of the Firm", *Quarterly Journal of Economics*, vol. 113, n° 2, p. 387-432.

Richter Rudolf [2008], "The Role of Law in the New Institutional Economics", *Washington University Journal of Law and Policy*, vol. 26, p. 13-36.

Rock, Edouard and Michael Wachter [2001], "Islands of Conscious Power: Law, Norms and the Self-Governing Corporation", *University of Pennsylvania Law Review*, vol. 149, n° 6, p. 1619-1700.

Roe Mark J. [2003], *Political Determinants of Corporate Governance. Political Context, Corporate Impact*, Oxford: Oxford University Press.

Shulman Harry [1955], "Reason, Contract, and Law in Labor Relations", *Harvard Law Review*, vol. 68, n° 6, p. 999-1036.

Simon Herbert A. [1951], "A Formal Theory of the Employment Relationship", *Econometrica*, vol. 19, n° 3, p. 293-05.

Smith Michael G. [2007 [1974]], *Corporations and Society: The Social Anthropology of Collective Action*, Second edition New Brunswick: Aldine Transaction.

Stiglitz Joseph E. [2016], *Rewriting the rules of the American Economy. An Agenda for Growth and Shared Prosperity*, New York: Norton & Company.

Stone Katherine Van Wesel [1992], "The Legacy of Industrial Pluralism: The Tension between Individual Employment Rights and the New Deal Collective Bargaining System", *University of Chicago Law Review*, vol. 59, n° 2, p. 575–644.

Summers Clide W. [1969], "Collective Agreements and the Law of Contracts", *Yale Law Journal*, vol. 78, n° 4, p. 537-575.

Summers Clide W. [1982] Codetermination in the United States: A Projection of Problems and Potentials, *Journal of Comparative Corporate Law and Securities Regulation*, vol. 4, n° 2, p. 155-170.

Teubner Gunther [2000], "Contracting Worlds: The Many Autonomies of Private Law", *Social and Legal Studies*, vol. 9, n° 3, p. 399-417.

Wachter Michael L. [2004], "Theories of the Employment Relationship: Choosing Between Norms and Contracts", in Bruce Kaufman (ed.), *Theoretical Perspectives on Work and the Employment Relationships* (pp. 163-194), New York: Cornell University Press.

Wang, Heli and Jay Barney [2006], "Employee Incentives to Make Firm Specific Investment: Implications for Resource-Based Theories of Corporate Diversification", *Academy of Management Review* vol. 31, n° 2, p. 466–476.

Williamson Oliver E. [1975], *Markets and Hierarchies: Analysis and Anti-Trust Implications*, New York: Free Press.

Williamson Oliver E. [1984], "Corporate Governance", *Yale Law Journal*, vol. 93, n° 7, pp. 1197-1230.

Williamson Oliver E. [1985], *The Economic Institutions of Capitalism*, New York: Free Press.

Williamson Oliver E. [2002], "The Lens of Contract: Private Ordering", *American Economic Review*, vol. 92, n° 2, p. 438- 443.

Williamson Oliver E., Michael L. Wachter and Jeffrey E. Harris [1975], "Understanding the Employment Relation: The Analysis of Idiosyncratic Exchange", *Bell Journal of Economics*, vol. 6, n° 1, p. 250-278.

Zingales Luigi [2017], "Towards a Political Theory of the Firm", *Journal of Economic Perspectives*, vol. 31, n° 3, p. 113-130.

PRICE EXPECTATIONS IN NEO-WALRASIAN EQUILIBRIUM MODELS: ASSESSING THE DEVELOPMENTS OF HICKS'S STANDPOINT

Saverio M. Fratini[1], *Enrico Sergio Levrero*[2] *and Fabio Ravagnani*[3]

Since the late 1960s, research in the field of general equilibrium theory has focused on economies in which spot markets for commodities coexist with some asset markets and trade takes place sequentially over time. The study of 'sequential economies' has developed along two paths inspired by Hicks's *Value and Capital*, which stress the dependence of agents' choices on their expectations of future prices. The first is temporary equilibrium theory, in which expectations are subjective. The second postulates that all agents exactly predict the future prices (sequential economies with perfect foresight). This paper points out that the inclusion of expectations among the determinants of equilibrium originates considerable analytical problems within each of the mentioned approaches derived from *Value and Capital*. On the basis of the studies of the 1970s and 1980s, it first illustrates the difficulties that arise in temporary equilibrium theory due to the subjective nature of individual forecasts. Then it moves on to examine sequential economies with perfect foresight. After illustrating the equilibrium notion on which the analysis of those economies relies, i.e. the 'equilibrium of plans, prices and price expectations' introduced by Radner [1972], it argues, in the light of later contributions in the field, that for plausible configurations of

Les anticipations de prix dans les modèles d'équilibre néo-walrassiens : évaluation de l'évolution du point de vue de Hicks

Depuis la fin des années soixante, la recherche en théorie de l'équilibre général est centrée sur les économies où les marchés au comptant de marchandises coexistent avec des marchés d'actifs et où les échanges suivent une logique séquentielle. L'étude des « économies séquentielles » s'est développée en suivant deux voies inspirées de Value and Capital *de Hicks, mettant en évidence la dépendance des choix des agents à leurs anticipations de prix futurs. La première est la théorie de l'équilibre temporaire, dans laquelle les anticipations sont subjectives. La seconde suppose que tous les agents anticipent parfaitement les prix futurs (économies séquentielles avec anticipation parfaite). Cet article souligne que l'inclusion des anticipations parmi les déterminants de l'équilibre pose des problèmes analytiques importants dans les deux approches mentionnées. D'abord, sur la base des études des années 1970 et 1980, nous discuterons les difficultés de la théorie de l'équilibre temporaire dues à la nature subjective des anticipations individuelles. Nous examinerons ensuite les économies séquentielles avec anticipation parfaite. Après avoir illustré la notion d'équilibre sur laquelle repose l'analyse de ces économies, à savoir « l'équilibre des plans, des prix et des anticipations de prix »*

1. Roma Tre University.

2. Roma Tre University.

3. Sapienza University of Rome.

the economy the perfect foresight associated with Radner equilibria proves theoretically dubious.

introduit par Radner [1972], nous démontrons, à la lumière des contributions ultérieures dans ce domaine, que, pour des configurations plausibles de l'économie, la prévision parfaite associée aux équilibres de Radner est théoriquement contestable.

Keywords: expectations; temporary equilibrium; Radner equilibrium.

Mots-clés : anticipations, équilibre temporaire, équilibre de Radner.

JEL Classification: B21; D46; D51; D84

1. Introduction

Since the late 1960s, research in the field of general equilibrium theory has focused on economies in which spot markets for commodities coexist with some asset markets and trade takes place sequentially over time. The study of 'sequential economies' was initially carried out along two paths inspired by Hicks's *Value and Capital*, which stress the dependence of agents' choices on their expectations about future prices. The first is temporary equilibrium theory, in which price expectations are assumed to be subjective and therefore likely to differ among agents. The second is characterised by the assumption that all agents exactly predict the prices that will rule in the future (sequential economies with perfect foresight). Temporary equilibrium theory declined in the mid-1980s, however, while research along the second path has developed up to our days.

From the contributions put forward over the years it emerges that the inclusion of expectations among the determinants of equilibrium gives rise to considerable analytical problems within each of the above-mentioned approaches. The aim of this paper is to highlight this aspect in accessible and compact form. Section 2 thus illustrates, on the basis of the studies of the 1970s and 1980s, the difficulties that arise within the context of temporary equilibrium theory due to the subjective nature of individual forecasts. It then argues that those difficulties contribute to explaining why research in that field eventually declined. Section 3 moves on to address sequential economies with perfect foresight of future prices. After illustrating the equilibrium notion on which the analysis of those economies relies, namely the 'equilibrium of plans, prices and price expectations' introduced by Radner [1972], it argues, in the light of later contributions, that for plausible configurations of the economy the perfect foresight associated with Radner equilibria proves theoretically dubious (an example complementing the intuitive exposition is presented in Appendix 2). Finally, Section 4 recapitulates and briefly comments on the standpoint promoted by Hicks in *Value and Capital.* Discussion is conducted throughout the paper within the simplest analytical framework, that is in the absence of uncertainty and on the assumption that the asset markets in existence allow agents to freely reallocate their purchasing power across the different periods of time ('complete' asset markets).

2. Subjective expectations and temporary equilibrium in the studies of the 1970s and 1980s

Here the problems that expectations create in temporary equilibrium theory will be examined, as they emerge from the studies carried out in the field during the 1970s and 1980s.[4] To simplify the exposition, it will be assumed that expectations are 'certain', in the sense that each agent expects a definite price system to obtain in the future with probability 1, and 'fixed', in the sense that price forecasts are assumed to depend exclusively on past prices and are therefore taken as given in the analysis. Finally, it will be assumed throughout this section that each agent follows his individual rule when deriving the expected prices from the prices observed in the past ('subjective' expectations).

Economies of pure exchange

As the initial step in our examination, consider a pure-exchange economy with H households (indexed $h = 1, \ldots, H$) and $N \geq 2$ non-storable goods (indexed $n = 1, \ldots, N$) that is active for two periods of time, 1 and 2. By assumption, in the first period there are N spot markets for commodities and a forward market for good 1. As will shortly be clarified, the latter market is the means of transferring purchasing power across time: to highlight this aspect, it will be referred to as a market for bonds, where a bond is a promise to deliver a unit of good 1 at the beginning of period 2. Finally, only the N spot markets for consumption goods are open in the second period. Given this market structure, let us now define the behaviour of agents in the first period, on the assumption that good 1 for spot delivery is the numéraire in terms of which prices are measured.

At the beginning of period 1, households observe the current prices, which are denoted by the non-negative vector $p = (p_1, q_1)$, where the sub-vector $p_1 = (p_{11}, \ldots, p_{N1})$ such that $p_{11} = 1$ refers to the N spot markets and q_1 is the price of a bond.[5] At the same time, households have definite expectations of the period 2 spot prices in terms of good 1, which, being

4. Since the examination will be based on the simplest temporary equilibrium model, no reference will be made to the strand of temporary equilibrium theory that focused on economies with money. For an extensive discussion of the specific problems that expectations create within the context of monetary economies, cf. Grandmont [1983]; an elementary presentation of the main problems is in Ravagnani [2010].

5. As for the numéraire good, the prices (both actual and expected) of the commodities traded in period t, with $t = 1, 2$, are expressed in terms of good 1 delivered in that period. However, as we shall try to

subjective, will typically differ. The prices expected by the generic household h will accordingly be denoted by the non-negative vector $p_2^h = (p_{12}^h, \ldots, p_{N2}^h)$ in which $p_{12}^h = 1$. Given the current and the expected prices, both the first period budget constraint and the expected second period budget constraint are determined for the generic household. However, each household will calculate that by trading appropriately on the bond market, it can purchase or sell commodities for future delivery as freely as in the presence of a complete system of forward markets. To clarify this point, suppose that household h thinks a unit of commodity n will exchange in period 2 for p_{n2}^h units of good 1. The household will then calculate that if it wishes to purchase in the present a unit of n for future delivery, it can obtain this result by buying p_{n2}^h bonds in the anticipation of exchanging the p_{n2}^h units of good 1 that it will receive in period 2 for the desired unit of n. Similarly, the household will calculate that if it wishes to sell in the present a unit of n delivered in 2, it can obtain this result by selling p_{n2}^h bonds in the anticipation of surrendering a unit of n in period 2 against p_{n2}^h units of good 1 and then using those units to honour the bonds supplied. According to the household, therefore, a unit of n delivered in 2 can be traded in the present at the price $q_n^h = q_1 p_{n2}^h$.

From the foregoing remark it follows that when markets open in period 1, the generic household h believes that it can in fact trade goods for current and future delivery subject to the single budget constraint

$$p_1 x_1^h + q^h x_2^h = p_1 \omega_1^h + q^h \omega_2^h \qquad [2.1]$$

where $q^h = q_1 p_2^h$ is the system of 'present prices' for commodities delivered in 2 as calculated by the household on the basis of its own expectations, and the non-negative vectors $x_t^h = (x_{1t}^h, \ldots, x_{Nt}^h)$, $\omega_t^h = (\omega_{1t}^h, \ldots, \omega_{Nt}^h)$ respectively denote a consumption bundle demanded by the household for period t and the household's commodity endowments in t (t = 1, 2). Under these circumstances, the household will determine its optimal action on period 1 markets in two steps. It will first choose a most preferred consumption stream $x^{h*} = (x_1^{h*}, x_2^{h*})$ among those complying with [2.1]. Then, in order to achieve that stream, the household will capitalise the expected value of future endowments by supplying the quantity of bonds $\bar{b}_1^h$ such that $q_1 \bar{b}_1^h = q^h \omega_2^h$ and use its total current wealth for purchasing x_1^{h*} and the quantity of bonds $b_1^{h*} = p_2^h x_2^{h*}$ that it deems necessary for financing planned future consumption. In this setting, a temporary equilibrium for period 1 can be defined as a system of current prices, a constellation of individual

make clear, the price q_1 allows households to calculate the prices of the goods delivered in 2 in terms of good 1 delivered in 1.

expectations and a corresponding set of optimal actions $a^{h*} = (x_1^{h*}, \overline{b}_1^h, b_1^{h*})$, $h = 1,\ldots, H$, such that the current spot markets and the market for bonds are simultaneously cleared.

Temporary equilibrium of the economy outlined here exists under the usual assumptions concerning households' characteristics such as non-satiation, not only when expectations are 'fixed' but also when they depend continuously on the current prices. We shall refrain from substantiating these assertions since, as explained in Appendix 1, the model just presented is a particular specification of the one put forward by Arrow and Hahn [1971, p. 136-151]. It will instead be pointed out that this initial model contains a hidden problem and is not robust.

Suppose the initial model is modified by assuming $N > 2$ and, more importantly, that *two* forward markets are open in the first period, say those for goods 1 and 2. As we shall now see, this slight increase in the number of forward markets creates a problem for temporary equilibrium theory.

To illustrate the nature of the problem, assume that the price system ruling on forward markets at the beginning of period 1 is $\overline{q} = (\overline{q}_1, \overline{q}_2)$. Assume further that the generic household h believes that the future price of good 2 will be $\overline{p}_{22}^h > (\overline{q}_2 / \overline{q}_1)$. In these circumstances, household h has a strong incentive to trade on forward markets for speculative purposes. Suppose, for example, that the household buys forward a unit of good 2 and simultaneously sells forward $(\overline{q}_2 / \overline{q}_1)$ units of good 1. The total cost of this operation is zero under the postulated price conditions. On the other hand, household h will calculate that in period 2 it will be able to exchange the unit of good 2 that it will then receive for $\overline{p}_{22}^h$ units of good 1, thereby reaping a profit equal to $\overline{p}_{22}^h - (\overline{q}_2 / \overline{q}_1)$ units of the numéraire. Household h will thus conclude that forward markets provide an opportunity for profitable arbitrage operations and, on the usual assumption of non-satiation, it will tend to increase without limit the quantity of good 2 for future delivery demanded in the present and financed by selling forward good 1. This means that the household's optimal action is not determined, however, and temporary equilibrium cannot therefore exist.

A symmetric argument shows that the household's optimal action is not determined in the opposite case either, namely when $\overline{p}_{22}^h < (\overline{q}_2 / \overline{q}_1)$. It thus emerges that a system of first period prices can support temporary equilibrium of the modified exchange economy only if at those prices the no-arbitrage condition $p_{22}^h = (\overline{q}_2 / \overline{q}_1)$ holds for each h, which in turn requires that all households have exactly the same expectation of the future price of good 2. Since expectations are subjective, however, one cannot expect the required coinciding of forecasts to be fulfilled. Thus, in the case of fixed expectations, it is enough for only two households to disagree over the future price of good 2 to violate the no-arbitrage condition and prevent the existence of temporary equilibrium. But even assuming the expected prices to be functions of current prices, it is perfectly possible that two or more households disagree over the future price of good 2 at any system of current prices, thereby giving rise to the same negative result.

The problem that perceived arbitrage opportunities create for the existence of temporary equilibrium was pointed out by Green [1973]. Green showed that the problem is reduced when expectations are not 'certain' but take the form of probability distributions of future prices. At the same time, he made it clear that the difficulty is not entirely ruled out under the latter formulation, as there must still be substantial overlapping of individual expectations in order to prevent unlimited arbitrage. This problem was tackled during the 1980s but no accepted solution emerged. [6]

Economies with production

We shall now move on to address the problems that conflicting expectations create in the treatment of production. This will be done by transforming the initial model of the previous subsection into a model with production.

Let us modify the initial model as follows. First, assume that the N commodities also include goods and services susceptible of being used in

6. Milne [1980] suggested that the problem could be solved by introducing bounds to short-sales on forward markets that reflect the lenders' subjective evaluation of the feasibility of the future deliveries promised by borrowers. Milne's approach, however, relies on the awkward assumption that each potential lender has full information concerning the whole set of transactions planned by each candidate borrower. Moreover, Stahl [1983] pointed out that the existence of temporary equilibrium is problematic when one moves from the two-household economy of Milne's illustrative example to economies with a larger number of traders. An alternative route was explored in Stahl [1985]. This paper assumes that forward trades are carried out with the mediation of an institution, the Clearinghouse, which acts as a third-party warrantor for every contract and restricts every household to a set of trades such that the household will be solvent for all the future price systems that the Clearinghouse itself regards as possible. In this setting, and assuming 'probabilistic' expectations, temporary equilibrium of pure exchange exists even in the absence of overlapping expectations. A weakness of this contribution is that there is no reason why a single clearinghouse should be active in the economy. On the other hand, in a paper published when research in the field had already declined, Stahl himself showed that with many clearinghouses only the existence of 'approximate' temporary equilibrium can be proved [Stahl, 1995]. Intuitively, an approximate equilibrium differs from a true equilibrium owing to the presence of discrepancies between demand and supply, which tend to become negligible vis-à-vis the size of markets *if* the number of agents is large enough. For rigorous treatment of this notion, cf. Arrow and Hahn [1971, Ch. 7].

production. Second, assume that a given number F of firms (indexed $f = 1, \ldots, F$) are active in the economy. Third, assume that the ownership of each firm is divided among households at the beginning of period 1 in accordance with a given allocation of 'ownership shares'. Finally, assume that F markets for the shares of ownership in firms are open in the first period besides the N spot markets and the market for bonds specified in terms of good 1. Having thus altered the model, we shall now go on to analyse the behaviour of agents in period 1. As before we shall take the consumption good listed as 'good 1' as numéraire.

We assume that production develops in cycles. A production plan of the generic firm f will accordingly be denoted by the vector $y^f = (y_1^f, y_2^f)$, where $y_1^f \in \Re_-^N$ denotes first period inputs (negative numbers) and $y_2^f \in \Re_+^N$ the corresponding outputs emerging at the beginning of period 2. Due to the cyclical nature of production, the economy is endowed at the beginning of period 1 with stocks of commodities derived from the firms' previous activity. We assume that these stocks are entirely included in the households' endowments and that, for this reason, firms must finance their input expenditure entirely by issuing bonds. Moreover, we assume that each firm is run by a manager who selects the production plan as follows.

At the beginning of period 1, the manager of the generic firm f observes the current prices $p = (p_1, q_1)$ and expects the non-negative price vector $p_2^f = (p_{12}^f, \ldots, p_{N2}^f)$, in which $p_{12}^f = 1$, to obtain on future markets. In evaluating a hypothetical plan y^f, the manager therefore calculates that the firm would have to issue a number of bonds b^f such that $q_1 b^f = -p_1 y_1^f$ in order to cover the input cost and would thus have to repay $b^f = -(1/q_1)p_1 y_1^f$ units of numéraire in period 2. According to the manager's own expectations, the plan would therefore yield the amount of profits $\pi_2^f = p_2^f y_2^f + (1/q_1)p_1 y_1^f$ in period 2. Considering that π_2^f units of numéraire delivered in period 2 can be traded in the present on the bond market at the total price $\pi_1^f = q_1 \pi_2^f$, it may be said, however, that the present value of the expected profits is $\pi_1^f = q^f y_2^f + p_1 y_1^f$, where $q^f = q_1 p_2^f$. Adopting the latter formulation, it is assumed that the manager chooses a technically feasible plan $y^{f^*} = (y_1^{f^*}, y_2^{f^*})$ that maximises π_1^f. This choice in turn identifies the supply of bonds $b^{f^*} = -(1/q_1)p_1 y_1^{f^*}$ and thus determines the optimal action $a^{f^*} = (y_1^{f^*}, b^{f^*})$ taken by the firm on current markets.

Let us now consider households. By assumption, the generic household h is endowed at the beginning of period 1 with given 'shares of ownership' in firms. This share endowment is denoted by the vector $\overline{\theta}^h = (\overline{\theta}_1^h, \ldots, \overline{\theta}_F^h)$ and it is assumed that $\overline{\theta}^h \geq 0$ for all h, $\Sigma_h \overline{\theta}_f^h = 1$ for all f. The postulated behaviour of firms implies that the possession of an ownership share in a firm throughout period 1 entitles the holder to the same proportion of the firm's future profits. When the firms' plans are announced, however, households will estimate the associated profits according to their subjective expectations, and since the latter will typically differ, households will find it advantageous to trade shares on the corresponding F markets. Taking this aspect into account, let us now define the behaviour of households *after* the announcement of the plans selected by managers.

As regards trading on share markets, analysis is drastically simplified by assuming that the shares of each firm are automatically transferred to the household (or group of households) expecting the highest profits from the firm's plan, at a price exactly equal to the present value of those expected profits. Let us now take the moment in which those transfers of shares have just been carried out and households have to pay for them. In such a situation, the generic household h will calculate that by reallocating purchasing power through the bond market, in the present it can buy consumption goods for current and future delivery subject to the single budget constraint

$$p_1 x_1^h + q^h x_2^h + \Sigma_f \theta_f^h v^f = p_1 \omega_1^h + q^h \omega_2^h + \Sigma_f \bar{\theta}_f^h v^f + \Sigma_f \theta_f^h (q^h y_2^{f*} + p_1 y_1^{f*}) \quad [2.2]$$

where $q^h = q_1 p_2^h$ as before denotes the household's system of 'present prices' for commodities delivered in 2, θ_f^h is the share in firm f transferred to the household, v^f is the price for 100% of firm f's shares—or market value of the firm for short—and the bracketed term is the present value of the profits that the household expects from firm f's plan. It should be noted, however, that the working of share markets as postulated implies that θ_f^h is strictly positive only if $q^h y_2^{f*} + p_1 y_1^{f*} = v^f$ and must otherwise be zero. As a consequence, constraint [2.2] can be written more concisely as

$$p_1 x_1^h + q^h x_2^h = p_1 \omega_1^h + q^h \omega_2^h + \Sigma_f \bar{\theta}_f^h v^f \quad [2.2']$$

Comparison of budget constraints [2.2'] and [2.1] shows that once the firms' plans have been announced and the assumed share transfers have taken place, households are fundamentally in the same position as in the initial model of the previous subsection. Accordingly, it is assumed that the generic household h will determine its optimal action on first-period markets in a similar way. More precisely, it will first select a most preferred consumption stream $x^{h*} = (x_1^{h*}, x_2^{h*})$ from among those compatible with [2.2']. Then, in order to attain that stream, the household will capitalise its expected future wealth (inclusive of the expected profits from firms) by supplying the quantity of bonds $\bar{b}_1^h$ such that $q_1 \bar{b}_1^h = q^h \omega_2^h + \Sigma_f \theta_f^h (q^h y_2^{f*} + p_1 y_1^{f*})$, and use its total current wealth partly to pay for the share transfers and partly to buy the bundle x_1^{h*} and the quantity of bonds $b_1^{h*} = p_2^h x_2^{h*}$ that it considers necessary for financing desired future consumption. With this determination of the household's optimal action $a^{h*} = (x_1^{h*}, \overline{b}_1^h, b_1^{h*})$, the treatment of agents' behaviour is complete. Since by assumption share markets are automatically cleared, a temporary equilibrium of the economy under consideration can be defined as a system of current prices, a constellation of individual expectations and a corresponding set of optimal actions on the part of firms and households such that the *N* spot markets and the market for bonds are simultaneously cleared.

As explained in Appendix 1, the model with production just outlined is essentially that put forward by Arrow and Hahn [1971, p. 136-151]. We can therefore take advantage of the results obtained by those authors, who prove that temporary equilibrium exists not only in the case of fixed expectations but also when the expected prices depend on current prices. Having clarified this point, we shall now go on to discuss the assumptions on production decisions made in the model. It will be argued that they are more problematic than they may appear.

Let us examine the position of households in the Arrow-Hahn model as presented above. Budget constraint [2.2'] shows that any household holding an initial share in the generic firm *f* will favour the choice of the production plan that maximises the firm's market value v^f. In the Arrow-Hahn model, however, the manager of the firm selects the plan to which he individually attaches the greatest present value, so that he does not try in general to act in the interest of the firm's initial owners. An unsatisfactory feature of the model is therefore that the criterion of choice attributed to managers has no clear rationale. It will now be seen that this shortcoming is the symptom of an authentic analytical problem.

Suppose for the sake of argument that the manager of the generic firm, in an effort to serve the interests of the initial owners, forms a definite opinion as regards the production plan that will generate the highest market value of the firm and announces precisely that project. Since the manager's opinion is subjective, the firm's initial owners may happen to have a different view and wish to alter the manager's decision. What is more, the initial owners may well have conflicting opinions as regards which plan will ensure maximisation of the firm's market value, and in that case a sort of social choice problem would arise within the constituency of the firm's owners. While this problem could be tackled in principle by assuming that some institutional rule leading to a definite decision is at work within the firm, the fact that a variety of such rules can be conceived of (e.g. different voting schemes) makes it hard to see how that assumption should be precisely specified. It should be noted that, in competitive economies, the problem would not arise in the special case of *uniform* price expectations.[7]

On the other hand, it is possible to adopt a pragmatic attitude and argue that the assumption that managers choose production plans according to their own evaluation of future receipts provides a realistic representation of where control over firms resides [e.g. Bliss, 1976, p. 194-195]. This attitude may explain why that assumption has been commonly adopted in temporary equilibrium models with production. As discussion of a further shortcoming of the Arrow-Hahn model will presently show, however, the assumption of production plans autonomously chosen by managers is not easily accommodated in a temporary equilibrium framework.

The aspect we shall now discuss involves the financing of the plans selected by managers. As has been seen, the Arrow-Hahn model assumes that firms finance such plans by selling bonds on a single market where the securities issued by different agents are traded at the same price and therefore treated as perfect substitutes. It is highly doubtful, however, that rational households would be generally willing to trade on such a market. A simple example will clarify this point.

Consider an economy with two firms and assume that the manager of each firm selects a plan that maximises the present value of profits calculated on the basis of his personal expectations. Then assume that when the manager of firm 1 announces the chosen project, all the other agents expect that the price of planned output will be so low as to generate negative profits in the second period. Finally, assume that all households expect positive profits from the plan announced by firm 2. In such circumstances, the entire ownership of firm 1 would be transferred to the firm's manager and the following situation would occur on the bond market. Except for the manager of firm 1, all households would calculate that firm 1 is going to issue bonds that cannot be repaid out of the firm's future receipts—and since

7. In that particular case, agents would unanimously agree as regards the profits obtainable from any production plan. Under the assumption made in the text as regards share prices, the criterion of choice that Arrow and Hahn attribute to managers would thus lead to the selection of plans that do maximise the firms' market values. The managers' decisions could accordingly be justified *ex post* as those best serving the owners' interest. If it is further assumed that the coincidence of individual forecasts is common knowledge, the owners of each firm would unanimously agree as regards which plan leads to maximisation of the firm's market value and the criterion of choice attributed to managers would be fully justified *ex ante*.

they do not know whether the future wealth of the firm's new owner will be sufficient to guarantee repayment, those households would have to regard the bonds floated by firm 1 as risky assets. At the same time, they would regard the bonds issued by firm 2 as perfectly safe. In this situation it is not reasonable to suppose, as the Arrow-Hahn model implicitly does, that households would be disposed to purchase bonds on a single market where risky securities cannot be distinguished from safe ones. It should be noted that the problematic situation just described may also arise if the model is modified by assuming that managers endeavour to maximise the market value of their respective firms.[8]

C. Bliss [1976 and 1983] perceived that the assumption of a single capital market on which agents can freely borrow is problematic in a temporary equilibrium framework and in the Arrow-Hahn model tried to introduce conditions ensuring that the bonds of the different firms could be regarded as equally safe. Thus he proposed a constrained version in which managers can only choose plans that turn out to be profitable on the basis of a system of 'reference prices' for period 2, which in turn should reflect the expectations of one external actor capable of guaranteeing the repayment of the firms' debts or, alternatively, a 'market view' concerning future prices. However, both interpretations of the reference prices present drawbacks that

8. For example, consider an economy with two firms, A and B, that can produce two different qualities of wine by employing grape must as the only input. Assume that each firm can produce any combination of wines by operating two independent processes defined by the functions $y_{12} = (-y_1)^{1/2}$ for type 1 wine and $y_{22} = 2(-y_1)^{1/2}$ for type 2 wine, where y_1 (a negative number) denotes the quantity of must employed and y_{i2} the output of wine of type i (i = 1, 2). Assume further that there are four households in the economy characterised by the following fixed expectations. Household 1, which includes only the manager of firm A, expects that the price for wine 1 will be $\hat{p}_{12} > 0$ and that the price for wine 2 will be zero. Household 2 has the same expectations as household 1. Household 3, which includes only the manager of firm B, expects that the price for wine 1 will be zero and that the price for wine 2 will be $\overline{p}_{22} = (1/2)\hat{p}_{12}$. Finally, household 4 has the same expectations as household 3. Considering the assumption made in the model as regards share prices, we see that at any given positive price for must there are always two distinct production plans ensuring maximisation of the market value of the generic firm. The first involves producing only wine 1 in the quantity that maximises the present value of profits calculated at the price expected for that good by households 1 and 2. The second involves producing only wine 2 in the quantity that maximises the present value of profits calculated at the price expected for that wine by households 3 and 4. Now assume that managers seek to maximise the market value of their respective firms and that if two or more plans ensuring this result are identified, each manager chooses the one that he thinks will yield the highest profits (reasonable behaviour). Moreover, assume for the sake of argument that both managers can correctly predict how individual households will evaluate any feasible production plan. On these assumptions, the manager of A will announce the plan that involves producing only wine 1, while the manager of B will announce the plan that involves producing only wine 2. On the other hand, every household will calculate that one of these plans will yield positive profits while the other is bound to bring about losses. The announcement of production plans will thus signal to households that risky bonds may coexist with safe ones in the overall supply.

were pointed out by Sato [1976, p. 203-204] and admitted by the author himself [Bliss 1976, p. 199-200; 1983, p. 149]. Grandmont and Laroque [1976] suggested instead an alternative representation of the financing of production, which basically consists of assuming that the stocks of produced commodities available at the initial date constitute the endowments of firms and that managers finance the chosen plans out of the value of those stocks. This alternative route dismisses the fact that firms do normally borrow. What is more, reflection shows that in the presence of conflicting expectations it is not sound to presume that managers can freely dispose of the 'initial wealth' of firms.[9] The financing of production, therefore, remained an unsettled issue in the temporary equilibrium literature of the 1970s and 1980s.

The decline of temporary equilibrium theory

From the studies carried out in the field it thus emerges that the subjective expectations of agents give rise to considerable problems for temporary equilibrium theory, even when analysis is developed within the simplest framework and focused exclusively on the existence of temporary equilibrium in the initial period. In particular, we have seen that in the typical case in which agents hold conflicting views as regards future prices, difficulties arise not only in the determination of households' behaviour, but also as regards the formation of production decisions within firms and the financing of production. These difficulties help to explain why research in the field of temporary equilibrium theory declined about thirty years ago. Moreover, they contribute to explaining why general equilibrium theorists have since chosen to study sequential economies under the assumption that agents can perfectly foresee the future prices, which obviously rules out divergences in individual expectations. Attention will now be focused on the studies developed along this second path.

9. For example, assume that the manager of the generic firm, guided by his personal evaluation of future receipts, chooses a plan that involves using the whole of the firm's initial wealth to meet input costs. Assume further that when that project is announced, all the other households anticipate that the firm's planned output will have negligible value in the future. In these circumstances, it is reasonable to presume that the firm's market value would be very close to zero. Assume that this is indeed the case and consider the position of the firm's initial owners. Apart from the negligible price they could receive from the sale of their shares in the firm, these owners would calculate that the manager's decision requires them to give up some of their potential period 1 wealth (corresponding to the value of the firm's endowment) in order to finance a project that they regard as a sheer waste of resources. At the same time, each owner would calculate that he would be better off if the firm were instructed to close down, as then he could regain his share of the firm's wealth and improve his consumption. All the initial owners would thus prefer the firm not to engage in production, and in the presence of this unanimously preferred option it is paradoxical to suppose that they would passively agree to finance the manager's plan.

3. Sequential economies with perfect foresight

This route was opened up by Arrow [1953] and Radner [1972], who analysed an 'intermediate world' [cf. Guesnerie and Jaffray, 1974] between that of the Arrow-Debreu model, in which all the commodities for present and future delivery are traded at the initial date, and that of temporary equilibrium. If we continue to assume a two-period economy, at the beginning of the first period, only the spot markets for commodities and some asset markets are open, and agents are thus forced to form expectations as regards the spot prices of the second period in order to select their intertemporal plans as in the temporary equilibrium model. However, in this 'intermediate world', analysis is focused on situations in which agents hold common price expectations that, moreover, lead to mutually consistent individual plans over the whole time sequence of markets. In this setting Radner put forward the notion of 'equilibrium of plans, prices and price expectations,' which has since traditionally been taken as an equilibrium in which agents perfectly foresee the future prices.

In the following, a reconstruction will be made of the origin and content of equilibrium of plans, prices and price expectations, or Radner equilibrium for short. Then it will be seen how, for plausible configurations of the economy, the perfect foresight usually associated with Radner equilibrium proves theoretically doubtful, because at the beginning of the second period the price vector initially expected by agents may emerge as just one element of a continuum of equilibrium price systems.

The origin and content of Radner equilibrium

As Radner [1982 and 1991] explicitly recognises, the source of his sequential equilibrium is Hicks's 'equilibrium over time'.

In chapter X of *Value and Capital*, Hicks considers an economy that is active for two weeks, with markets opening on both the first and the second Monday. Hicks stresses that, whilst the equilibrium on the first Monday depends on the expectations about the prices that will rule in the second week, the equilibrium in the second week depends in turn on the decisions taken by agents on the first Monday, as the prices realised on the second Monday stem also from the quantity of resources left over at the end of the first week as the result of those previous decisions. This interconnection provides the possibility to think of a unique equilibrium over time of the economy, rather than reasoning in terms of two separate temporary equilibria. In Hicks's words:

> In determining the system of prices established on the first Monday, we shall also have determined with it the system of plans which will govern the distribution of resources during the following week. If we suppose these plans to be carried out, then they determine the quantity of resources which will be left over at the end of the week, to serve as the basis for the decisions which have to be taken on the second Monday. On that second Monday a new system of prices has to be set up, which may differ more or less from the system of prices which was established on the first.
>
> The wider sense of Equilibrium—Equilibrium over Time, as we may call it, to distinguish it from the Temporary Equilibrium which must rule within any current week—suggests itself when we start to compare the price-situations at any two dates. [Hicks, 1946, p. 131-132].

According to Hicks [1946, p. 132][10] what characterises equilibrium over time 'is the condition that the prices realized on the second Monday are the same as those which were previously *expected* to rule at that date'.[11] More precisely,

> In equilibrium, the change in prices which occurs is that which was expected. If tastes and resources also remain what they were expected to remain, then in equilibrium nothing has occurred to disturb the plans laid down on the first Monday. So far as can be seen, no one has made any mistakes, and plans can continue to be executed without any revision. [Hicks, 1946, p. 132].

To find these 'correct' expected prices, Hicks [1946, p. 135] points out that forward trading is a device through which 'expectations and plans can be (at least partially) coordinated', while in a pure 'spot economy' this coordination is left to chance. Thus he introduces a pure 'futures economy'—essentially, an Arrow-Debreu economy without uncertainty—in which 'everything was fixed up in advance' on the markets open at the initial date and hence 'not only would current demands and supplies be matched, but also planned demands and supplies' [Hicks, 1946, p. 136]. In Hicks's view, the theoretical use of the economy with complete forward markets lies in the fact that '[by] examining what system of prices would be fixed up in a futures economy, we can find out what system of prices would maintain equilibrium over time'

10. As known, Hicks [1933] already adverts to a general equilibrium model with perfect foresight when referring to Hayek [1928]. On this occasion, he defines a perfect foresight model as being one with a set of current and expected prices such that both the current and the future markets clear.

11. This implies common expectations since, as Hicks specifies, '[i]f one person expects the price of a particular commodity to fall between this Monday and the next, and another person expects it to rise; then they cannot both be right' [Hicks, 1946, p. 133].

[Hicks, 1946, p. 140] under the assumption of perfect foresight [cf. also Hicks, 1965, p. 75].

Now, with complete asset markets, Radner equilibrium may be seen as an extension of the Hicksian notion of 'equilibrium over time',[12] taking uncertainty into account and also (under certain hypotheses) the possibility of introducing rational expectations [cf. Radner, 1974, p. 459; 1982, p. 932].[13] Radner assumes in fact that 'at the beginning of time all agents have available a (common) forecast of the *equilibrium* spot prices that will prevail at every future date and event' [1982, p. 928, emphasis added], and defines the equilibrium of plans, prices and price expectations (EPP&PE hereafter) as 'a set of prices on the current market, a set of common expectations for the future, and a consistent set of individual plans, one for each agent, such that, given the current prices and price-expectations, each individual agent's plan is optimal for him, subject to an appropriate sequence of budget constraints' [Radner, 1982, p. 932].

To give an example, for the exchange economy of Section 2, an EPP&PE can be defined as a system of first period prices for commodities and bonds $p^* = (p_1^*, q_1^*)$ a (common) system of expected prices p_2^e and a corresponding set of first period optimal actions $a^{h*} = (x_1^{h*}, \bar{b}_1^h, b_1^{h*})$ and planned future consumptions x_2^{h*}, $h = 1, 2, \ldots, H$, such that not only the current markets for commodities and bonds are simultaneously cleared as in temporary equilibrium, but also the future spot markets would clear at the expected prices.

For economies with complete asset markets, it has been proved that the EPP&PE can be derived from the Arrow-Debreu equilibrium based on the same set of preferences, technology and endowments [cf., for example, Mas-Colell, Whinston and Green, 1995, p. 694-698; cf. also Grandmont, 1977, p. 535]. To grasp how this can be done along the lines suggested by

12. Indeed Radner [1991, p. 438-440] viewed his equilibrium of plans, prices and price expectations as 'closest in spirit', but not identical to, Hicks's equilibrium over time, also because he includes the possibility that asset markets may not be complete, and thus the equilibrium need not exist, may not be determinate and may not be optimal even under the standard assumptions about preferences and technology. It is beyond the scope of the present paper to discuss the literature on general equilibrium with incomplete asset markets. We can refer the reader to Magill and Shafer [1991]; Magill and Quinzii [1996]; Borglin and Tvede [2006].

13. As Grandmont [1988] points out, in this case, the expectation functions of the agents are appropriately chosen to lead to perfect foresight on the assumption that traders know beforehand the true structure of the system.

Hicks,[14] let us continue to focus, for the sake of simplicity, on the two-period exchange economy with N commodities in each period and no uncertainty.

As the first step, assume that forward markets for every commodity are open at the beginning of period 1. Taking commodity 1 for spot delivery as numéraire, prices can accordingly be denoted by a vector $\tilde{p} = (p_1, q)$ in which the sub-vector $p_1 = (p_{11}, p_{21}, \ldots, p_{N1})$ with $p_{11} = 1$ refers to spot markets and $q = (q_1, q_2, \ldots, q_N)$ to forward markets. Within this context, an Arrow-Debreu equilibrium is a system of prices $\tilde{p}^* = (p_1^*, q^*)$ and a set of consumption streams $x^{h*} = (x_1^{h*}, x_2^{h*})$, $h = 1, 2, \ldots, H$, such that: (a) for each h, x^{h*} maximises utility subject to the intertemporal budget constraint $p_1^* x_1^h + q^* x_2^h = p_1^* \omega_1^h + q^* \omega_2^h$; and (b) for each commodity, total demand equals total supply at each date.

Now consider the case in which only the N spot markets are open in the first period together with the market for a bond that promises to pay one unit of commodity 1 in period 2. As in Section 2, assume that the generic household capitalises the expected value of future endowments by supplying the quantity of bonds $\bar{b}_1^h$ and demands the quantity b_1^h that it deems necessary for financing planned future consumption.

Following Radner [1982, p. 928], let us posit, in each period, good 1 as the numéraire. Given the Arrow-Debreu equilibrium price vector of the first step $\tilde{p}^* = (p_1^*, q^*)$, an EPP&PE for the sequential economy can be constructed by taking: (1) the vector $p^* = (p_1^*, q_1^*)$ as the first period prices; (2) the vector $p_2^e = (1/q_1^*)q^*$ as the spot prices unanimously expected for period 2, expressed in terms of good 1 delivered in 2.

Considering that the bond market in existence allows for transfers of purchasing power across periods, it can be readily seen that, at the prices (p^*, p_2^e), each household will be in exactly the same position as in the Arrow-Debreu equilibrium of the first step,[15] and hence the consumption streams $x^{h*} = (x_1^{h*}, x_2^{h*})$, $h = 1, 2, \ldots, H$, included in that equilibrium will be optimal for households also in the sequential framework under examination. Moreover, since those plans are part of an Arrow-Debreu equilibrium, they will be consistent in the sense that total demand will equal total supply for

14. This task is narrower than showing the equivalence between an Arrow-Debreu economy and a Radner economy. As for that equivalence, cf. for example Arrow [1953] and Guesnerie and Jaffray [1974].

15. Similarly to what has been argued for the initial model of Section 2, the generic household h will choose its consumption stream subject to the single budget constraint $p_1^* x_1^h + q_1^* p_2^e x_2^h \leq p_1^* \omega_1^h + q_1^* p_2^e \omega_2^h$ in which the prices to be paid in the present for commodities delivered in period 2 are $q_1^* p_2^e = q_1^* (1/q_1^*) q^* = q^*$.

each commodity and each period. Finally, in view of market clearing on commodity markets, it is easily shown that also the bond market will clear at the prices (p^*, p_2^e).[16] It can therefore be concluded that the price system (p^*, p_2^e), the corresponding individual transactions on the bond market and the consumption streams $x^{h*} = (x_1^{h*}, x_2^{h*})$, $h = 1, 2, \ldots, H$, constitute an EPP&PE of the sequential economy.

Radner equilibrium with complete asset markets and 'second period indeterminacy'

A feature traditionally attributed to Radner equilibrium is that the prices initially expected by agents will actually be realised when markets open in the future periods. Albeit not strictly following from the definition of EPP&PE, this property is suggested by the parallel that Radner himself draws with Hicks's equilibrium over time and, as pointed out by Drèze and Herings [2008, p. 445], it is usually taken for granted in general equilibrium literature [for example, McKenzie, 1989, p. 20; Mas-Colell, Whinston and Green, 1995, p. 696; cf. also Radner, 1989, p. 312; 1991, p. 438]. This is indeed the reason why Radner equilibria are commonly regarded as sequential equilibria with perfect foresight.

However, some recent contributions showing the possibility of equilibrium multiplicity, or even indeterminacy, for the economy generated as the continuation of a Radner equilibrium, make doubts arise about this idea of perfect foresight. To clarify the point, here we shall rely on the 'sequential indeterminacy' argument developed by M. Mandler in various papers.[17]

Mandler [1995 and 1999] examines a two-period production economy with no uncertainty, in which all firms have access to a technology composed of a finite number of linear activities and households can transfer purchasing power across periods by trading on forward markets for capital goods.[18]

16. By assumption, the generic household supplies the quantity of bonds $\bar{b}_1^h$ such that $q_1^* \bar{b}_1^h = q_1^* p_2^e \omega_2^h$ and demands the quantity of bonds b_1^{h*} such that $b_1^{h*} = p_2^e x_2^{h*}$. On these assumptions, $\sum_h b_1^{h*} - \sum_h \bar{b}_1^h = p_2^e \sum_h (x_2^{h*} - \omega_2^h)$. From the fact that the second period commodity markets clear at the prices p_2^e it then follows that $\sum_h b_1^{h*} - \sum_h \bar{b}_1^h = 0$.

17. As regards the possibility of multiple equilibria for the continuation of a Radner equilibrium, cf. the example presented by Drèze and Herings [2008] for the case of pure exchange.

18. Mandler writes that 'agents in the first period will buy or sell rights to the outputs of the activities that produce the second period factors and then in the second period receive or deliver the second-period

In the first period there are N_1 activities that employ the initial endowments in order to produce L_1 consumption goods to be delivered in that period and K_1 pure capital goods that will be ready for delivery at the beginning of period 2.[19] Thus, the capital goods are obtained by means of intertemporal production activities which use first period endowments as inputs and yield second period goods as outputs. In the second period, N_2 activities produce L_2 consumption goods by employing the endowments available at the beginning of the period, which include the K_1 capital goods stemming for the processes activated in period 1.

On the markets in existence at the beginning of the first period, agents can trade: i) inputs initially available; ii) L_1 first-period consumption goods; iii) K_1 capital goods to be delivered in period 2. Consumption goods for future delivery cannot therefore be traded in period 1. However, as said above, households can transfer their purchasing power by trading the capital goods as assets. Thus, when markets re-open in period 2, households wish to exchange the pure capital goods in which they invested their savings for consumption goods.

For this two-period economy Mandler shows that, even if there is a unique EPP&PE, typically there is a continuum of price vectors satisfying the equilibrium conditions for this second-period market re-opening. As Mandler [1999, p. 700] stresses, since the second-period endowment of capital goods springs from the initial intertemporal equilibrium plans, they are perfectly adjusted to their employments if those plans are carried on.[20] In other terms, if the initial intertemporal plans are carried on in period 2, then the possibility of a second-period equilibrium with excess supplies and zero prices of capital goods is ruled out notwithstanding they are inelastically supplied and technology is made up of linear production methods. As a result, if the number of factors inelastically supplied is greater than the number of processes in use, then the market-clearing conditions for these factors do not

factors they contracted for in the first period and use their income to trade for consumption' [Mandler, 2008, p. 2042]. Since the number of capital goods is $K_1 \geq 1$, asset markets are complete.

19. Since the endowments of the first period are arbitrarily given, 'free disposal' activities are included in order to get rid of the possible excess supply associated with a zero price of some of the inputs.

20. As Mandler [1995, p. 425] points out, in the Radner equilibrium capital goods prices adjust to ensure that agents "do not waste resources by saving so much capital that it becomes superfluous in the second period." Therefore, for the second-period economy, the argument of Debreu [1970] of the generic determinacy of the equilibrium cannot apply.

contribute enough to the price determination.[21] Therefore, in this case, the price vectors that represent—with the same aggregate production plan—a second-period equilibrium will generally be indeterminate.[22] The point is clarified in detail by an example in Appendix 2.

As far as the traditional interpretation of Radner equilibrium is concerned, the indeterminacy of equilibrium prices in the second period matters because it entails that the price expectations initially held by agents will generically not be realised.[23] Even assuming, for the sake of argument, that a 'smart auctioneer' capable of calling equilibrium prices only is at work, in the presence of a continuum of equilibrium price vectors, the probability that he may call out precisely the prices expected at the initial date is negligible. The notion of a sequential economy with perfect foresight of future prices thus appears theoretically doubtful in the case under discussion. As pointed out by Kehoe and Levine [1990, p. 224], indeterminacy 'undermines the concept of perfect foresight equilibrium. The agents in the model, like the modeller, cannot use the model itself to make determinate predictions about the future'.

21. Let us say that the second-period endowments are made up of $K_1 + 1$ factors: capital goods and labour. Assuming that there are N_2 possible production activities, with $N_2 \leq K_1$, and that the activity levels y_2 are those consistent with the initial EPP&PE, then the $K_1 + 1$ market-clearing conditions on factor markets do not provide any contribution to price determination, since no factor is in excess supply so to force its price to zero. In this case, the burden of determining $L_2 + K_1$ equilibrium relative prices—associated with the vector of activity levels y_2—rests completely on the residual equilibrium conditions. They are L_2 market-clearing conditions for the consumption goods and N_2 zero-profit conditions of the production activities, but only $L_2 + N_2 - 1$ of them can be independent because of Walras's law. Therefore, since $K_1 \geq N_2$, the residual system has more unknowns to determine than equations.

22. As clarified by Fratini and Levrero [2011], the result is due to the fact that, with the re-opening of the market in the second period, the link that in the EPP&PE ties the prices for the service of the capital goods with their production costs is broken, so that the former are free to take also values independent from the latter.

23. More recently, Mandler himself seems to underline this point when stating that if there is price indeterminacy in the second-period economy, rational agents would 'predict that an investment in an activity producing a second-period factor will not except by chance earn the rate of return anticipated in the first period of a sequential-trading equilibrium [...]. The predictions of the general equilibrium model thus become untenable when agents trade repeatedly through time and factor-price indeterminacy is present' [Mandler, 2008, p. 2043]. Notice also that, albeit price determinacy holds with differentiable technology [cf. Mandler, 1999, p. 701], the presence of specialised inputs always limits factor substitution possibilities. The possibility of sequential indeterminacy cannot therefore be easily discarded.

4. Conclusions

In this paper we addressed the studies on sequential economies that have been performed since the 1970s along paths inspired by Hicks's *Value and Capital*. In particular, attention was focused on the analytical problems that the inclusion of price expectations among the determinants of equilibrium originates in those paths.

In Section 2 we thus illustrated the difficulties that arise in temporary equilibrium theory in view of the fact that price expectations typically differ among agents. Then we argued that the difficulties engendered by conflicting expectations help to explain why temporary equilibrium theory declined in the 1980s and why general equilibrium theorists have since chosen to study sequential economies under the assumption of perfect foresight of future prices. In Section 3 we moved on to examine the latter approach. We first illustrated the equilibrium notion commonly adopted in the studies of sequential economies with perfect foresight, that is the 'equilibrium of plans, prices and price expectations' introduced by Radner [1972] as a development of Hicks's 'equilibrium over time'. Then we pointed out, in the light of recent work by M. Mandler, that for plausible configurations of the economy the perfect foresight associated with Radner equilibrium can hardly be sustained. In particular, we argued that even if in the initial period both the current and the expected prices conform to Radner equilibrium, situations of indeterminacy of equilibrium prices can arise as time unfolds that make it hard to believe that the initial expectations—understood in the usual way—may be realized.

Summing up, in the paper we assessed the developments of the original Hicksian ideas about the possible treatment of price expectations by jointly examining the results obtained in different periods within two parallel streams of literature. By this combined analysis we were able to conclude that the project of grounding the supply-and-demand analysis of value on temporary equilibria or sequential equilibria with perfect foresight—which Hicks promoted in *Value and Capital* in opposition to the long-period analyses of the early marginalist authors—still encounters substantial difficulties precisely in view of the central role assigned to the price expectations of agents.

References

Arrow K. [1953], «Le rôle des valeurs boursières pour la répartition la meilleure des risques», *Cahiers du Séminaire d'Economètrie*, 40, p. 41-48. Reprinted as: (1964) «The Role of Securities in the Optimal Allocation of Riskbearing», *Review of Economic Studies*, 31, p. 91-96.

Arrow K.J. and Hahn F.H. [1971], *General Competitive Analysis*, S. Francisco: Holden Day.

Bliss C.J. [1976], «Capital theory in the short run», in M. Brown, K. Sato and P. Zarembka (eds) *Essays in Modern Capital Theory*, Amsterdam: North Holland.

Bliss C.J. [1983], «Consistent temporary equilibrium», in J.P. Fitoussi (ed.) *Modern Macroeconomic Theory*, Oxford: Basil Blackwell.

Borglin A. and Tvede M. [2006], *Economic Dynamics and General Equilibrium. Time and Uncertainty*, Verlag: Springer.

Debreu G. [1970], «Economies with a finite set of equilibria», *Econometrica*, 38, p. 387-392.

Drèze J.H. and Herings P.J.J. [2008], «Sequentially complete markets remain incomplete», *Economic Letters*, 100, p. 445-447.

Fratini S.M. and Levrero E.S. [2011], «Sraffian indeterminacy: a critical discussion», *Cambridge Journal of Economics*, 35, p. 1127-1149.

Grandmont J.M. [1977], «Temporary general equilibrium theory», *Econometrica*, 45, p. 535-572.

Grandmont J.M. [1983], *Money and Value*, Cambridge: Cambridge University Press.

Grandmont J.M. [1988], «Temporary equilibrium: money, expectations and dynamics», *Seminar Paper n. 422,* Institute for International Economic Studies.

Grandmont J.M. and Laroque G. [1976], «On temporary Keynesian equilibria», *Review of Economic Studies*, 43, p. 53-67.

Green J.R. [1973], «Temporary general equilibrium in a sequential trading model with spot and future transactions», *Econometrica*, 41, p. 1103-1123.

Guesnerie R. and Jaffray J.Y. [1974], «Optimality of Equilibria of Plans, Prices and Price Expectations», in J. Drèze (ed.) *Uncertainty, Equilibrium, Optimality*, London: Macmillan.

Hayek F.A. [1928], «Das intertemporale gleichgewichtssystem der preise und die bewegungen des 'geldwertes'», *Weltwirtschaftliches Archiv*, 28, p. 33-76. English translation: [1984], «Intertemporal price equilibrium and movements in the value of money», in R. McCloughry (ed.) *Money, Capital and Fluctuations: Early Essays*, Chicago: The Chicago University Press.

Hicks J.R. (1933), «Gleichgewicht und konjunktur», *Zeitschrift für Nationalökonomie*, 4, p. 441-55. English translation: [1982], «Equilibrium and the trade cycle», in *Money, Interest and Wages: Collected Essays in economic Theory, vol. II*. Oxford: Basil Blackwell.

Hicks J.R. [1946], *Value and Capital,* 2nd edition, Oxford: Clarendon Press.

Hicks J.R. [1965], *Capital and Growth*, Oxford: Clarendon Press.

Kehoe T.J. and Levine D.K. [1990], «The economics of indeterminacy in overlapping generations models», *Journal of Public Economics*, 42, p. 219-243.

Mandler M. [1995], «Sequential indeterminacy in production economies», *Journal of Economic Theory*, 66, p. 406-436.

Mandler M. [1999], «Sraffian indeterminacy in general equilibrium», *Review of Economic Studies*, 66, p. 693-711.

Mandler M. [2008], «Factor prices in general equilibrium», In L. Blume and S. Durlauf (eds) *The New Palgrave Dictionary of Economics,* 2nd edition, Basingstoke, Hampshire New York: Palgrave Macmillan.

Magill M. and Shafer W. [1991], «Incomplete markets», in W. Hildebrand and H. Sonnenschein (eds) *Handbook of Mathematical Economics,* vol. IV, Amsterdam: North-Holland.

Magill M. and Quinzii M. [1996], *Theory of Incomplete Markets,* Cambridge (MA): MIT Press.

Mas-Colell A., Whinston D. and Green J. [1995], *Microeconomic Theory,* New York and Oxford: Oxford University Press.

McKenzie L.W. [1989], «General equilibrium», In J. Eatwell, M. Milgate and P. Newman (eds), *The New Palgrave: General Equilibrium*, London: Palgrave Macmillan.

Milne F. [1980], «Short-selling, default risk and the existence of equilibrium in a securities model», *International Economic Review*, 21, p. 255-267.

Radner R. [1972], «Equilibrium of plans, prices and price expectations», *Econometrica*, 40, p. 289-303.

Radner R. [1974], «Market equilibrium and uncertainty: concepts and problems», in M.D. Intriligator and D.A. Kendrick (eds) *Frontiers of Quantitative Economics,* vol. II, Amsterdam: North-Holland.

Radner R. [1982], «Equilibrium under uncertainty», in K.J. Arrow and M.D. Intriligator (eds) *Handbook of Mathematical Economics,* vol. II, Amsterdam: North-Holland.

Radner R. [1989], «Uncertainty and general equilibrium», in J. Eatwell, M. Milgate and P. Newman (eds) *The New Palgrave: General Equilibrium*, London: Palgrave Macmillan.

Radner R. [1991], «Intertemporal general equilibrium», in L.W. McKenzie and S. Zamagni (eds) *Value and Capital Fifty Years Later*, London: Macmillan.

Ravagnani F. [2010], «A simple critical introduction to temporary general equilibrium theory», *Working Paper del Dipartimento di Economia Pubblica*, n. 136, Sapienza University of Rome.

Sato K. [1976], «Comment on Bliss», in M. Brown, K. Sato and P. Zarembka (eds) *Essays in Modern Capital Theory*, Amsterdam: North Holland.

Stahl D.O. [1983], «Bankruptcy anticipation in a bilateral trade model», unpublished.

Stahl D.O. [1985], «Bankruptcies in temporary equilibrium forward markets with and without institutional restrictions», *Review of Economic Studies*, 52, p. 459-471.

Stahl D.O. [1995], «Arbitrage and information in a sequential economy with many credit agencies», *Mathematical Finance*, 5, p. 33-54.

Appendix 1

Here we shall clarify the relationship between the original temporary equilibrium model with production of Arrow and Hahn [1971] and the two models presented in the first and second part of Section 2. To start with the model with production of the second part, even though all the assumptions made are either borrowed from the original Arrow-Hahn model or compatible with it, there are two differences in the formulation adopted. As readers can check, in the original model prices are expressed in terms of a fictitious currency ('bancors') and the unit bond is a promise to pay a unit of that currency in period 2. These differences are, however, immaterial. Consider a version of the original model in which all agents expect that the future price of good 1 in terms of 'bancors' will be equal to 1. In these circumstances, the market for bonds paying in 'bancors' becomes the same thing as a market for bonds specified in terms of good 1. This version of the original model therefore coincides with the model of the second part of Section 2 except for the numéraire. Since the behaviour of agents in the Arrow-Hahn model is independent of the numéraire adopted, however, we can safely choose good 1 as numéraire. Having thus established that the model of the second part is simply a version of the original model of Arrow and Hahn, we now note that further specification of that version yields precisely the initial model of the first part. Assume there is just one firm in the economy, which can only operate *free disposal* processes. Under this particular specification, which is compatible with Arrow and Hahn's formal model, the single firm in existence will remain totally inactive in period 1 at every non-negative vector of current prices. As a result, the particular 'production economy' under consideration coincides in fact with the initial exchange economy of Section 2.

Appendix 2

In this appendix an example will be presented in which, notwithstanding the uniqueness of Radner equilibrium for a sequential economy with complete asset markets, a continuum of equilibrium price vectors arises for the spot markets active in the final period. This will be done by means of a simplified model inspired by the contributions of M. Mandler aimed at showing the (generic) possibility of 'second period indeterminacy' in models with many capital goods and fixed-coefficient production methods.

In the economy that we shall consider there are three different kinds of commodities: two circulating capital goods, labeled *a* and *b*, and a pure consumption good, labeled *c*. Since we assume two possible dates of delivery—period 1 and period 2—once commodities are distinguished by dates, there are six commodities.

Since a Radner equilibrium with complete asset markets can always be derived from an Arrow-Debreu equilibrium, we shall start by considering the latter and assume that markets open at the beginning of period 1 only and that there are as many markets as dated commodities. We shall then go on to the sequential model whose Radner equilibrium, or EPP&PE, is obtained from the previously determined Arrow-Debreu equilibrium. Finally, we shall show that, when markets open again in the second period, a continuum of equilibrium price vectors emerges.

The Arrow-Debreu equilibrium

In the Arrow-Debreu setting, the markets for the six dated commodities are assumed to be open simultaneously at the beginning of period 1. A price vector on these markets is therefore a (row) vector with non-negative entries $\tilde{p} = (p_{a1}, p_{b1}, p_{c1}, q_a, q_b, q_c)$. Taking the consumption good delivered in period 1 as numéraire, we have the set of normalized price vectors $P \equiv \{\tilde{p} \in \Re^6_+ : p_{c1} = 1\}$.

As for the production side, we assume that firms have access to the same technological possibilities and that these are expressed by linear production activities. For the sake of simplicity, joint production and alternative methods of production are ruled out.

The production activity of the consumption good is an 'instantaneous' process, in the sense that good *c* delivered in period *t* ($t = 1, 2$) is obtained by employing the capital goods *a* and *b* in the same period. The production activities of the capital goods, instead, are 'intertemporal' processes: goods *a* and *b* delivered in period 2 are obtained by employing *a* and *b* in period 1.

Goods *a* and *b* delivered in period 1—since they are the outputs of processes decided outside the time frame considered in the model—are taken as arbitrarily given endowments. Since these endowments may not be in the proper proportion, 'free disposal' activities will be included for them—i.e. activities that employ goods *a* and *b* as inputs in period 1 and give no output—in order to get rid of the possible excess supply associated with a zero price.

On the foregoing assumptions, there are six activities in total: the production activity of good *c* delivered in 1; the production activities of goods *a*, *b*, and *c* delivered in 2; two free disposal activities for *a* and *b* delivered in 1. Technical coefficients (at a unit scale) are organised in the 'activity matrix' *M*, which has as many rows as commodities and as many columns as activities:[24]

$$M = \begin{bmatrix} -a_c & -a_a & -a_b & 0 & -1 & 0 \\ -b_c & -b_a & -b_b & 0 & 0 & -1 \\ 1 & 0 & 0 & 0 & 0 & 0 \\ 0 & 1 & 0 & -a_c & 0 & 0 \\ 0 & 0 & 1 & -b_c & 0 & 0 \\ 0 & 0 & 0 & 1 & 0 & 0 \end{bmatrix} \qquad [a.1]$$

In the above matrix, the first three rows refer to goods *a*, *b*, *c* delivered in 1 and the last three rows to goods *a*, *b*, *c* delivered in 2. The columns, instead, represent the activities. In particular, the first column is made up of the coefficients for the production of good *c* delivered in 1; the second and the third column refer to the production of *a* and *b* delivered in 2; the fourth to the production of *c* delivered in 2; the last two columns to the free disposal activities.

As for the activity levels, for the generic firm *f* they are denoted by a (column) vector of non-negative quantities $y^f = (y^f_{c1}, y^f_{a2}, y^f_{b2}, y^f_{c2}, u^f_{a1}, u^f_{b1})$; as a consequence, $M \cdot y^f$ is a technically feasible production plan for the firm.

24. The meaning of the entry m_{ij}—i.e. the entry on the *i*-th row and *j*-th column—depends on its sign:
- if $m_{ij} > 0$, then it is the quantity of commodity "*i*" produced by the activity "*j*";
- if $m_{ij} < 0$, then it is the quantity of commodity "*i*" employed by the activity "*j*";
- if $m_{ij} = 0$, then commodity "*i*" is neither an output nor an input for activity "*j*".

Given a price vector $\tilde{p} \in P$, each firm chooses its activity levels so as to maximise the amount of profits $\tilde{p} \cdot M \cdot y^f$. The aggregate vector of activity levels is $y = \Sigma_f y^f$ and the corresponding aggregate profits are $\tilde{p} \cdot M \cdot y$.

If prices are such that an activity yields strictly positive profits at the unit scale, the profit maximising activity level is clearly indefinite. Only price vectors entailing $\tilde{p} \cdot M \leq 0$ are thus compatible with equilibrium and, for those prices, every vector of activity levels bringing about zero profits is optimal.

As regards the consumption side, for a generic household h let us take as given: i) a utility function $\upsilon^h = \upsilon^h(x_{c1}^h, x_{c2}^h)$, where x_{ct}^h is a quantity of c delivered in period t; ii) the (strictly positive) first period endowments of capital goods $\omega_1^h = (\omega_{a1}^h, \omega_{b1}^h)$; iii) the endowment of shares in the profits of firms $\overline{\theta}^h = (\overline{\theta}_1^h, \ldots, \overline{\theta}_F^h)$. For the sake of simplicity, we assume that the generic household h has the same share in every firm, that is $\overline{\theta}_f^h = \overline{\theta}^h$ for $f = 1, \ldots, F$. As for the utility function, besides the customary properties, it is assumed that: a) it is monotonically increasing, that is the consumption good is desired without satiation in each period; b) it tends to its minimum—or to $-\infty$ if minimum does not exist—when x_{c1}^h and/or x_{c2}^h tend to zero, that is the consumption of c is necessary in each period.[25]

As usual, for any price vector $\tilde{p} \in P$ and aggregate vector of activity levels y, the demand for consumption goods $x_c^h(\tilde{p}, y) = [x_{c1}^h(\tilde{p}, y), x_{c2}^h(\tilde{p}, y)]$ is determined by maximising utility subject to the budget constraint:

$$x_{c1}^h + q_c x_{c2}^h = p_{a1}\omega_{a1}^h + p_{b1}\omega_{b1}^h + \overline{\theta}^h \tilde{p} \cdot M \cdot y \qquad [a.2]$$

Accordingly, $x_c(\tilde{p}, y) = \Sigma_h x_c^h(\tilde{p}, y)$ denotes the aggregate demand for consumption goods and $\omega_1 = \Sigma_h \omega_1^h$ the aggregate supply of capital goods in period 1.

For the Arrow-Debreu economy we are dealing with, a price vector $\tilde{p} \in P$, a set of vectors of activity levels $\{y^f\}_{f=1}^F$ and a set of consumption plans $\{x_c^h(\tilde{p}, y)\}_{h=1}^H$ constitute an equilibrium if and only if:

$$a_c y_{c1} + a_a y_{a2} + a_b y_{b2} + u_{a1} = \omega_{a1} \qquad [a.3.1]$$

$$b_c y_{c1} + b_a y_{a2} + b_b y_{b2} + u_{b1} = \omega_{b1} \qquad [a.3.2]$$

$$x_{c1}(\tilde{p}, y) = y_{c1} \qquad [a.3.3]$$

$$a_c y_{c2} = y_{a2} \qquad [a.3.4]$$

25. Assumption (b) is fulfilled, for example, in the case of Cobb-Douglas utility functions.

$$b_c y_{c2} = y_{b2} \qquad [a.3.5]$$

$$x_{c2}(\tilde{p}, y) = y_{c2} \qquad [a.3.6]$$

$$1 = p_{a1}a_c + p_{b1}b_c \qquad [a.4.1]$$

$$q_a = p_{a1}a_a + p_{b1}b_a \qquad [a.4.2]$$

$$q_b = p_{a1}a_b + p_{b1}b_b \qquad [a.4.3]$$

$$q_c = q_a a_c + q_b b_c \qquad [a.4.4]$$

$$p_{a1} \geq 0 \text{ and } p_{a1}u_{a1} = 0 \qquad [a.4.5]$$

$$p_{b1} \geq 0 \text{ and } p_{b1}u_{b1} = 0 \qquad [a.4.6]$$

It is clear enough that [a.3.1]-[a.3.6] are the market clearing conditions for goods *a*, *b* and *c* delivered in 1 and 2. As for conditions [a.4.1]-[a.4.6], it has already been pointed out that only price vectors such that $\tilde{p} \cdot M \leq 0$ are compatible with equilibrium and that the firms' optimal production plans must accordingly bring about zero profits in equilibrium, i.e. they must be such that $\tilde{p} \cdot M \cdot y = 0$. Considering that y_{c1} and y_{c2} must be strictly positive in equilibrium as good *c* is necessary in both periods, this implies that all four *stricto sensu* production activities must yield zero profits at the unit scale. Equations [a.4.1]-[a.4.4] express precisely this requirement. The free disposal activities, instead, can satisfy the zero-profit condition by a null activity level, and must do so in the case of strictly positive price (conditions [a.4.5]-[a.4.6]).

Finally, we assume that the 'data' of the economy are such that a unique Arrow-Debreu equilibrium exists: $\tilde{p}^*$, $\{y^{f*}\}_{f=1}^{F}$, $\{x_c^{h*}\}_{h=1}^{H}$.[26]

The equilibrium of plans, prices and price expectations

As mentioned in Section 3, once an Arrow-Debreu equilibrium has been determined, a Radner equilibrium for a sequential economy with complete asset markets (characterised by the same preferences, endowments and technology) can be derived from it. This is exactly what we shall do now in order to construct our example.

26. As is well-known, some restrictions on the aggregate households' decisions—such as gross substitutability or the satisfaction of the weak axiom of revealed preference—ensure the uniqueness of Arrow-Debreu equilibrium. None of these restrictions is strictly required here, however, since they are sufficient but not necessary conditions for uniqueness.

Let us consider an economy with the same 'data' as in the previous subsection, but in which there is at least one missing forward market at the beginning of period 1. More precisely, let us assume that at the beginning of period 1 there exist spot markets for the three goods and forward markets for the capital goods *a* and *b*, but no forward market for good *c*. As a consequence, the spot markets for *a*, *b*, *c* will also be active in period 2. Due to the presence of complete asset markets, however, agents in the first period can freely allocate their purchasing power over time.

At the beginning of period 1, agents face the price vector for the five markets in existence and unanimously anticipate the three prices that will prevail on period 2 markets. As for the first price system, it is assumed that the prices ruling in period 1 form the vector $p = (p^*_{a1}, p^*_{b1}, 1, q^*_a, q^*_b)$, whose components exactly coincide with the first five components of the Arrow-Debreu equilibrium price vector $\tilde{p}^*$ of the previous subsection.

As regards the expected period 2 prices, they are assumed to be expressed in terms of good *c* delivered in that period. Accordingly, let $p^*_{a2} = q^*_a / q^*_c$ and $p^*_{b2} = q^*_b / q^*_c$, the price vector unanimously expected by agents is $p^e_2 = (p^*_{a2}, p^*_{b2}, 1)$. Therefore, agents base their intertemporal decisions in period 1 on the prices p ruling on the markets in existence and on their common price expectations p^e_2.

The presence of complete asset markets implies that, at the price system (p, p^e_2) derived from the Arrow-Debreu equilibrium prices $\tilde{p}^*$, the optimal consumption and production plans of agents are the same as in the Arrow-Debreu equilibrium.[27] Hence, there is a set of consumption plans $\{x^{h*}_c\}^H_{h=1}$, a set of production levels $\{y^{f*}\}^F_{f=1}$ and they are mutually consistent.

The only novelty concerns the asset markets. Firms cover the costs of the intertemporal activities by selling forward the output of goods *a* and *b* they will deliver in period 2. On the other hand, by buying on first period markets appropriate quantities of goods *a* and *b* for delivery in period 2, households provide themselves with the purchasing power required for financing the desired future consumption of *c*.[28]

27. It was seen in the previous sections that with complete asset markets, households' decisions are subject to the same budget constraint as in the Arrow-Debreu model. Moreover, as for the production side, since it assumed that the production activity of good *c* is an 'instantaneous' process and that goods *a* and *b* delivered in period 2 can also be traded on the markets open in period 1, then the sequential structure of the economy does not entail particular consequences for firms' decisions.

28. Although the presence of more than one asset in principle entails the unbounded arbitrage problem discussed in Section 2, here the problem does not arise because, in view of our assumptions, the relative

It should be noted, however, that at the price system (p, p_2^e) the two assets are perfect substitutes for households, which get $1/q_c^*$ units of good c delivered in 2 for each unit of numéraire—i.e. good c delivered in 1—invested, independently of the kind of asset chosen. Hence, without loss of generality, the ratio of the aggregate demands for assets may be assumed to coincide with the ratio of the produced quantities, i.e. $\Sigma_h x_{a2}^{h*} / \Sigma_h x_{b2}^{h*} = y_{a2}^* / y_{b2}^*$. Moreover, as for the levels, on the one hand, because of the equality between the total value of the demand for assets in terms of good c delivered in 2 and the total optimal consumption of that good we have: $p_{a2}^* \Sigma_h x_{a2}^{h*} + p_{b2}^* \Sigma_h x_{b2}^{h*} = x_{c2}^*$. On the other hand, since p_2^e is based on the Arrow-Debreu equilibrium prices, equilibrium conditions [a.3.4], [a.3.5] and [a.4.4] imply $p_{a2}^* y_{a2}^* + p_{b2}^* y_{b2}^* = y_{c2}^*$. Therefore, given that $x_{c2}^* = y_{c2}^*$, the asset markets clear too, that is $\Sigma_h x_{a2}^{h*} = y_{a2}^{h*}$ and $\Sigma_h x_{b2}^{h*} = y_{b2}^{h*}$.

Concluding, at the ruling prices p and expected prices p_2^e, the plans $\{y^{f*}\}_{f=1}^F$, $\{x_c^{h*}\}_{h=1}^H$ and $\{(x_{a2}^{h*}, x_{b2}^{h*})\}_{h=1}^H$ are optimal and mutually consistent. We thus have an equilibrium of plans, prices and price expectations.

The second period equilibrium

In the sequential economy, markets open again at the beginning of period 2. At that time, firms deliver the capital goods that households bought forward as assets and, moreover, they choose the levels of the production activities to be carried out in the second period.

Since period 2 is the terminal period of the economy, the only production process taking place in it is the instantaneous production of consumption good c by means of goods a and b. The technical coefficients characterising that process are those listed in the fourth column of the matrix M and the activity level of the generic firm f will be denoted by y_{c2}^f. As before: $y_{c2} = \Sigma_f y_{c2}^f$.

At any given second period price vector $p_2 = (p_{a2}, p_{b2}, p_{c2}) \in P_2$, with $P_2 \equiv \{p_2 \in \Re_+^3 : p_{c2} = 1\}$, each firm wishes to maximise its amount of profits. So, as before, price vectors involving strictly positive profits at the unit scale are incompatible with second period equilibrium. When these prices are ruled out, we must have $[1 - (p_{a2} a_c + p_{b2} b_c)] y_{c2}^f = 0$ for $f = 1, 2, \ldots, F$.

---

price of the two assets on first period markets equals the one agents expect will emerge on period 2 markets, that is $q_{a2}^*/q_{b2}^* = p_{a2}^*/p_{b2}^*$. In other words, the no-arbitrage condition mentioned in Section 2 is fulfilled by assumption.

As for households, they are initially endowed with the quantities of goods *a* and *b* bought forward in period 1, and wish to sell them in order to buy the consumption good *c*. Therefore, given a price vector $p_2 \in P_2$, an aggregate production level y_{c2} and the quantities of assets x_{a2}^{h*} and x_{b2}^{h*} bought in the previous period, the budget constraint of the generic household in period 2 is

$$x_{c2}^{h} = p_{a2}x_{a2}^{h*} + p_{b2}x_{b2}^{h*} + \overline{\theta}^{h}[1-(p_{a2}a_c + p_{b2}b_c)]y_{c2} \qquad [a.5]$$

Moreover, since there is just one consumption good, the quantity of that good demanded by the generic household results directly from the budget constraint. Hence, from equation [a.5] we get $x_{c2}^{h} = x_{c2}^{h}(p_2, y_{c2})$. Then, by aggregating, we have: $x_{c2} = \Sigma_h x_{c2}^{h}$.

For the second period economy under consideration, a price vector $p_2 \in P_2$, a set of activity levels $\{y_{c2}^{f}\}_{f=1}^{F}$ and a set of consumption demands $\{x_{c2}^{h}\}_{h=1}^{H}$ are an equilibrium if and only if:

$$a_c y_{c2} = y_{a2}^{*} \qquad [a.6.1]$$

$$b_c y_{c2} = y_{b2}^{*} \qquad [a.6.2]$$

$$x_{c2}(p_2, y_{c2}) = y_{c2} \qquad [a.6.3]$$

$$1 = p_{a2}a_c + p_{b2}b_c \qquad [a.7]$$

Equations [a.6.1]-[a.6.3] are the market clearing conditions for the three goods and [a.7] is the zero profit condition. The system is made up of four equations, but only three of them are independent. In particular, by aggregating the budget constraints [a.5] and considering that $\Sigma_h x_{a2}^{h*} = y_{a2}^{*}$ and $\Sigma_h x_{b2}^{h*} = y_{b2}^{*}$, we get $x_{c2} = p_{a2}x_{a2}^{*} + p_{b2}px_{b2}^{*} + [1-(p_{a2}a_c + p_{b2}b_c)]y_{c2}$. Therefore, equilibrium conditions [a.6.1], [a.6.2] imply that $x_{c2} = y_{c2}$.

Now, the production level y_{c2}^{*}—namely the one included in the intertemporal production plans $\{y^{f*}\}_{f=1}^{F}$—must satisfy the equilibrium conditions [a.6.1]-[a.6.2] independently of the prices p_{a2} and p_{b2}. This follows very easily from the fact that the production plans $\{y^{f*}\}_{f=1}^{F}$ satisfy the Arrow-Debreu equilibrium conditions [a.3.4] and [a.3.5]. As a consequence, when the aggregate production of good *c* delivered in 2 is set equal to y_{c2}^{*}, the burden of the determination of p_{a2} and p_{b2} rests entirely on the equation [a.7],[29] so that a continuum of (non-negative) equilibrium price systems

29. As we have proved above, when equations [a.6.1] and [a.6.2] are satisfied, equation [a.6.3] is satisfied too.

exists in the second period since one equation cannot exactly determine two unknowns.[30]

We thus see that, in the sequential economy under consideration, the price vector p_2^e unanimously expected at the beginning of period 1 is just one element of a continuum of equilibrium price vectors.

30. In other terms, because of the assumption that the intertemporal production plans are carried on, two equilibrium conditions are automatically satisfied, namely [a.6.1] and [a.6.2], but just one unknown is determined, y_{c2}, thus the remaining system becomes under-determinate.

MACROECONOMICS THE LATIN AMERICAN WAY: SUNKEL AND THE QUEST FOR A STRUCTURALIST MODEL

Mauro Boianovsky[1]

The paper provides a narrative of the effort to develop a structuralist macroeconomic model in Latin America, as seen through the eyes of Chilean economist Osvaldo Sunkel (b. 1929). Sunkel faced the problem of how to model structuralism, an indigenous Latin American contribution to economics and to stabilization and development policies, put forward in the 1950s-1960s. It is shown how Sunkel deployed Schumpeter's 1954 distinction between "vision" and "scientific models", and how he took the Keynesian multiplier and Domar's growth equations as starting-points for his own formulations, instead of Lewis's 1954 model of a dual economy. Sunkel regretted the difficulties in formalizing the concept of "structure" and "structural" changes. Eventually, Sunkel became a co-founder of Latin American neo-structuralism in the 1990s, which is now regarded part of international heterodox economics in general.

La macroéconomie à la latino-américaine : Sunkel et la quête d'un modèle structuraliste

L'article propose un récit des efforts entrepris en Amérique latine pour produire un modèle macroéconomique structuraliste, en prenant appui sur l'exemple de l'économiste chilien Osvaldo Sunkel (né en 1929). Dans ses contributions latino-américaines à l'analyse économique et aux politiques de stabilisation et de développement proposées dans les années 1950-60, Sunkel fût confronté au problème de la construction d'un modèle structuraliste. Nous montrons comment Sunkel a employé la distinction de Schumpeter (1954) entre 'vision' et 'modèle scientifique' et comment il prit comme point de départ de ses propres formulations le multiplicateur keynésien et les équations du modèle de croissance de Domar, plutôt que le modèle de Lewis d'une économie duale. Sunkel regretta les difficultés de formalisation du concept de « structure » et de « changement structurel ». Finalement, Sunkel devint un co-fondateur du néo-structuralisme latino-américain dans les années 1990, qui est maintenant considéré comme faisant partie intégrante de l'économie hétérodoxe au niveau international.

Keywords: Sunkel, structuralism, models, Latin America, development macroeconomics.

Mots clés : Sunkel, structuralisme, modèle, Amérique latine, macro-économie du développement.

JEL classification: B22, B31, B50

---

1. Universidade de Brasilia; mboianovsky@gmail.com
I would like to thank two anonymous referees, Michaël Assous, Goulven Rubin, Joaquim Andrade, Mary Morgan and (other) participants at the workshop on "The history of modeling practices in macroeconomics", Université de Lille, 13 October 2016, for helpful discussion of some points of the paper. Research funding from CNPq is gratefully acknowledged.

1. Schemes and models of explanation

The controversy between "structuralists" and "monetarists" that took place in Latin America in the 1950s and 1960s was the most important debate in the history of Latin American economics. It happened before the 1960s/1970s macroeconomic argument involving monetarists and Keynesians in the northern hemisphere. Indeed, Campos (1961) and others introduced the terms "monetarist" and "monetarism" in Latin America before they became widespread in the US and the UK. Unlike the later Anglo-Saxon controversy—and the 1950s demand-pull vs. cost-push inflation discussion—the Latin American debate was not about the specification of the aggregate demand side, but about changes and composition of aggregate supply and the relation between economic development and inflation. Hence, the identification of Latin American structuralism of the 1950s with Anglo-Saxon Keynesianism is a simplification.

That controversy grew out of the International Monetary Fund's unsuccessful stabilization plans in the region, which led to the formulation of the monetary approach to the balance of payments by that institution. Latin American structuralism asserted that any attempt to bring inflation down, for a given economic structure, was bound to cause a permanent reduction in the rate of economic growth. The structuralist position was based on the implicit assumption of a non-vertical long-run Phillips curve—in which the relevant tradeoff was between inflation and growth, instead of unemployment. The monetarists, on the other hand, believed on a long-run vertical curve and sometimes even on a negative relation between inflation and economic development (see Boianovsky 2012). The controversy reached its apex with the 1963 international conference held in Rio (Baer and Kerstenetzky 1964), which gathered economists from the region and elsewhere, such as Arthur Lewis, Gustav Ranis, Arnold Harberger, Roy Harrod, Albert Hirschman and Nicholas Kaldor.

The original formulation of the structuralist approach to inflation was due to Juan Noyola (1956a), Osvaldo Sunkel (1958, [1958] 1960) and Celso Furtado (1954, [1961] 1964), born in Mexico, Chile and Brazil respectively, all members of CEPAL (United Nations Economic Commission for Latin America). However, structural inflation was not incorporated as part of CEPAL's "official" doctrine, since it conflicted with Secretary Raul Prebisch's more conventional views along demand-pull/cost-push lines. Noyola, Sunkel and Furtado were followed by Argentine economist Julio Olivera (1960, 1964) and Dudley Seers (1962), a British economist who worked at CEPAL's Santiago headquarters for a while.

Sunkel's elaboration of the structural inflation hypothesis was the first stage in his thinking about Latin American economic development. The present article traces his search for a structuralist macroeconomic model that could account for both the economic development and cyclical oscillations of Latin American economies. From mid 1960s to 1970s, Osvaldo Sunkel (born in 1929) shifted his interests to dependency theory, and from the 1980s he has contributed to the founding of Latin American neo-structuralism (Sunkel 1970; 1993). Sunkel (1958) interpreted chronic (but non-accelerating) inflation in Chile, Brazil, Argentina and some other Latin American countries as the outcome of unbalanced growth accompanied by changes in the structure of demand in open developing economies with inelastic supply functions and downward rigidity of money prices. "Propagation mechanisms" in the system—in the sense of the ability of economic agents, including the government through fiscal deficits, to keep or increase their shares in output—turned shocks to relative prices (e.g., shifts in agricultural prices or in the exchange rate), into inflationary movements of the price level.

The structuralist-monetarist controversy was not fought over formal mathematical models. Sunkel (1958, p. 572) provided what he described as an "analytical scheme" ["esquema analítico" in Spanish] of structural inflation. Likewise, he deployed the term "general scheme" ["esquema geral"] in the title of Sunkel (1957b), a preliminary version of his 1958 article. Dudley Seers prompted Sunkel to have his 1958 piece translated and published in *International Economic Papers*. In fact, he helped Sunkel translating it (Sunkel 2016a). This may explain why the phrase "esquema analítico" is translated as "analytical model" in Sunkel ([1958] 1960, pp. 108-09). Sunkel (1956a, 1957a) did use the term "modelo" ["model"] at the time, especially in association with E. Domar's growth equations and the Keynesian multiplier mechanism. However, he never referred to a "structuralist model" of inflation.

Sunkel's methodological stance was influenced by the well-known distinction between "vision" and "scientific models" put forward in Schumpeter's (1954, pp. 41-43) *History*, which he called "the Bible" as far as economic method was concerned (Sunkel 1999, p. 35). He was first exposed to Schumpeter's views on method during his 1953-55 period as a graduate student at the London School of Economics (LSE) on a UN scholarship. Schumpeter famously claimed that analytic effort is necessarily "preceded by a pre-analytic cognitive act that supplies [its] raw material", called "Vision". The first task of analytic effort is to "*verbalize* the vision or conceptualize it in a such a way that its elements take their places, with names attached to them that facilitate recognition and manipulation, in a more or less orderly *schema* or picture". Finally, factual and theoretical work, together with the surviving elements of the original vision, will eventually produce "scientific models" (ibid; italics added). The whole passage was translated and quoted by Sunkel (1970, p. 84), who adopted Schumpeter's distinction between schemes (as verbalization of the vision) and formalized models.[2]

By the mid 1950s, when Schumpeter's *History* came out and Sunkel embarked on his long career as a development economist, economics had moved from a verbal to a model-based science (Morgan 2012, p. 2). The introduction of models—in the sense of artifacts or "small mathematical, statistical, graphical, diagrammatic, and even physical objects that can be manipulated in various different ways"—as a new kind of scientific objects involved a new form of reasoning in economics (ibid). From that perspective, as Sunkel (1958) was aware, he conveyed a verbally expressed schema, not a full fledge model. In fact, the elusive quest for a structuralist macroeconomic model, particularly in the period 1956-70, came high in Sunkel's research agenda.

Sunkel was not the only structuralist economist shy of claiming the status of models for his analytical pieces, although reasons for that varied. CEPAL's original framework is usually associated to Prebisch's influential discussion of structural differences between the "center" and the "periphery" in the world economy, and its implications for import substitution policy (see e.g. Boianovsky 2016). In correspondence of 16 July 1964 (when he had already left CEPAL for UNCTAD) with Benjamin Hopenhayn, director of ILPES (Latin American Institute for Economic and Social Planning), Prebisch stated:

> It seems to me that you exaggerate a bit when you talk about a "model" elaborated by CEPAL 15 years ago. I don't believe we reached the construction of a "model", for this would have required a more complete examination of several determined factors. It is just some loose ideas, and it seems worth examining them again. You talk about an import substitution model, with no consideration of socio-political variables. It is precisely the lack of such variables that prevents us from talking of such "model". (Prebisch 1964)[3]

---

2. "Scheme" and "schema" are used interchangeably here, although there are occasional differences in their meaning in the English language. Both are translated as "esquema" in Spanish, as Sunkel (1970, p. 84) did it, in the sense of a plan or outline.

3. "Me parece que usted exagera un poco al hablar de 'modelo' elaborado por la CEPAL hace 15 años. No creo que se haya llegado a la constitución de un 'modelo' pues ello hubiera requerido un examen más

The difficulties involved in the introduction of institutional variables and their historical dimension—apart from formalization issues—are also behind Sunkel's approach to modeling, as discussed in the rest of this article.

2. The limits of Keynesian macroeconomics

The 1950s were the highpoint of the supremacy of Keynesian economics in macroeconomic theory and policy. That was also true of development and growth economics, largely dominated by the so-called Harrod-Domar model, of Keynesian origin. Hence, it was natural that Sunkel's (1956, 1957a) quest for a macro model should start with the Keynesian multiplier and Domar's deceptively simple approach to growth.

Sunkel's (1957a) title-question is: "What is the practical use of multiplier theory?" Not much in developing countries beset by chronic inflation, he answered. The "Keynesian model" was originally elaborated in the institutional and political British context of the 1930s, which cannot be easily transferred to 1950s Latin America. Whereas R. Kahn (1931) made clear the restrictive premises and limits of the application of employment multiplier to concrete cases, Keynes (1936) turned it into an analytical tool for the determination of the income level in general. Apart from some general conceptual problems, the application of Keynes's multiplier to underdeveloped countries was problematic. Sunkel (1957a, p. 269) criticized the argument that, since the saving ratio is lower in such economies, shifts in investment have less impact on the income level, which would render them more stable than industrial economies.

Such claim, Sunkel objected, illustrated "the indiscriminate deployment by some economists of certain models, appropriated to specific circumstances, to radically distinct conditions" (ibid). The main source of autonomous demand in Latin American countries was exports, not fixed capital investment. The role of the external sector in the determination of aggregate demand in such economies made them highly unstable. Moreover, from the perspective of aggregate supply, the restricting factor is capital (including imported capital goods), not labor as in industrial economies. The sort of unemployment relevant for developing countries is not the Keynesian involuntary kind, but

completo de los factores determinados. Se trata simplemente de algunas ideas sueltas y me parece muy bien volverlas a examinar. Habla usted de un modelo de substitución de importaciones sin consideración de variables socio-políticas. Precisamente es la falta de estas variables lo que no permite hablar de tal 'modelo'".

"disguised" (or "structural") unemployment corresponding to zero or near zero marginal productivity of labor for a given capital stock, Sunkel claimed.

Hence, "in underdeveloped countries the terms of Keynesian analysis and of the multiplier are generally inverted, since in such countries the limiting factor is capital, and it is its full utilization—not labor's—that determines the advent of the dichotomy between nominal and real income" (Sunkel 1957a, p. 271). The low elasticity of the supply of agricultural goods (particularly in Chile)—together with the overall inflexibility of the production structure—means that the typical aggregate supply function of developing economies turns highly inelastic not just before reaching full employment of labor, but before the point of full capacity of capital. The main (interconnected) problems faced by Latin American economies were low capital accumulation and high "propensity to inflation". Capital accumulation—discussed along the lines of Domar's model, as documented below—was deemed essential to the productive absorption of labor supply, the main goal of economic policy (ibid, p. 275).

Sunkel's critical account of the Keynesian multiplier model was a starting-point for his structural approach to inflation and growth in developing countries. Michal Kalecki ([1954] 1976) had pointed out the limits of that model when applied to economies with reduced supply elasticity, especially in the production of food (see FitzGerald 1990; López G., Puchet A. and Assous 2009). Sunkel ([1958] 1960, p. 100, n. 5) referred to Kalecki's 1954 article, originally published in Spanish in *El Trimestre Económico.*[4] So did Noyola (1956a, p. 604), who introduced the distinction between "basic inflationary pressures" (resulting from unbalanced growth) and "propagation mechanisms". Unlike Sunkel, Noyola (p. 605) described his framework as a very simple "model". He did not distinguish between "schema" and "model", as it is clear from his survey of the history of economics since 1930, where both terms are deployed interchangeably to portray Leontief's input-output system, Keynes's *General Theory*, Harrod's and Domar's growth equations, and Lewis's development economics (Noyola 1956b).

Noyola (1956b, p. 306) referred to Tinbergen's (1952a) influential *Theory of economic policy*, widely read by Latin American planners at the time. Tinbergen (1952b, pp. 27-30 defined structure as the set of "known"

4. Like Sunkel, Kalecki worked for the United Nations in the 1950s. However, he left the UN in 1954, before Sunkel started working at CEPAL. Kalecki coordinated a study about inflation in Chile, with emphasis on the inflationary effects of inelastic agricultural supply, read by Sunkel, Noyola and other structuralists (United Nations 1955; see Boianovsky 2012, p. 303).

constants of a certain object of economic study. He came to "*identify the notion of structure with the minimum demanded information*" to estimate statistically the parameters of the model (ibid). In his survey of the various usages of "structure" in the 1950s, Machlup ([1958] 1963, pp. 78-79) argued that its only precise meaning was related to the transformation of irregular impulses into regular swings, which is accounted for by the reaction coefficients, as originally proposed by Frisch (1933) and further elaborated by Tinbergen. The invariant background against which "certain processes of change are seen on the stage provided by the analytical model is regarded as its structure" (Machlup, ibid).

Noyola's and Sunkel's distinction between inflationary pressures and propagation mechanisms is clearly reminiscent of Frisch's impulse/propagation concepts. The first version of Frisch's model was a diagrammatic schema of economic activity as a circular flow, followed by a mathematical manipulable model (Morgan 2012, p. 28). Sunkel met Frisch and Tinbergen during his 1953-55 stay in Europe, when he informed them of CEPAL's approach to planning (Sunkel 2016b). Sunkel went to the LSE in 1953 to do research on economic development, but Lionel Robbins's (LSE director) lack of interest made him shift to the study of inflation. When Sunkel told Robbins of his plans to investigate development, the latter reacted by saying: "What is that? If you are interested on those things you must study demography" (Sunkel 1999, p. 13). Robbins's reaction fit into then fashionable Neo-Malthusianism.[5] Sunkel instead started reading "everything written about inflation", and formed a seminar about the topic with students from Latin America, India and the US. That was how "many ideas that would take final shape in my work with Juan Noyola and others at CEPAL" first made their appearance (ibid). Their hallmark was that visible propagation mechanisms should not conceal the deep ("basic") causes of inflation in Latin American countries, as determined by their socio-economic structures perceived as the invariant background against which processes of change were interpreted. Hence, Sunkel (1963) claimed, stabilization policy involved not just traditional monetary and fiscal policies, but changes of their productive structures as well, if the pace of economic development should not be jeopardized.

5. Dudley Seers (1963, p. 79, n. 2), who worked at CEPAL headquarters in Santiago for a few years, reported: "The story is told in Latin America of a Chilean graduate student who stated, in answer to a question by a very eminent London professor, that he wanted to specialize in the economics of development. 'Oh!', said the professor, 'What economics is that?' This was in the 1950s's!" The Chilean student was Sunkel and the eminent professor Robbins. However, Robbins would gradually change his mind, under the influence of Arthur Lewis (1954) and others (see Boianovsky 2018, 2019).

3. Lewis and the route not taken

As the structural approach to inflation provided an interpretation of the links between growth and inflation in semi-industrialised economies, the quest for a structuralist model naturally started with the attempt to analyze the economic development process. The 1950s were the period of "high development theory", when development economics begun as a new field. Unlike their contemporary growth economists (Harrod, Domar, Solow, Swan, Kaldor, von Neumann, etc.), development economists did not make use of models to convey their ideas, partly because they addressed more complex issues not confined to the boundaries of steady states. As pointed out by Krugman (1993), Lewis's (1954) model of development with unlimited supply of labor was a partial exception to the dearth of formalization among development economists at the time (see also Boianovsky 2018).

The publication of Lewis's 1954 article sparked strong, if mixed, reactions among CEPAL economists. In correspondence of 22 February 1955 with Noyola, Furtado regarded it "the best single piece ever written about the theory of development. He follows exactly the same approach adopted by us in our preliminary studies for planning techniques ... If we had not been discouraged to 'theorize' at that stage, we would have been able to present two years ago the basic elements of a theory of development along the lines of ... Lewis." (quoted from Boianovsky 2010, p. 252). Lewis's (1954, part II) model of unequal exchange seemed to support CEPAL's framework, but at the same time frustrated Prebisch, as it gave Lewis priority in modeling a key aspect of what Prebisch called the dual "center-periphery" system (Dosman 2008, p. 322).

During his 1953-55 stay in England, Sunkel visited Lewis in Manchester. It was a "very frustrating" meeting. As recalled by Sunkel (2016b), Lewis "essentially told me that he had just finished his book on *Economic Growth* [Lewis 1955] and that it contained everything I should know about the subject. And he was very derogatory about Prebisch's ideas". Lewis (1955, p. 283) did not refer to Prebisch or CEPAL, but he probably had the Argentine economist in mind when he criticized those who neglected agriculture and production for exports, and embraced "nationalist dogmas, according to which the road to economic progress lies through concentrating upon industrialization"—not a balanced view of Prebisch's development strategy. Invited to deliver the "Closing remarks" at the 1963 Rio conference, Lewis (1964, p. 27) showed no appreciation for Latin American structuralist approach to inflation either. The proposition—that food will put a brake on growth if its supply does not match growing demand, unless one imports more food—was deemed “familiar territory”. Indeed, “so familiar that it is puzzling to learn that this proposition now forms the basis of a new school of structural economics”. Other economies had faced and solved that problem throughout history; then, “why do we hear such pessimistic cries from those Latin American countries which now face the same problem?” asked Lewis (ibid). It would take Lewis some time to come to terms with Latin American structuralism and welcome Prebisch’s center/periphery dichotomy together with the notion of balance of payments constraint (Lewis 1978, p. 16).

After Furtado’s initial enthusiasm, CEPAL economists started to show reservations concerning Lewis’s 1954 model of growth in a dual economy. Noyola (1956b, pp. 315-17) criticized Lewis’s strict Ricardian outlook and his disregard for the effects of stationary real wages on aggregate demand à la Malthus and Marx. Moreover, unlike Lewis’s model, the Chilean economy featured shift of labor from a high productivity economy (copper exports) to others of lower productivity, which was a main factor behind the inflationary process. In an anonymous article about inflation acceleration in Chile between 1953 and 1955 (written by Sunkel, as disclosed to this author in correspondence of 2009), Sunkel (1956b) showed how the decline in the international demand for copper was accompanied by an increase in the real production cost, as productivity declined faster than real wages. Moreover, the fall of the international price of copper had perverse effects on Chilean fiscal situation.

In his later assessment of development theories, Sunkel (1970, pp. 32-33) criticized Lewis’s (1954) model for presenting underdevelopment—and its main feature, generalized excess supply of labor—as a development stage. From that perspective, Lewis shared with other development economists an inductive method of identification of the empirical characteristics of each stage. However, Lewis’s and other “explanations of the ‘succession of stages’ sort—where in each one of them a particular feature of the phenomenon prevails—are descriptive and with no analytical capacity to account for the passing of one development stage to another, that is, the process of structural change” (Sunkel 1970, p. 34). In that same year, Sunkel’s colleague Aníbal Pinto (1970) argued that Latin American backwardness featured “structural heterogeneity”, in the sense that economic processes of massively distinct productivities could be found in the same economy. Again, that differed from Lewis’s economic dualism and from its implications about the tendency of modern sectors to absorb activities of lower productivity (see Love 2018). However, modeling structural heterogeneity and its transformations proved to be a difficult, if not unreachable, task.

4. Growth and history

The economic model that best captured Sunkel's imagination was Domar's (1946, 1947) growth model. In fact, Sunkel (1956a) wrote the first comprehensive account—from both methodological and theoretical standpoints—of Domar's growth equations, in any language (Boianovsky 2017). He stressed the novelty of Domar's concept of dynamic equilibrium and the groundbreaking notion that capitalist economies can only be in equilibrium when they grow. Moreover, Sunkel criticized the widespread use of the term "Harrod-Domar model", since there were important causal differences between Harrod's accelerator and Domar's capital coefficient. He found Domar's approach particularly useful for development planning, a major concern and area of research at CEPAL. Indeed, Domar's equations are conspicuous in CEPAL's and official documents about the economic planning of Latin American countries in the 1950s and 1960s (see Sunkel 1970, p. 246). Another influential model Latin American structuralist planners deployed extensively—and further elaborated for open economies—at the time was Leontief's (1941) input-output system, which, unlike Domar's model, featured disaggregated economic relations (see Di Filippo 2009, p. 185). Domar was fond of Leontief's linear matrix approach, and even entertained the notion that it could provide a foundation for the study of technical progress (Boianovsky, ibid). Leontief's system may be seen as the culmination of what Morgan (2012, p. 3) has described as the first ever economic model: Quesnay's 1767 *Tableau Économique*.

Part III of Sunkel's (1970) *Latin American Underdevelopment and the Theory of Development* was a long critical investigation of the theory of economic development, comprising more than a half of his 380pp book. In his opinion, there was a "Latin American vision [in Schumpeter's sense] of the development of the region, which requires to be instrumented, formalized and enriched; for that it is necessary to use, among other things, the existing theoretical tools" available in the economic literature (Sunkel 1970, p. 97). Latin American structuralism had a vision but lacked a model to implement it and turn it into a theory. Sunkel's study of old and recent contributions to the theory of economic growth examined their formal aspects, including formal restatement of ideas by the classical economists, Marx and Marshall. The "modern" chapters dealt with Domar's and Harrod's Keynesian approaches to growth and J. Meade's version of the neoclassical growth model. In order to fully grasp such models and assess their applicability to a different historical reality, one should not just investigate their internal logic coherence, but "contrast such formal aspect with the reality that originated them and that they tried to explain", Sunkel (ibid) claimed. Harrod's discussion of "secular stagnation" was a case in point. It did not apply to Latin American economies, where chronic inflation co-existed with (structural) unemployment of capital and labor (p. 268).

The last and fourth part of Sunkel (1970) provided an interpretative historical essay of Latin American economic development since colonial times. His typology of Latin American economies through time was not accompanied by formalization of the different types of economic systems in distinct periods, to his frustration. Sunkel (2016c) had never attempted modeling structural inflation, but he did try to elaborate models of Latin American economic history, without much success.

> It is worth noting that, throughout the investigation, efforts were made to elaborate models to explain the underdevelopment of different historical periods, but they did not bear fruits ... It seems that the way to accomplish a proper formalization of Latin American underdevelopment consists in, firstly, getting a typology that enables us to specify particular working patterns for each kind of economy, and, immediately after, have that translated in a formal model for each concrete socio-economic system. Despite such insufficiency in the elaboration of formal models, it seems opportune to publish the results obtained in the present state of investigation (Sunkel 1970, p. 12).

A few years later, Peruvian economist Carlos Boloña Behr (1975) produced a suggested mathematical and diagrammatic formalization of Sunkel's (1970) historical narrative, carried out as part of his master at Iowa State University. However, it did not prompt any reactions from Sunkel or other structuralists, possibly because it was never published and remained relatively unknown.

The poor economic performance and persistence of poverty in many Latin American economies, despite the implementation of the import-substituting industrialization strategy supported by CEPAL since the 1950s, led to the formulation of "dependency theory" as the rebellious offspring of structuralism, with focus on an integrated world-system in which centre and periphery are interconnected. Sunkel (1970, p. 36) described how a "self-critical position inside the structuralist school" was developed at the time at both methodological and ideological levels. "It became clear that structuralism did not examine Latin American reality as a totality that explains itself as a product of its historical evolution". The proposed new method should approach reality from a "structural, historical and totalizing" point of view, based on the notions of "process, structure and system". Sunkel called it "historical-structural method", an attempt to combine the notions of continuity (associated to structures) and change (linked to historical processes).

> What constitutes the essence of the historical-structural method is that such previous hypothesis should be totalizing. For, if history must be understood, apprehended as a process through some theory, this must capture it as a totality, in the sense that the facts that form it are explained in relation to each other in their interrelations and in their succession (ibid).

The goal of the historical-structural method, as put forward by Sunkel (p. 95), was not to capture static or synchronic facts, but reality as a totalization that "objectively reproduces itself in a permanent way". Such approach should take into account only the "essential" elements of totality, given the intrinsic complexity of social phenomena. It is significant that Sunkel explained his notion of totality by referring to J.-P. Sartre's existentialist concept of dialectical totalization. In the immediate post-war period existentialism was French dominant intellectual movement. C. Lévi-Strauss' classic structuralism rose to prominence in the 1960s in the wake of existentialism. This focused on the construction of reality and meaning, and assumed that individuals are agents who consciously intend their actions. Structuralism, on the other hand, focused on structures of meanings as predetermined, and assumed that actions are dominated by the deeper structures of mind that lie beneath the individual's conscious behaviour. It was only gradually that classic structuralism penetrated Latin American intellectual community, as illustrated by Furtado (1970), who tried to blend it with F. Braudel's historicism in his methodological treatment of models in economics (see Boianovsky 2015). However, modelling development as the result of structural change remained a challenge for Sunkel and other Latin American structuralists.

5. Theory and Policy

A main feature of Schumpeter's (1954, pp. 41-43) distinction between "vision" and "scientific models" was to argue that the ideology factor, dominant in the first stages of the scientific process (when the vision is formed), recedes more and more into the background as the scientific "rules of procedures" are deployed and models exposed to testing and discussion. Sunkel, however, doubted the ideological element could be gradually minimized in the way Schumpeter depicted it. Even more, Sunkel was skeptical about the distinction between positive and normative economics, since policy goals are present and motivate every stage of the economic discourse. That was particularly true of Latin American structuralism, which aimed at transforming the region's underdevelopment condition.

> It must be explicitly recognized that our thought also contains a vision that makes us perceive Latin American reality in a certain way and comprehend that it is necessary to transform it in determined ways and forms. Now, recognition of historical and ideological influences does not imply that it is impossible to achieve an objective or scientific knowledge of Latin American reality; on the contrary, explicit recognition of such influences is the scientific guarantee of elaboration of objective and relevant knowledge. (Sunkel 1970, p. 86)

Structuralism was not restricted to Latin American economists, although it did start in the region. Hollis Chenery visited CEPAL headquarters often in the late 1950s, to teach and interact with the staff. Indeed, he would support structuralist development economics and claim that it was not restricted to Latin American economics (Chenery 1975). Chenery's well-known two-gap model of growth with balance of payments constraint reflected his exposition to similar (but not formalized) ideas by Prebisch and Furtado during his Santiago periods (see Boianovsky and Solís 2014). He recollected that Sunkel and other CEPAL economists were critical of the way he had excluded socio-political variables from mathematical-econometric modeling. Chenery served as Prebisch's advisor, during a time when the battle lines between structuralism and orthodox economics had been drawn not just in the field of economic theory, "but also in the politics of North and South".[6] In particular, "a leftist school of structuralism was quite prominent at ECLA [CEPAL] and created a degree of animosity in relation with the United States. In the opinion of many more politically aware structuralists, such as Osvaldo Sunkel or Celso Furtado, my approach was too quantitative and empirical to be considered truly structuralist" (Chenery 1992, pp. 384-85).

Pinto and Sunkel (1966, pp. 82-83) questioned the import of analytical methods from North American economics—and the export of Latin American economic students to the US. They praised the use of mathematical methods for attesting that the analysis is "logical and consistent", but warned that not all economic problems can be treated mathematically. Moreover, they claimed, those who can are not necessarily the most relevant, and the use of mathematical methods is not the only way to "achieve scientific rigor". Interestingly enough, Milton Friedman would shortly deliver his hugely

6. Chenery encouraged Prebisch to present a more rigorous formulation of his terms of trade hypothesis, which he did in Prebisch 1959 (see Bielschowsky, 2000, p. 28, n. 8).

successful 1967 presidential address to the American Economic Association, which launched the natural rate of unemployment hypothesis. Friedman's (1968) argument was entirely verbal, with no use of mathematics, diagrams or a model of any sort. Instead, it was based upon the application of general principles of neoclassical economics (Hoover 1987, p. 24). Surely, many would soon model that hypothesis, even independently so, as witnessed by E. Phelps parallel articles.

Nevertheless, the lack of formal modeling of Latin American structuralism continued to bother Sunkel, who complained that "there has not been much formalization of the concept" of structure, in the sense of the "institutions, behavior, culture, technology, the more permanent elements" (Sunkel 1999, p. 17). He "felt that there was much similarity with Douglass North's neo-institutionalism" (ibid), which has not been, for the most part, formalized either. In fact, there are significant parallels between structuralism and what formed North's research agenda, despite the latter's criticism of CEPAL (see Boianovsky 2009). Sunkel (1989) also found some common themes between structuralism and traditional institutionalism. In that same piece, Sunkel (1989, p. 151) welcomed Lance Taylor's (1979, 1983) attempts to give structuralism a more "formal and mathematical expression". Nevertheless, Taylor and his students, in Sunkel's view, tended to focus too much on "short-term equilibrium and adjustment problems rather than on questions of economic development" (ibid), reflecting the acute macroeconomic instability of Latin America at the time.

Taylor had been Chenery's graduate student at Harvard in the mid 1960s, when he probably learned about structuralism. In the 1970s and 1980s, Taylor established close connections with Edmar Bacha and other Brazilian structuralists, and since the 2000s with Colombian economist José A. Ocampo, former secretary-general of CEPAL. In fact, Brazilian economist Eliana Cardoso (1981), Taylor's graduate student at MIT, put forward one of the first structuralist models of inflation (see also Olivera 1967 for an earlier effort at formalization). By the 1990s, neo-structuralism started to replace traditional structuralism in Latin American and CEPAL economics. Latin American neo-structuralism was born at CEPAL as a reaction to the macroeconomic crisis that beset the region throughout the 1980s, accompanied by negative economic growth rates. It represented a shift in CEPAL's analytical framework, which had stressed in the 1950s and 1960s the role of demand dynamics in economic development. As put by Sunkel, one of the members of the 1950s generation and one of the formulators of neo-structuralism 30 years after,

> It is not demand and markets that are critical. The heart of development lies on the supply side: quality, flexibility, the efficient combination and utilization of productive resources, the adoption of technological developments, an innovative spirit, creativity ... public and private austerity, an emphasis on saving, and the development of skills to compete internationally—in short, independent efforts undertaken *from within* to achieve self-sustained development. (Sunkel 1993, p. 8)

After the 1970s, distinct national and regional schools of economic thought became more and more integrated into broader international research programs. Unlike Latin American structuralism of the 1950s and 1960s, neo-structuralism is part of international heterodox economics, as witnessed by the book organized by Alicia Bárcena and Antonio Prado (2015). Although it reflects its Latin American background, neo-structuralism has deployed the same modelling techniques of heterodox currents in general, especially in its neo-Schumpeterian and post-Keynesian versions. In that sense, Sunkel's long quest for a structural macroeconomic modelling strategy has come to an end. Whether neo-structuralism represents the analytical maturity of traditional structuralism or a shift of focus to questions and policies that are easier to manage is yet to soon to assess (cf. Love's 2018 dismissal of Leiva's 2008 post-modernist critique of neo-structuralism).

References

Alacevich, Michele and Mauro Boianovsky (eds.). (2018). *The political economy of development economics: a historical perspective*. Annual supplement to *History of Political Economy*, vol. 50. Durham: Duke University Press.

Baer, Werner and Isaac Kerstenetzky (eds.) (1964) *Inflation and growth in Latin America*. Homewood (Ill): Richard D. Irwin.

Bárcena, Alicia and Antonio Prado. (eds.). (2015). *Neostructuralismo y corrientes heterodoxas en América Latina y el Caribe a inicios del sigo XXI*. Santiago: United Nations Organization. UN Sales no. S.14.II.G. 23.

Bielschowsky, Ricardo. (1998). Cinqüenta anos de pensamento da CEPAL—uma resenha. In R. Bielschowsky (ed.). *Cinqüenta anos de pensamento da CEPAL*, vol. I, pp. 13-68. Rio: CEPAL and Editora Record.

Boianovsky, Mauro (2009). Furtado, North and the New Economic History. *Economia*. 10: 849-66.

Boianovsky, Mauro (2010). A view from the tropics: Celso Furtado and the theory of economic development in the 1950s. *History of Political Economy*. 42: 221-66.

Boianovsky, Mauro (2012). Celso Furtado and the structuralist-monetarist debate on economic stabilization in Latin America. *History of Political Economy*. 44: 277-329.

Boianovsky, Mauro (2015). Between Lévi-Strauss and Braudel: Furtado and the historical-structural method in Latin American political economy. *Journal of Economic Methodology*. 22: 413-38.

Boianovsky, Mauro (2016). The structuralist research program in development economics. In C. Sunna and D. Gualerzi (eds.). *Development economics in the twenty-first century*. pp. 88-103. London: Routledge.

Boianovsky, Mauro (2017). Modeling economic growth: Domar on moving equilibrium. *History of Political Economy*. 49: 405-36.

Boianovsky, Mauro (2018). When the history of ideas meets theory: Arthur Lewis and the classical economists on development. In M. Alacevich and M. Boianovsky (eds.), pp. 172-90.

Boianovsky, Mauro (2019). Arthur Lewis and the classical foundations of development economics. *Research in the History of Economic Thought and Methodoloy*. Vol. 37A: 103-143.

Boianovsky, Mauro and Ricardo Solís. (2014). The origins and development of the Latin American structuralist approach to the balance of payments (1944-1964). *Review of Political Economy*. 26: 23-59.

Boloña Behr, Carlos (1975). Una interpretación matematica del modelo Sunkel sobre el subdesarrollo latinoamericano. Universidade del Pacifico, Centro de Investigación, Ensayos # 11.

Campos, Roberto de Oliveira (1961). Two views of inflation in Latin America. In Hirschman 1961, pp. 69-79.

Cardoso, Eliana (1981). Food supply and inflation. *Journal of Development Economics*. 8: 269-84.

Chenery, Hollis (1975). The structuralist approach to development policy. *American Economic Review*. 65: 310-16.

Chenery, Hollis (1992). From engineering to economics. *BNL Quarterly Review*. # 183: 369-405.

Di Filippo, Armando (2009). Latin American structuralism and economic theory. *CEPAL Review*. # 98: 175-96.

Domar, Evsey (1946). Capital expansion, rate of growth, and employment. *Econometrica*. 14: 137-47.

Domar, Evsey (1947). Expansion and employment. *American Economic Review*. 37: 34-55.

Dosman, Edgar J. (2008). *The life and times of Raúl Prebisch 1901-1986*. Montreal: McGill-Queen's University Press.

FitzGerald, E.V.K. (1990). Kalecki on financing development: an approach to the macroeconomics of the semi-industrialised economy. *Cambridge Journal of Economics*. 14: 183-203.

Friedman. Milton (1968). The role of monetary policy. *American Economic Review*. 58: 1-17.

Frisch, Ragnar (1933). Propagation problems and impulse problems in dynamic economics. In *Economic essays in honor of Gustav Cassel*, pp. 171-205. London: Allen & Unwin.

Furtado, Celso (1954). *A Economia Brasileira* (The Brazilian Economy). Rio: A Noite.

Furtado, Celso ([1961] 1964). *Development and Underdevelopment—A Structuralist View of the Problems of Developed & Underdeveloped Countries.* Translation by R. Aguiar and E. Drysdale. Berkeley: University of California Press.

Hirschman, Albert O. (ed.). (1961). *Latin American issues.* New York: Twentieth Century Fund.

Hoover, Kevin D. (1987). *The new classical macroeconomics.* Oxford: Blackwell.

Kahn, Richard F. (1931). The relation of home investment to unemployment. *Economic Journal.* 41: 173-98.

Kalecki, Michal ([1954] 1976). The problem of financing economic development. In *Essays in developing economies*, pp. 41-63. Hassocks (Sussex): Harvester Press.

Keynes, John Maynard (1936). *The General Theory of Employment, Interest and Money.* London: Macmillan.

Krugman, Paul (1993). Toward a counter-revolution in development theory. *Proceedings of the World Bank Annual Conference on Development Economics*, pp. 15-38.

Leiva, Ignacio (2008). *Latin American neostructuralism: the contradictions of post-neoliberal development.* Minneapolis: University of Minnesota Press.

Leontief, W. 1941. *The structure of the American economy, 1919-1939.* Cambridge (Mass.): Harvard University Press.

Lewis, William Arthur (1954). Economic development with unlimited supplies of labor. *Manchester School.* 22: 139-91.

Lewis, William Arthur (1955). *Theory of economic growth.* London: Allen & Unwin.

Lewis, William Arthur (1964). Closing remarks. In Baer and Kerstenetzky (eds.), pp. 21-33.

Lewis, William Arthur (1978). *Growth and fluctuations, 1870-1913.* London: Allen & Unwin.

Lopez, Julio, Martín Puchet and Michaël Assous. (2009). Michal Kalecki, um pioneiro da teoria do desenvolvimento econômico. *Revista de Economia Política*. 29: 191-211.

Love, Joseph (2018). CEPAL, economic development, and inequality. In M. Alacevich and M. Boianovsky (eds.), pp. 152-171.

Machlup, Fritz ([1958] 1963). Structure and structural change: weaselwords and jargon. In *Essays in Economic Semantics*, pp. 73-96. Englewood Cliffs: Prentice-Hall.

Morgan. Mary (2012). *The world in the model: how economists work and think*. Cambridge: Cambridge University Press.

Noyola, Juan (1956a.) El desarrollo económico y la inflación en México y otros países latinoamericanos. *Investigacion Economica*. 16: 603-48.

Noyola, Juan (1956b). La evolución del pensamamiento económico en el ultimo cuarto de siglo y su influencia en la América Latina. *El Trimestre Económico*. 23: 269-83.

Olivera, Julio H. (1960). La teoria no monetária de la inflación. *El Trimestre Económico*. 27: 616-28.

Olivera, Julio H. (1964). On structural inflation and Latin American structuralism. *Oxford Economic Papers*. 16: 32-32.

Olivera, Julio H. (1967). Aspectos dinâmicos de la inflación estructural. *Desarrollo Económico*. 7: 261-66.

Pinto, Aníbal (1970). Naturaleza e implicaciones de la 'heterogeneidad estructural' de la América Latina. *El Trimestre Económico*. 37: 83-100.

Pinto, Aníbal and Osvaldo Sunkel (1966). Latin American economists in the United States. *Economic Development and Cultural Change*. 15: 79-86.

Prebisch, Raul (1959). Commercial policy in the underdeveloped countries. *American Economic Review*. 49: 251-73.

Prebisch, Raul (1964). Letter to Benjamin Hopenhayn, 16 July. Prebisch Papers. CEPAL Library, Santiago.

Schumpeter, Joseph A. (1954). *History of Economic Analysis*. New York: Oxford University Press.

Seers, Dudley (1962). A theory of inflation and growth in underdeveloped countries based on the experience of Latin America. *Oxford Economic Papers*. 14: 173-95.

Seers, Dudley (1963). The limitations of the special case. *Bulletin of the Oxford University Institute of Economics and Statistics*. 25: 79-98.

Sunkel, Osvaldo (1956a). El modelo de crecimiento de Domar. *El Trimestre Económico*. 23: 201-17.

Sunkel, Osvaldo (1956b). Algunos aspectos de la acceleracion del processo inflacionario en Chile. *Boletín Económico de America Latina*. 1: 43-51.

Sunkel, Osvaldo (1957a.) Cual es la utilidad practica de la teoria del multiplicador?. *El Trimestre Económico*. 24: 251-75.

Sunkel, Osvaldo (1957b). Um esquema geral para a análise da inflação. *Econômica Brasileira*. 3: 361-77.

Sunkel, Osvaldo ([1958] 1960). Inflation in Chile: an unorthodox approach. *International Economic Papers*. 10: 107-31.

Sunkel, Osvaldo (1963). El fracaso de las politicas de estabilización en el contexto del proceso de desarrollo latinoamericano. *El Trimestre Economico* 30: 62-40.

Sunkel, Osvaldo (assisted by P. Paz) (1970). *El subdesarrollo latinoamericano y la teoria del desarrollo*. Mexico City: Siglo Veintiuno.

Sunkel, Osvaldo (1989). Institutionalism and structuralism. *CEPAL Review*. # 38: 147-55.

Sunkel, Osvaldo (ed.) (1993). *Development from within: toward a neostructuralist approach for Latin America*. Boulder (CO): Lynne Rienner.

Sunkel, Osvaldo (1999). Unpublished interview with J. Treviño. Universidad de Monterrey.

Sunkel, Osvaldo (2009). Letter to the author, 30 December.

Sunkel, Osvaldo (2016a). Letter to the author, 21 September.

Sunkel, Osvaldo (2016b). Letter to the author, 23 September.

Sunkel, Osvaldo (2016c). Letter to the author, 4 October.

Taylor, Lance (1979). *Macro models for developing countries.* New York: McGraw-Hill.

Taylor, Lance (1983). *Structuralist macroeconomics.* New York: Basic Books.

Tinbergen, Jan (1952a). *Theory of economic policy.* Amsterdam: North-Holland.

Tinbergen, Jan (1952b). De quelques problèmes posés par le concept de structure économique. *Revue D'Économie Politique.* 62: 27-46.

United Nations (1955). Inflation in Chile, 1940 to 1953. In *World Economic Report, 1953-54*, pp. 78-88. New York: United Nations.

DÉBATS

COMMENT PEUT-ON ÊTRE WALRASSIEN ? RÉPONSE À MICHEL DE VROEY

Claire Pignol[1]

La recension de Michel De Vroey m'a réjouie à double titre. Il assortit son jugement élogieux de critiques fortes qui suggèrent qu'une lecture attentive et bienveillante n'est pas nécessairement complaisante, et me permet de préciser des éléments présentés trop rapidement dans l'ouvrage. Il soulève la question essentielle des perspectives de recherche après l'échec de la pensée de l'équilibre général et le désintérêt de la plus grande partie des économistes pour les questions de haute théorie, au profit d'approches expérimentales.

Deux malentendus

La synthèse que fait Michel De Vroey de l'ouvrage est remarquablement claire. Elle est toutefois fautive sur deux points, qui ne sont pas indépendants l'un de l'autre et qui expliquent un désaccord plus profond sur l'interprétation à donner de l'économie walrassienne.

Le premier point porte sur le jugement que De Vroey m'attribue quant à l'hypothèse de *price-taking*. Parce que j'énonce que, pour qui veut déduire le comportement individuel de la rationalité individuelle, le *price-taking* est une hypothèse peu satisfaisante, il comprend que je « mène une critique en règle du *price-taking* » [p. 202]. Or c'est exactement l'inverse : ma critique ne porte pas sur le *price-taking* (dont la pertinence peut évidemment être discutée mais en aucun cas disqualifiée) mais sur la volonté de déduire le comportement individuel des seules hypothèses de rationalité. De sorte que le désaccord qu'identifie De Vroey tient à un malentendu : je conviens sans la moindre réserve que les agents ne choisissent pas le cadre (qu'il nomme technologie des échanges) dans lequel s'exerce leur rationalité, et que celle-ci est contrainte par ce cadre. Toutefois, nous sommes en désaccord sur la signification de ce cadre, sur le type d'économie dont il rend compte.

C'est sur ce point que porte le second malentendu. Parmi les difficultés de la théorie de l'équilibre général que je signale dans l'ouvrage, M. De Vroey

1. Université Paris I – PHARE
claire.pignol@univ-paris1.fr
L'auteure remercie Nathalie Berta dont les commentaires furent précieux quoiqu'elle ne partage pas les idées défendues ici.

identifie le « caractère centralisé » de cette économie, centralisation qui contrasterait avec le projet de décrire une économie décentralisée [p. 198]. Que l'économie walrassienne et néo-walrassienne soit centralisée – parce que les prix n'y sont pas déterminés au hasard de rencontres bilatérales – n'est pas incompatible avec la volonté d'expliquer le fonctionnement d'une économie décentralisée. Non seulement cela autorise des décisions prises par une multiplicité de centres de décisions qui ne sont pas les exécutants d'un plan élaboré collectivement, mais cela n'est pas non plus incompatible avec l'idée d'une coordination de ces décisions effectuée sur le marché : autrement dit, le marché walrassien est à la fois centralisé et décentralisé, et cette double caractéristique n'est pas nécessairement contradictoire.

Un désaccord

Notre désaccord essentiel porte sur Walras. Les quatrième et cinquième éditions des *Éléments d'économie politique pure* représentent, pour De Vroey, « un système économique hybride combinant propriété privée et planification » [p. 200], planification orchestrée par le personnage du secrétaire de marché[2]. Je soutiens au contraire que cette interprétation du modèle d'équilibre général, certes possible, n'est ni nécessaire – c'est-à-dire imposée par les modèles de Walras ou des néo-walrassiens – ni conforme à ce qu'expose Walras dans la quatrième édition des *Éléments*.

Quel processus ?

Pour appuyer son jugement, De Vroey raconte les modifications qu'introduit Walras dans les différentes éditions. Dans les trois premières, Walras aurait voulu avec le tâtonnement représenter l'équilibre comme le point d'arrivée d'un processus comprenant des échanges à prix faux. Après avoir vainement tenté de répondre aux objections de Bertrand et d'Edgeworth (sur la multiplicité de chemins possibles qui altèrent l'équilibre lui-même),

2. On sait que Walras ne parlait ni de secrétaire de marché ni de commissaire-priseur mais de crieur de prix. Le crieur exprime une centralisation inhérente à tout mécanisme de marché. Cette centralisation n'équivaut pas à une planification. Le crieur est un agent fictif, pas un planificateur réel. Je rejoins ici le commentaire d'Arnaud Berthoud : « L'unicité du crieur figure l'unicité de la causalité mise en œuvre dans toute machine. Ce qui est métaphorique assurément c'est l'assimilation de cette action à la personne d'un crieur en bourse. Mais ce qui est conceptuel c'est le développement de la dynamique économique sous la forme d'une théorie de l'action unique par laquelle les mouvements partiels sont coordonnés les uns aux autres [...]. La machine n'est pas une multiplicité de parties décentralisées sans être d'abord une unité et un centre où s'exerce la causalité efficiente » [Berthoud 1988, p. 82 et 86].

il se serait « résigné » [p. 200] à exclure ces échanges. À l'appui de ce récit, De Vroey convoque Jaffé et Donzelli[3] qui considèrent que l'hypothèse d'absence d'échanges hors de l'équilibre ne fut pour Walras qu'un pis-aller. Ont-ils pour autant « bien montré » qu'il ne pouvait en aller autrement ? D'autres commentateurs [par exemple Rebeyrol, 2000, 2002] soutiennent que Walras n'a pas changé de conception du processus mais exprimé plus nettement ce qui était implicitement présent dès la première édition.

La question ne porte évidemment pas sur la psychologie de Walras et l'insatisfaction que l'on doit ou non lui attribuer lorsqu'il énonce cette hypothèse, quoiqu'il le fasse avec une netteté qui devrait surprendre ceux qui y lisent un aveu d'échec : « Pour réaliser un tâtonnement rigoureux en matière de production comme en matière d'échange [...], *il n'y a qu'à supposer* les entrepreneurs représentant par des bons des quantités successives de produits déterminées » [Walras, 1988, p. 309]. Walras certes suppose dans les trois premières éditions des échanges hors équilibre dans la production[4]. Mais qu'il écrive avec tant de candeur « il n'y a qu'à supposer » devrait au moins nous faire soupçonner que cette hypothèse ne modifie pas son interprétation du modèle et de ses résultats.

Pour De Vroey, la conséquence en est que « dès cette quatrième édition, le sort (de l'équilibre général walrassien) fut scellé en faveur d'une théorie centrée exclusivement sur la question de l'existence de l'équilibre » [p. 200]. Il suit en cela Jaffé qui commente ce passage en signalant que Walras ici « évacue totalement le problème du cheminement » [Walras 1988, note 5, p. 847]. Cela ne peut tout de même pas signifier que l'analyse du processus n'importe pas pour Walras, et ne doive pas être distinguée de celle de l'existence ! Cela signifie, je suppose, que, pour De Vroey comme pour Jaffé, un processus qui exclut les échanges à prix faux ne peut prétendre à représenter le processus concurrentiel d'une économie marchande. C'est une position qu'on ne peut discuter qu'en mobilisant une épistémologie. Avant d'en arriver à cette discussion, il me faut ajouter deux éléments sur le contenu de notre désaccord.

Marché théorique et marchés réels

De Vroey conteste que la description que donne Walras des marchés bien organisés sous le rapport de la concurrence, dans les § 41 à 43 des *Éléments*,

3. Parmi les commentateurs qui partagent leur jugement, on peut mentionner Bridel et Huck [2002].

4. Dans aucune édition Walras ne suppose de tels échanges dans l'économie d'échange.

soit conforme à ce qui est supposé dans « les modèles successifs qui font la substance du livre ». Walras exposerait les § 41 à 43 de manière à « appâter le lecteur pour lui faire croire que la théorie qui sera exposée dans la suite du livre a un caractère réaliste », alors qu'il n'en est rien. Portraiturer Walras en bonimenteur de foire qui dupe son lecteur-consommateur en trichant sur la qualité de la théorie qu'il lui offre, théorie qui précisément interdit à ses agents de tels comportements, c'est évidemment drôle. Mais enfin, il faut bien prendre un peu au sérieux notre auteur et au moins s'interroger sur les raisons qui lui font affirmer avec autant d'aplomb ce qu'on suppose être un mensonge.

Que la présentation du processus des § 41 à 44 occulte la dimension d'équilibre général n'implique aucunement que la concurrence sur ce marché particulier soit d'une nature différente de celle du modèle d'équilibre général. Walras l'énonce clairement au début du § 44 : il a « pris pour exemple » la bourse des fonds publics « pour donner une première idée du phénomène de l'échange et du mécanisme de la concurrence » (p. 73-74). Rien n'indique, dans la suite de l'ouvrage, que la concurrence à l'œuvre dans le modèle d'équilibre général n'ait, pour reprendre les termes de De Vroey, « rien à voir » avec cette première idée. À quoi servirait une première idée si elle ne mettait sur la voie des idées suivantes ?

De Vroey enfin récuse mon affirmation selon laquelle les agents walrassiens sont à la fois *price-takers* – parce que munis de conjectures concurrentielles – et *price-makers* – parce qu'ils affichent eux-mêmes les prix. Cette assertion, qui résulterait d'une volonté de ma part de « rationaliser l'exemple de Walras », « ne s'applique certainement pas à la théorie de Walras exposée dans le corps des *Éléments* ». Peut-être y a-t-il là encore malentendu : que faut-il entendre par « rationaliser » ? Il me faut répéter que je ne prétends nullement que les hypothèses du tâtonnement chez Walras résultent de l'exercice d'une rationalité individuelle. Au contraire, elles s'imposent aux agents, comme l'énonce clairement le § 28 des *Éléments*[5]. Mais je prétends qu'il n'est pas nécessaire de supposer que les agents ne proposent pas les prix. Qu'ils n'aient pas d'action sur les prix ne signifie pas qu'ils ne les proposent

5. La valeur d'échange est naturelle en ce qu'elle « ne résulte ni de la volonté du vendeur, ni de la volonté de l'acheteur, ni d'un accord entre les deux. Le vendeur voudrait bien vendre plus cher ; il ne le peut parce que blé ne vaut pas plus et que, s'il ne voulait vendre à ce prix, l'acheteur trouverait à côté de lui un certain nombre de vendeurs prêts à le faire. L'acheteur ne demanderait pas mieux que d'acheter à meilleur marché ; cela lui est impossible parce que le blé ne vaut pas moins, et que s'il ne voulait acheter à ce prix, le vendeur trouverait à côté de lui un certain nombre d'acheteurs disposés à y consentir » [Walras, 1988, p. 50].

pas mais que, même en les proposant, le mouvement des prix leur échappe. Les prix sont annoncés par le crieur, m'objectera-t-on. Mais ce personnage de crieur, renommé commissaire-priseur ou secrétaire de marché dans la théorie néo-walrassienne qui le dote d'un pouvoir presque policier (il est seul à annoncer les prix, il interdit aux agents de communiquer entre eux et de pratiquer des échanges en déséquilibre) peut être tenu, sur un marché réel, par n'importe quel agent. Le rôle du crieur, lorsqu'il est effectivement tenu par un agent qui ne participe pas aux échanges, rend visible un processus concurrentiel dont l'expression théorique est le tâtonnement, et qui opère sur tous les marchés. Ce processus peut « fonctionner plus ou moins bien » et la valeur d'échange « se produire d'une manière plus ou moins rigoureuse » [Walras, 1988, § 41, p. 70]. Mais il est toujours présent, avec ou sans crieur distinct des agents.

Une discussion épistémologique

Le modèle d'équilibre général avec crieur et absence d'échange hors équilibre peut-il représenter une économie décentralisée dans laquelle des agents fixent eux-mêmes les prix et où des échanges ou de la production ont lieu en déséquilibre ? À cette question, De Vroey répond par la négative. Il juge ma présentation fautive parce qu'elle ne rend pas compte de la distance entre ce que Walras prétend faire et ce qu'il fait. On ne peut discuter cela sans une épistémologie qui explicite la relation entre le modèle théorique et la réalité dont il est supposé rendre compte. C'est ce que j'ai entrepris dans des travaux plus récents [Chottin & Pignol, 2018a et 2018b]. Nous y montrons comment le rationalisme classique de Galilée et Descartes recourt à une fiction développée par l'imagination[6]. Cette fiction, loin d'éloigner de l'explication de la réalité, en est la condition.

La « machine sans frottement » de Galilée, à laquelle Walras compare le marché « bien organisé sous le rapport de la concurrence » [§ 41, p. 71], n'est qu'une expérience de pensée, jamais observée ni réalisable dans le monde physique. Elle est pourtant à l'origine du principe d'inertie qui explique effectivement les mouvements des corps dans le monde réel[7]. À l'origine

6. Fiction qui n'est pas seulement une abstraction, *i.e.* une mise à l'écart de certaines caractéristiques observées dans le monde réel pour en faire apparaître les caractéristiques essentielles, mais une fiction imaginative, *i.e.* fondée sur des éléments qui ne sont jamais observables dans le monde réel.

7. Observons que Walras, pour qui l'économie pure ne doit pas être confirmée par l'expérience mais appliquée, porte à son comble le rationalisme. Pour Galilée en effet, la confirmation par l'expérience, tout en étant superflue, est possible. Pour Descartes, la confirmation par l'expérience est non seulement

de cette fiction se trouve une expérience réelle, celle de sphères roulant sur un plan incliné. De même en économie, le marché théorique n'est qu'une expérience de pensée qui permet à Walras d'expliquer les mouvements de prix sur les marchés réels. À l'origine de cette fiction se trouve bien l'expérience réelle de la Bourse de Paris. L'expérience réelle qu'est la Bourse diffère évidemment de l'expérience de pensée qu'est le tâtonnement. Mais elle est une occasion de penser cette fiction, et la fiction est la condition de la compréhension de toutes les expériences réelles.

On peut certes refuser l'épistémologie galiléenne et cartésienne, on peut même douter que Walras ait eu clairement conscience de ce qu'elle autorisait. Mais elle existe et permet d'articuler le marché de la Bourse décrit au début des *Éléments*, le tâtonnement du modèle théorique, et la concurrence à l'œuvre sur les marchés réels : le monde réel, c'est-à-dire la concurrence à l'œuvre sur les marchés réels, s'explique grâce à l'expérience de pensée qu'est le tâtonnement dont l'expérience réelle (la Bourse) a donné l'idée.

Qu'attendre de la théorie économique ?

Je serai brève sur le regret que formule De Vroey quant à mon silence sur les auteurs qui ont permis la diffusion de la pensée de Walras et sur une approche alternative d'équilibre général, d'inspiration marshallienne. Ce regret mériterait pourtant discussion. Est-ce un hasard s'il est exprimé par un historien de la macroéconomie, branche dans laquelle Hicks et les analyses marshalliennes jouent sans doute un rôle important ? Cela est cohérent avec la distinction qu'expose ailleurs De Vroey entre macro et microéconomie. La macroéconomie est pour lui une branche de l'équilibre général faite de modèles d'équilibre général simplifiés ou pragmatiques, traitant de questions concrètes et visant à défendre théoriquement des mesures de politique économique. La microéconomie exposerait selon lui des modèles d'équilibre général complexes visant à répondre à des questions hautement abstraites et sans portée pratique immédiate [De Vroey, 2009, p. 15].

Je ne suis pas en désaccord avec cette distinction entre micro- et macroéconomie. Il faudrait la nuancer en évoquant les microéconomistes qui s'appuient sur l'équilibre général pour identifier les situations sous-optimales, en déterminer les causes et proposer des politiques publiques visant à restaurer l'optimalité. D'autres micro-économistes de l'équilibre

---

possible mais surtout nécessaire, car la théorie, une fois bâtie, tire sa valeur de vérité de l'expérience [Chottin et Pignol 2018b].

général sont sans doute moins désireux d'établir les fondements de politiques économiques. Arrow indique qu'il « a toujours préféré la vie contemplative à la vie active » : « Je préfère la liberté de voir les choses de plusieurs points de vue, d'apprécier les ironies, et même de changer d'avis à mesure que j'apprends quelque chose de nouveau. Être politiquement actif implique de renoncer à cette liberté. Je n'ai rien contre l'activisme pour les autres. Ce n'est que par l'engagement que les changements nécessaires arrivent. Mais à chacun sa propre voie » [Arrow, 1978]. Mais il faut en dire un peu plus sur ces « questions hautement abstraites » de la microéconomie, faute de quoi l'on comprend mal l'acharnement, la minutie, la dévotion presque des auteurs qui ont élaboré l'équilibre général, qui ont consacré tant et tant d'heures de labeur à construire ce monument majestueux. Il faudrait dire alors que les questions en jeu en microéconomie ne portent pas seulement sur la possible coordination d'une économie décentralisée (existence), le caractère optimal (théorèmes du bien-être) ou réalisable (stabilité) de cette coordination. L'idée d'une coordination non intentionnelle de choix individuels autonomes est admirable non pas seulement parce qu'elle est « la contribution la plus importante de la pensée économique à la compréhension des processus sociaux [Arrow et Hahn, 1971, p. 1] mais aussi parce qu'elle offre une représentation des relations sociales respectueuse de la liberté de chacun[8]. À l'équilibre général walrassien, les agents se coordonnent en définissant seuls et indépendamment des autres les conditions de leur bonheur.

Si la théorie de l'équilibre général tenait ses promesses – c'est-à-dire ne rencontrait pas les résultats négatifs qu'elle a elle-même produits, elle pourrait conclure que notre coexistence dans une économie marquée par la division du travail n'exige ni que nous partagions une même définition du bien, ni même que nous en parlions : les prix suffisent, les agents sont dispensés de parler entre eux des motifs de leurs désirs. La société qu'ils composent trouve un ordre sans que ses membres ne dialoguent sur le fond de ce qui est en jeu, c'est-à-dire sur les désirs que chacun veut satisfaire. En cela, la théorie de l'équilibre général est le rêve d'une société extraordinairement respectueuse des individualités. Que ce rêve éclate comme une bulle de savon n'est pas très réjouissant. Je m'étonne que l'échec de l'équilibre général ne soit pas ressenti par chacun comme une déception.

8. Arnaud Berthoud l'exprime à propos de Walras dans une formule admirablement synthétique : « Le marché général est un moyen de préserver la liberté individuelle. Par là, Walras retrouve la tradition cartésienne dans laquelle la liberté de chacun est une fin dont le moyen est la nature "machine". Chez Walras, le marché général est une machine pour la liberté » [Berthoud, 1988, p. 65].

Ce sentiment de déception n'est certes pas partagé par la plupart des économistes. Sans doute l'esprit humain désertera-t-il bientôt la construction de l'équilibre général, comme a été désertée la construction scolastique autour des démonstrations de l'existence de Dieu[9]. Sans doute l'équilibre général deviendra-t-il un monument que quelques rares voyageurs étonnés et admiratifs viendront visiter en disant : « la théorie de l'équilibre économique général constitue l'une des prouesses les plus remarquables de l'intelligence humaine au cours du XXe siècle ». L'admiration de cette prouesse promise à l'oubli est certainement teintée de mélancolie. Peut-être faut-il dès maintenant, pour admirer de semblables prouesses, se tourner vers d'autres disciplines que l'économie.

9. Je remercie Arnaud Berthoud qui m'a suggéré ce rapprochement.

Bibliographie

Arrow Kenneth [1978], "A cautious case for socialism", *Dissent*, Fall.

Arrow Kenneth & Hahn Frank [1971], *General Competitive Analysis*, San Francisco: Holden Day.

Berthoud Arnaud [1988], « Économie politique et morale chez Walras », *Économies et sociétés*, série P.E., OEconomia, n° 9, p. 65-93.

Bridel Pascal & Huck Elisabeth [2002], "Yet another look at Léon Walras's theory of tâtonnement", *The European Journal of the History of Economic Thought*, 9 (4), p. 513-540.

Chottin Marion & Pignol Claire [2018a], « Fictions rationalistes et fictions empiristes en économie », *Revue d'histoire de la pensée économique*, Classiques Garnier, 1 (n° 5), p. 99-137.

Chottin Marion & Pignol Claire [2018], "'As a frictionless machine'. The market according to Walras: a fiction inherited from classical science", XV Convegno annuale STOREP, Genova, 28-30 giugno 2018.

De Vroey Michel [2009], *Keynes, Lucas, d'une macroéconomie à l'autre*, Paris : Dalloz.

Rebeyrol Antoine [1999], *La pensée économique de Walras*, Paris : Dunod.

Rebeyrol Antoine [2002], "Yet another look? A comment", *European Journal of the History of Economic Thought*, vol. 9, n° 4, p. 541-549.

Walras Léon [1988], *Éléments d'économie politique pure*, Paris : Economica.

NOTES BIBLIOGRAPHIQUES

« UNE AUTRE HISTOIRE DU SYSTÈME DE LAW » OU L'HISTOIRE D'UN AUTRE SYSTÈME ?

Jean Cartelier[1]

À propos d'un livre d'Arnaud Orain

Il est plusieurs manières d'écrire l'histoire[2]. Arnaud Orain (AO dorénavant), avec *La politique du merveilleux*, nous offre « Une autre histoire du Système de Law (1695-1795) », sous-titre par lequel il a choisi de préciser son propos[3].

Évoquer une « autre histoire » implique qu'il existerait une histoire qui ferait référence. C'est le cas pour l'auteur qui lève toute ambiguïté dans son chapitre introductif. Le genre d'histoire dont Arnaud Orain veut se démarquer est celle des économistes et cela quels que soient la diversité de leurs analyses et les enseignements qu'ils en tirent. L'unité possible de ces travaux multiples tient, aux yeux de l'auteur, à ce qu'ils mettent en avant aussi bien la pensée de John Law que les aspects techniques du Système formé par la fusion de la Banque royale et de la Compagnie d'Occident. Par contraste avec ces travaux qui s'interrogent sur la ou les théories justifiant l'entreprise de Law, sur sa faisabilité et sur les raisons de son effondrement, Arnaud Orain préfère montrer la place que cette expérience occupe dans l'ensemble de la société française à un moment critique de son évolution. Le Système de Law est pensé comme un élément significatif d'un Système social total, un « Léviathan économique », dont l'intelligibilité requiert une contextualisation large, y compris temporelle.

La riche et passionnante étude qui nous est proposée aurait pu aussi s'annoncer comme étant « Une histoire culturelle et idéologique du Système de Law », ce qu'elle est de belle façon. L'auteur en a décidé autrement. Le lecteur innocent, entendez non économiste, lira cette « Politique du merveilleux » avec bonheur et plaisir sans se douter qu'elle est aussi une pierre lancée dans un jardin. Le lecteur économiste (coupable ?) sera encombré par la pierre ainsi reçue. Il sera néanmoins reconnaissant à l'auteur de l'obliger à

1. Université Paris Nanterre, EconomiX

2. Je remercie Arnaud Orain pour ses remarques à propos d'une première version de ce texte. Il va de soi qu'il n'est pas responsable de l'usage que j'en ai fait.

3. Arnaud Orain [2018], *La politique du merveilleux. Une autre histoire du Système de Law (1695-1795)*, Paris, Fayard.

modifier son regard et de se poser autrement les questions soulevées par cette période de l'histoire. Il ne sera pas nécessairement convaincu par les thèses défendues par AO, thèses dont il ne découvrira vraiment la portée que dans la conclusion de l'ouvrage et qui lui donnent tout son sens et sa saveur.

L'introduction est explicite sur l'objectif de l'auteur. Délaissant ce qu'il appelle « l'histoire canonique du Système de Law » et sa déclinaison en trois versions, économique, politique et idéologique, l'auteur énonce sa thèse générale

> « [Ce livre] repose sur une hypothèse simple : le Système a été une entreprise de transformation totale de la société, une utopie sociale fondée sur le rêve d'un pouvoir omniscient, bienveillant et tout-puissant » [p. 14].

Il convient donc de relativiser les écrits et les actes de Law en les replaçant dans une littérature plus vaste et emblématique d'un esprit du temps : Terrasson, Pottier de la Hestroye, Pannier d'Orgeville et autres sont les héros de ce récit bien davantage que l'Écossais. Les projets de Law ne sont plus isolés comme particulièrement dignes d'intérêt ; ils trouvent une place au sein d'un échantillon nombreux de propositions variées concernant aussi bien les impôts, la finance que la politique.

De même, les réactions à ces orientations nouvelles défendues par les Modernes, doivent être analysées car elles apportent de précieux enseignements sur les idéologies qui s'affrontent au sujet de ce que doit être la société. Il ne faut donc pas s'étonner que les enjeux du Système, devenu un véritable mythe résultant du « souvenir-écran » qui le détache de la réalité historique, se font sentir jusqu'à la Révolution française (les assignats en étant l'élément le plus connu).

Le lecteur ne peut que se réjouir d'une telle entrée en matière. Un surcroît de références et de connaissances est toujours bienvenu dans l'étude d'une période dont l'interprétation est loin de faire l'unanimité, y compris parmi les auteurs relevant de « l'histoire canonique ». L'ampleur du champ conduit cependant l'auteur à choisir une voie particulière d'accès :

> « Le merveilleux [...] à l'œuvre dans les fictions littéraires, l'iconographie, les utopies sociales, les projets de réforme, les textes économiques ou théologiques, est le point d'entrée et le fil conducteur choisi pour analyser le Système » [p. 19].

Trois orientations s'offrent à la refondation de la société : la libération du commerce et des intérêts individuels, la fuite dans l'utopie située hors de la civilisation française de l'époque et l'organisation sociale autour d'un État omnipotent. Le Système résulte d'une certaine combinaison de ces éléments, ce qui fait écrire à l'auteur :

> « Autant d'éléments qui permettent de penser que même si Law était resté un obscur preneur de paris à quelques tables de jeu, une expérience proche du Système aurait pu voir le jour sous la Régence » [p. 20].

Au terme de cette introduction, le lecteur comprend que deux thèmes majeurs vont orienter la suite du livre :

(i) Les œuvres et les actions de Law ne sont pas la bonne entrée pour comprendre le Système. C'est l'ensemble des débats idéologiques qu'il convient d'étudier ainsi que l'activité littéraire et théâtrale de la période.

(ii) Par « Système de Law », on doit comprendre un projet d'organisation sociale totale dont le sens déborde le domaine monétaire et financier, voire l'économie en général. Ce projet couvre une période bien plus étendue que les années 1716-1720.

Les différents chapitres du livre offrent des variations brillantes et savantes sur ces deux thèmes.

Un premier chapitre est consacré à « la crise de conscience de la monarchie louis-quatorzième ». Les difficultés des finances royales de cette période sont connues. Elles ne sont pas nouvelles mais leur ampleur l'est. En 1715 comme dans la période antérieure, de nombreux auteurs en débattent et font des propositions pour y remédier. Les écrits et les projets de John Law en font partie et doivent être analysés dans ce contexte. La question de la rente – la constitution de rentes étant l'opération financière typique de l'Ancien Régime – est débattue et mise en scène. Elle ne l'est pas que par les économistes (Boisguilbert, par exemple) mais aussi par nombre de pamphlétaires, d'auteurs de théâtre (Lesage dans son *Turcaret*, par exemple) et de moralistes. La question fiscale, plus encore que la rente, est au cœur des débats et des affrontements idéologiques. Au travers de ceux-ci, c'est la place et la nature de l'action de l'État qui sont en jeu.

AO évoque une série de projets qu'il présente comme étant analogues à celui que Law et le Régent ont mis en œuvre. L'action et la pensée de Law perdent ainsi, semble penser l'auteur, la prééminence que « l'histoire canonique » leur accorde. Le *Projet de dîme royale* de Vauban est connu mais ceux de Denis Vairasse, Claude Gilbert et autres Tyssot de Patot ne le sont pas. L'érudition de AO est impressionnante. Le lecteur lui en est reconnaissant mais s'interroge : le fait que la période soit propice à l'élaboration de réformes et d'utopies doit-il masquer la différence radicale existant entre des écrits demeurés programmatiques et la réalisation effective d'un projet de réforme ? Cette remarque vaut d'ailleurs pour Law lui-même dans la mesure où le dispositif du Système ne se trouve nulle part dans son œuvre théorique (qui est centrée sur la monnaie et non sur la fiscalité).

Le deuxième chapitre évoque les colonies – la Louisiane notamment – et la propagande « merveilleuse » faite par de nombreux auteurs dont certains forment le réseau des Modernes. Elle aurait joué un rôle essentiel dans le Système :

> « Finalement, l'expérience dite de Law a été une entreprise collective, et c'est la fiction produite dans l'instant, pour en faire la publicité, qui permet d'en dévoiler tous les ressorts et tous les sens possibles » [p. 80-81].

L'évocation de cet aspect du Système est particulièrement intéressante et réjouissante. Ce que nous révèle AO est un aspect très négligé par « l'histoire canonique », à savoir le rôle de la « communication » et de la « publicité » dans la mise en place de la réforme de Law. Les mirages de l'or et de la liberté des mœurs se combinent au mythe du crédit. Des penseurs comme Fontenelle, des publicistes comme Terrasson ou Buchet ou des « fantaisistes » (AO dixit) comme le réseau Le Maire-Bobé-Delisle contribuent chacun à leur façon à convaincre ou enflammer les esprits.

L'économiste – doit-il s'en excuser ? – ne peut cependant que noter que les perspectives de gains que la Compagnie pouvait tirer des colonies comptaient pour fort peu (autour de 10 % de ses rentrées selon les évaluations de Harsin, Faure ou Velde), l'essentiel venant de ressources régaliennes : intérêts sur le prêt consenti à l'État en substitution de dette et des divers monopoles fiscaux qui lui avaient été accordés.

Refonder la monarchie française, titre du troisième chapitre, tel serait le propos du Système de Law. Dans la mesure où les propositions et les actions de John Law revenaient à bouleverser l'ensemble des finances publiques et la circulation monétaire, AO a certainement raison d'y voir une refondation de la monarchie. C'est aussi une façon heureuse d'élargir le débat en montrant que les enjeux ne sont pas seulement économiques mais concernent bien la nature de la monarchie et de la société. L'affrontement entre les bénéficiaires de l'organisation traditionnelle des finances publiques – bien représentés notamment au Parlement de Paris – et les défenseurs du Système est bien documenté même si la place exacte qu'il doit occuper dans la narration de la période peut être discutée.

Mais c'est d'autre chose que semble vouloir nous convaincre l'auteur. S'il est bien vrai que l'on cherche à « détruire l'ancienne fiscalité », « supprimer les rentes », s'agit-il vraiment, comme il le dit, de mettre fin à « toute forme d'imposition » (la Compagnie ne percevait-elle pas les impôts à la place des anciens « fermiers » ?) et à la dette publique (l'État n'était-il pas endetté auprès de la Compagnie pour 1,6 milliard ?) ? Ou encore, comme l'écrit l'auteur :

> « À la confluence des utopies et des projets d'étatisation du commerce proposés depuis la fin du XVIIe siècle, le Système est une entité unique, toute-puissante, omnisciente et bienveillante, qui fusionne avec l'État central, voire se substitue à lui, et dont le but est d'organiser entièrement la création et la distribution des richesses » [p. 124].

Rappelons quand même qu'à cette période la plus grande partie de la richesse est d'origine agricole, que l'économie française n'est pas encore totalement monétarisée et que l'activité industrielle et commerciale, bien qu'étroitement réglementée, est menée de façon privée. Le Système, tel qu'il a effectivement fonctionné, a peu affecté ces traits fondamentaux même s'il a été à l'origine d'un esprit nouveau et s'il a délibérément été favorable aux débiteurs.

Sous le nom de « Système de Law » – historiquement circonscrit – AO désigne autre chose qui est peut-être le Système social dont rêvaient certains. Que Terrasson ou d'autres aient souhaité l'avènement d'une société organisée de façon hobbesienne est possible, faisons confiance à l'auteur sur ce point, mais que les mesures effectivement prises entre 1716 et 1721 portent la marque d'une « utopie totalisante » est une thèse qui résiste mal à l'histoire, canonique ou pas. Qu'il y ait eu de fortes réactions des milieux d'affaires et de certains penseurs contre l'emprise jugée excessive de l'État (monopoles, réglementations diverses) est certain. Mais cela n'est ni nouveau ni propre à la période 1716-1720. L'émergence progressive d'un discours économique autonome relève de la longue période, celle étudiée par AO (1695-1795), Boisguilbert avant le « Système » et Gournay après, pour évoquer deux noms célèbres. Cela ne suffit pas à faire des tentatives de réforme menées par Law et le Régent une « utopie totalisante ». Il faut attendre Quesnay et le Tableau économique pour avoir une représentation totalisante et passablement utopique.

Pour AO, il s'agit donc bien d'autre chose que du « Système de Law ». L'auteur nous livre une interprétation générale d'un courant de pensée ayant des expressions multiples et qui, de 1695 à 1795, aurait porté une volonté de refondation de la monarchie. La compétence nous manque pour apprécier le bien-fondé de cette thèse générale mais elle semble digne d'intérêt et innovante. Mais elle porte sur autre chose que le Système de Law proprement dit. Davantage qu'une « autre histoire du Système de Law » il pourrait s'agir de « l'histoire d'un autre Système » que celui de l'Écossais.

Le chapitre 4 est consacré à la « merveilleuse propagande » dont certains éléments avaient été évoqués au chapitre 2. Il est d'une grande richesse et le lecteur ne peut manquer d'être frappé par les thèmes qui ont été mobilisés par les propagandistes du Système. On parlerait sans doute aujourd'hui d'« enfumage » à propos de ce qui s'écrit sur la Louisiane. Plus significatifs encore sont les fantasmes sur les secrets de la transmutation des métaux ou sur le crédit. Mais quel rapport précis cela entretient-il avec ce qu'ont effectivement été la Banque royale et la Compagnie d'Occident ? L'auteur admet que le fait de savoir si Law partageait ou non ce genre d'informations « importe peu ». Il poursuit, de façon plus étonnante pour quiconque s'est penché sur le fonctionnement quotidien du Système (tel que relaté par Du Tot dans le manuscrit de Poitiers, par exemple) :

> « ce qui importe est de remarquer que les références au secret et l'allégorie d'Houdar de La Motte sont d'une grande justesse : le développement du commerce et du papier-monnaie possède bel et bien une origine intellectuelle "chimique" » [p. 197].

Tout lecteur de Law s'étant débattu avec les arguments rationnels (ce qui n'exclut pas la mauvaise foi dans certains cas) que l'Écossais met en avant serait dubitatif s'il n'avait pas été averti auparavant que ces auteurs

> « donnent leur propre coloration au Système, en font parfois autre chose que ce que Law ou le Régent ont en tête » [p. 174].

De nouveau, le lecteur s'interroge : s'agit-il encore du Système de Law ? L'auteur s'en justifie à la fin du chapitre. L'écart entre l'imaginaire sous toutes ses formes merveilleuses et la réalité des dispositifs mis en place par Law ne serait pas à invoquer contre la thèse de AO. Les principaux idéologues qui soutiennent l'entreprise de Law ne sont ni des illuminés ni des imbéciles. Ce que les Modernes offrent aux contemporains, ce que AO appelle le Système,

> « n'est ni plus faux, plausible ou réel que la soi-disant réalité. [Ils] expliquent que si les sujets se comportent selon les nouvelles croyances et les bons modèles, alors ils modifieront cette réalité » [p. 222].

Les « contre-attaques » que les Modernes ont suscitées sont le thème du chapitre 5. Le lecteur économiste est ici en terrain peu connu et il est reconnaissant à l'auteur de lui rappeler combien en ce XVIIIe siècle les arguments moraux et religieux sont présents, en dépit ou à cause de l'émancipation du discours économique qui est en train de se produire. La discussion à propos des actions rentières est à cet égard pleine d'enseignements et montre que la prise en considération de détails « techniques » est éclairante. La persistance de l'influence janséniste est remarquable ainsi que le développement d'un discours sur la liberté économique. Il s'agit souvent d'une critique du monopole étatique sur certaines activités. Ces thèses sont promises à un développement ultérieur mais il est intéressant d'en voir l'émergence contre le Système. Là encore, l'auteur voit large et grand, bien au-delà du Système de Law proprement dit. Le lecteur s'en réjouit tout en se méfiant de la confusion possible entre les débats portant sur les institutions mises en place par Law et le Régent (1716-1720) et les amples controverses qui ont caractérisé l'ensemble de la période (1695-1795).

« L'heure des comptes » a sonné en 1720. C'est le sujet du chapitre 6. Il ne s'agit pas des comptes de la Compagnie – on sait qu'il y a beaucoup à dire sur ce point – que l'auteur n'évoque pas mais plutôt de « l'heure du conte » (p. 284). AO nous propose une analyse de la façon dont le Système de Law est devenu un mythe. Que le Système ait échoué a davantage contribué à en faire un mythe que s'il avait réussi. Mais, adversaires comme partisans recourent au conte pour maintenir son image dans les mémoires. Comme souvent, sont inextricablement mêlées les considérations morales, politiques et économiques. Au-delà de la complexité et de la richesse des débats bien mises en évidence par l'auteur, on voit se profiler la grande et lancinante question : doit-on favoriser les créanciers ou les débiteurs ? La morale n'est pas favorable au débiteur et la conservation des intérêts acquis passe par la défense des créanciers (aujourd'hui comme hier, serait-on tenté de dire). Les économistes conservateurs prêchent simultanément la stabilité politique et celle des prix. Schumpeter acceptera plus tard sans problème que le crédit viole les droits de propriété établis à l'équilibre car c'est la condition du développement tandis que Keynes ne verse aucune larme sur « l'euthanasie du rentier ». AO nous propose ici une description réjouissante et bien informée de l'état de la question en France au XVIIIe siècle.

La conclusion de l'ouvrage n'est pas un résumé des chapitres précédents. L'auteur y prolonge fort heureusement sa réflexion et donne au lecteur un supplément de grain à moudre.

> « Depuis trois cents ans, l'expérience dite de Law est devenue un produit culturel. Comment pouvait-il en être autrement puisque le pouvoir lui-même en avait fait un conte merveilleux ? » [p. 323].

Il semble difficile d'être en désaccord avec cette constatation, si le « Système de Law » est abordé comme un mythe. L'ouvrage de AO apparaît dès lors comme ne traitant pas de ce qui s'est passé entre 1716 et 1720 mais bien plutôt de ce qui, dans l'ensemble de la vie intellectuelle et culturelle entre 1695 et 1795, a produit le mythe connu sous le nom de « Système de Law ».

L'auteur note justement la réussite des adversaires de Law qui sont parvenus à ériger le souvenir-écran « 1720 » en trauma européen. L'inflation et la ruine des créanciers, liée dans cette représentation à la spéculation sur les actions de la Compagnie, sont cependant des spectres dont la présence varie au cours de l'histoire. Parfois au gré des rapports de force entre créanciers et débiteurs.

Il suggère également que

> « tous [les chercheurs] – sans exception – sont restés prisonniers du mythe, celui de l'événement financier tout droit sorti du cerveau de "John Law" » [p. 325].

Le lecteur familier de « l'histoire canonique » ne trouvera pas son compte dans une telle affirmation. Pour se limiter à deux exemples fort différents, ni Edgar Faure ni François Velde ne peuvent être considérés comme des victimes de ce mythe. Aucun des deux ne propose une analyse circonstanciée de la pensée et des écrits de John Law et les deux font un travail reposant sur la documentation et les archives de l'époque, comme le font habituellement les historiens à propos de tous les sujets qu'ils étudient. Qu'il s'agisse de travaux spécialisés n'en fait pas des expressions d'un mythe !

AO se déclare en faveur d'une « histoire collective » – entendons ne privilégiant pas indûment les grandes figures aux dépens de l'ensemble des acteurs et des forces qui les meuvent. Cela justifie que la figure de John Law et son action particulière soient replacées dans un contexte culturel et idéologique plus large. Il n'y a rien à objecter à cela. La variation au cours du temps des tendances historiographiques dominantes relativise beaucoup la pertinence des prises de position en ce domaine. Mais que penser de l'affirmation selon laquelle, à propos de cette période de la Régence et de la Banque royale et de sa fusion avec la Compagnie d'Occident connue sous le nom de « Système de Law », qu'il vaut mieux

> « considérer les questions financières et monétaires comme assez négligeables dans cette affaire » [p. 325] ?

L'intention provocatrice est évidente – on retrouve ici la cible que représente « l'histoire canonique » aux yeux de l'auteur – mais pour plaisante que soit cette polémique elle n'en est pas moins vaine (AO dément lui-même le bien-fondé de cette attitude par ses intéressants développements à la question des actions rentières !). S'il est parfaitement justifié de regretter l'étroitesse des divers points de vue des historiens spécialisés, il est évidemment absurde de vouloir négliger les aspects monétaires et financiers de l'affrontement entre différents groupes sociaux après la mort de Louis XIV ! Ce qui a assuré pour encore plus de cinquante ans la conservation d'une société de privilèges, d'une fiscalité injuste et mal supportée et d'une activité économique limitée par un système monétaire inefficace n'est ni la faillite des éditeurs ni celle des théâtres mais bien celle du Système mis en place entre 1716 et 1720 par Law et le Régent, contre la volonté du Parlement de Paris et des partisans et bénéficiaires de la finance d'Ancien Régime.

Autant l'ouvrage de AO est bienvenu par la richesse et la diversité des éclairages qu'il propose au lecteur, autant on peut regretter l'ostracisme dont il témoigne vis-à-vis de travaux spécialisés dont il est toujours dangereux d'ignorer les apports. En transposant la méthode suivie par AO, pourquoi ne pas faire « une autre histoire de l'impressionnisme » qui ne s'encombrerait pas d'une analyse fastidieuse des tableaux ni de considérations techniques sur la manière de peindre ? ou « une autre histoire de la Grande Dépression » qui laisserait de côté les aspects économiques et financiers auxquels s'attachent trop d'esprits étroits ?

Au nom d'une attitude postmoderne, AO revendique pleinement la pertinence non seulement d'une contextualisation extensive du sujet annoncé – le « Système de Law » – mais aussi de laisser de côté ses aspects techniques les plus spécifiques – les détails de la mise en œuvre de la réforme monétaire et financière. Plus significative serait l'analyse du mouvement politique, social et culturel au sein duquel Law et le Régent agissent. En ce sens, l'ouvrage d'AO pourrait être un manifeste pour un changement radical dans la façon dont les économistes et les historiens économistes envisagent leurs recherches.

L'ouvrage de AO est parfaitement réussi compte tenu de son objectif assumé par l'auteur. La discussion critique qui vient d'en être esquissée en souligne simplement les limites. Celle qui apparaît la plus fondamentale est que, poussée à sa logique ultime, toute histoire d'une quelconque sous-période ou d'un quelconque aspect partiel de la période 1697-1795 pourrait se limiter à un seul et même livre qui serait l'histoire culturelle, idéologique et sociale de la période. Pourquoi, en effet, après avoir servi à interpréter « autrement » le Système de Law, le même livre ne pourrait-il pas éclairer « autrement » la « guerre des farines » de 1775 qui se déroule aussi au sein de la même période ? Le contexte l'emporterait sur ce dont il est le contexte au point de le faire disparaître !

Faut-il prendre parti dans un débat dont les universitaires sont friands (et qui a des enjeux autres qu'intellectuels au sein de la profession) ? L'auteur de ce compte rendu en doute fortement. Autant les discussions à propos de questions précises et clairement posées sont nécessaires et enrichissantes, autant les affrontements purement méthodologiques se révèlent décevants. La coexistence des études spécialisées, plus ou moins étroites, avec des interprétations, plus ou moins générales, est nécessaire à la compréhension de l'histoire. Le point sensible est notre capacité à établir des liens précis entre le contexte général et les traits particuliers des événements que le contexte est censé décrypter. Pour qu'une telle capacité s'affirme encore faut-il que les positions de principe ne fassent pas obstacle au dialogue.

LEMERCIER DE LA RIVIÈRE : UNE THÉORIE POLITIQUE DE L'ORDRE ÉCONOMIQUE ?

Thierry Demals[1]

Compte rendu de l'édition de l'ouvrage de Lemercier de la Rivière, *L'ordre naturel et essentiel des sociétés politiques. Œuvre doctrinale*, publié et présenté par Bernard Herencia avec la contribution de Béatrice Perez. Genève : Slatkine, 2017, ISBN 978-2-05-102800-4.

On ne saurait que trop féliciter Bernard Herencia pour cette nouvelle édition de *L'Ordre naturel et essentiel des sociétés politiques* de Paul Pierre Lemercier de la Rivière (nous suivons ici l'écriture adoptée par l'auteur). Il faut d'abord le féliciter pour cette entreprise de longue haleine dédiée à l'édition des œuvres de l'intendant physiocrate commencée en 2011. C'est en effet le cinquième volume de ses œuvres qu'il fait paraître aux Éditions Slatkine. Il faut ensuite le féliciter pour avoir offert au public une édition scientifique annotée et augmentée d'un index et des préfaces des premiers éditeurs auxquels il rend hommage : Juan del Castillo y Carroz, Eugène Daire, Francesco Ferrara, Edgar Depitre et plus récemment Francine Markovits. On peut dire, d'une certaine manière, qu'Herencia s'inscrit dans cette longue tradition de réédition d'auteurs anciens : Daire avait inséré l'ouvrage de Lemercier de la Rivière dans la célèbre « Collection des principaux économistes » publiée par les Éditions Guillaumin, Depitre en avait fait un volume de la « Collection des économistes et réformateurs sociaux de la France » aux Éditions Geuthner (composée surtout d'auteurs du XVIIIe siècle) et Markovits l'avait intégré dans l'imposant « Corpus des œuvres de philosophie en langue française » aux Éditions Fayard. Herencia l'abrite désormais dans une nouvelle collection qu'il dirige, « Naissance de l'économie politique », dont les onze premiers volumes sont presque exclusivement consacrés à des auteurs économiques français du XVIIIe siècle. Il faut enfin féliciter l'auteur d'avoir approfondi notre connaissance du physiocrate grâce à des documents déposés aux Archives de Moscou.

Les premiers éditeurs et préfaciers ont, semble-t-il, exercé une influence certaine sur la présentation d'Herencia. Ce qu'ils ont retenu de l'ouvrage de Lemercier de la Rivière, c'est d'abord et avant tout la notion de despotisme légal et la question primordiale qu'ils se sont consécutivement posée est

1. Université de Lille, CNRS, UMR 8019-CLERSÉ-59000 Lille, France
thierry.demals@univ-lille.fr

celle de la paternité de cette notion : à qui l'attribuer, François Quesnay ou Lemercier de la Rivière ? Une seconde question affleure dans ces préfaces, celle de l'intérêt de l'ouvrage quant à ses parties politiques et économiques : sont-elles de même qualité ou de même valeur ?

Il semble rétrospectivement que la préface de Daire [1846] et la lecture qu'il a proposée de Lemercier de la Rivière ait profondément marqué les esprits. Celui-ci dresse un portrait en demi-teinte du physiocrate. Il le présente certes comme un « traducteur fidèle » de la pensée de Quesnay, mais aussi comme un « vulgarisateur » ou un « commentateur » qui a desservi la doctrine physiocratique plutôt qu'il ne l'a servie [*apud* Herencia, 50, 58 et 59]. Il déclare *ex cathedra* que les vingt-six premiers chapitres de l'ouvrage ne sont qu'un « assemblage confus de dissertations tenant tout à la fois à l'ordre moral, à la politique et aux intérêts matériels de la société » [Daire, in Herencia, 55] et que seuls les seize derniers chapitres concernant la matière économique ont un intérêt dans la mesure où ils approfondissent le système de Quesnay. Ce sont subséquemment ces seize chapitres qu'il reproduit dans son édition expurgée. Où est alors la difficulté avec Lemercier de la Rivière ? Pour Daire, l'erreur du physiocrate est sans aucun doute d'avoir voulu asseoir le système de Quesnay sur une théorie politique ou constitutionnelle qui dépassait le cadre de l'économie, celle du despotisme légal, théorie qui fut certes mal comprise en son temps, mais qui reposait sur l'idée fautive que la raison l'emporte nécessairement sur les passions. Son erreur, écrit Daire, c'est d'avoir cédé à « une consciencieuse apologie du pouvoir absolu » [Daire, in Herencia, 57] sans véritablement convaincre de la supériorité de ce pouvoir absolu sur les constitutions mixtes. En effet, pourquoi ce pouvoir n'aurait-il pas lui aussi besoin de contrepoids ? Le fait curieux est que Daire consacre presque exclusivement sa préface à commenter la partie politique de l'ouvrage qu'il a déconsidérée et n'a pas jugée digne de réédition alors qu'il est peu prolixe sur la partie économique qu'il a pourtant jugée plus intéressante. En fait, il remplace cette partie politique défectueuse à ses yeux par un résumé qu'il pense être l'essentiel de la politique physiocratique dénaturée par Lemercier de la Rivière avec sa notion de despotisme légal. Son résumé, écrit-il, est inspiré de l'ouvrage de Pierre Samuel Du Pont, *De l'Origine et des progrès d'une science nouvelle* [1768], ou de l'article « Droit naturel » de Quesnay [1re éd., 1765 ; 2e éd. in *Physiocratie, ou constitution naturelle du gouvernement le plus avantageux au genre humain*, 1768], qu'il trouve bien meilleurs [Daire, in Herencia, 60 n. 34 et 63 n. 38].

Cette présentation de Lemercier comme chantre du pouvoir monarchique absolu est reprise par Francesco Ferrara [1850] qui, suivant le sillon tracé par Daire, trouve également l'ouvrage confus [Ferrara, in Herencia, 68] et inférieur à celui de Anne Robert Jacques Turgot [*Réflexions sur la formation et la distribution des richesses*, 1766] qui paraît à peu près à la même période ou même sur le plan philosophique à celui de Du Pont (cité *supra* et ajouté dans la présente édition de *L'Ordre naturel et essentiel*). En bref, on peut se passer de lire les vingt-six premiers chapitres. Ferrara concentre également son commentaire sur la notion de despotisme légal, mais il situe l'intendant dans la droite ligne de Quesnay sur le plan politique, pointant chez le docteur une même « prédilection particulière... pour le pouvoir absolu » [Ferrara, in Herencia, 69].

La préface d'Edgar Depitre [1910] est en revanche plus clémente envers Lemercier de la Rivière. Celui-ci présente le physiocrate comme un exposant clair et fidèle de la pensée de Quesnay, y compris sur le plan de la politique théorique, puisque la notion de despotisme légal, écrit-il, est déjà présente chez le docteur [Depitre, in Herencia, 75 n. 65], mais surtout il voit dans cette notion, non pas un repoussoir qui discréditerait la physiocratie, mais une critique du relativisme politique de Montesquieu. La notion n'est donc pas plus condamnable que celle de despotisme de la nature ou de l'évidence, elle révèle au contraire un projet politique tout à fait cohérent avec le reste du système de Quesnay. Cependant, le véritable intérêt de l'ouvrage de Lemercier de la Rivière est à rechercher, non pas dans sa créativité ou sa capacité d'innovation – c'est une « œuvre d'*originalité seconde*, écrit Depitre [in Herencia, 75] –, mais dans la synthèse qu'il propose du système de Quesnay.

Il semble qu'Herencia poursuive cette enquête menée par Daire et les préfaciers successifs ou, tout au moins, qu'il en reprend le questionnement : (i) Lemercier de la Rivière est-il un simple vulgarisateur du système de Quesnay dont l'apport se limite à la notion de despotisme légal ? (ii) la paternité de la notion de despotisme légal revient-elle à Lemercier de la Rivière ou à Quesnay ? (iii) Lemercier de la Rivière est-il un théoricien de la politique et du primat de la politique ou un théoricien de l'ordre économique ?

L'origine de cette ligne d'enquête remonte probablement à la notice « Sur les économistes » rédigée par Du Pont, précédant l'« Éloge de M. de Gournay » réédité dans les *Œuvres de Mr. Turgot*[2]. Daire l'a lue et même la réédite dans les *Œuvres de Turgot* qu'il publie aux Éditions Guillaumin[3],

2. Paris, Imprimerie de Delance, vol. 3, 1808, pp. 309-320.

3. Paris, vol. 1, 1844, pp. 258-261.

Ferrara la commente et Depitre la cite. Comme l'auteur le note à juste titre [Herencia, 20], Du Pont n'a jamais été un adepte de l'expression « despotisme légal » – pas plus d'ailleurs que Nicolas Baudeau qui semble lui préférer celle de « monarchie économique » dans son ouvrage, *Première introduction à la philosophie économique* [1771]. La notice n'a manifestement pas d'autre objet que de rappeler que la physiocratie est non seulement l'une des origines de la science nouvelle de l'économie politique, mais encore qu'elle est tout à fait d'actualité en ce début du XIXe siècle, malgré un contexte politique qui n'est plus celui de la monarchie absolue de l'Ancien Régime qui l'avait fait éclore. Mais la démonstration de cette actualité passe par le rejet de la doctrine du despotisme légal. Le stratagème de Du Pont consiste alors à faire apparaître une déviation au sein de l'école, non pas sur la question économique, mais sur celle politique. De là, l'arborescence qu'il propose : (i) il rapproche l'école de Gournay de celle de Quesnay, chacune œuvrant de son côté à la fondation de la science nouvelle de l'économie politique ; (ii) il subdivise l'école de Quesnay en une branche majoritaire récusant le despotisme légal et une « branche particulière » comprenant Lemercier de la Rivière et Baudeau qui a « un peu trop accordé au pouvoir absolu »[4], (iii) il fait apparaître un groupe de « philosophes éclectiques » amalgamant Turgot, Condillac, Smith, Say, Sismondi et quelques autres.

Ce que Daire retient de ce schéma et ce qu'il propage, c'est l'idée d'une branche déviante de la physiocratie cherchant à promouvoir la politique du laissez-faire dans le cadre constitutionnel du despotisme légal. Ce que retient Ferrara, c'est que, sur le plan de la théorie économique, la divergence se situe, non pas entre Quesnay et Turgot, mais entre Quesnay et Gournay. En revanche, la divergence entre Quesnay – *a fortiori* entre Lemercier de la Rivière – et Turgot lui paraît patente sur le plan de la théorie politique, ce pourquoi Du Pont lui semble avoir raison de ranger le contrôleur général parmi les écrivains non physiocratiques qui constituent le groupe des éclectiques.

Comme ses devanciers, Herencia concentre sa présentation sur le sujet épineux du despotisme légal. Aussi se pose-t-il, par exemple, la question – sur laquelle il fournit de nombreux détails – de savoir si dans l'élaboration de la notion de despotisme légal l'intendant est redevable à Quesnay ou au contraire si cette notion est une répétition de la notion de despotisme légitime que le docteur forge à la même époque. L'intérêt de l'ouvrage de Lemercier de la Rivière, souligne-t-il également, c'est d'être une exposition

---

4. *Œuvres de Mr. Turgot*, vol. 3, p. 315.

synthétique du système de Quesnay en même temps qu'un véritable essai de science politique fournissant l'« architecture politique nécessaire à une gouvernementalité physiocratique » [Herencia, 17], à la différence de Quesnay qui dissémine sa pensée politique dans de nombreux articles. Mais il reconnaît qu'en cette matière de politique constitutionnelle – même s'il pense qu'il existe une différence de fond entre la notion de despotisme légal et celle de despotisme légitime proposée par Quesnay –, l'antériorité de Quesnay est manifeste, puisque les linéaments de la notion d'autorité tutélaire unique peuvent se lire dès les notes manuscrites au *Traité de la monarchie* de Mirabeau [1757-59][5].

Subséquemment, Herencia consacre peu de commentaires à la partie économique de l'ouvrage. Certes l'intendant est peu prolixe – une référence dans *L'intérêt général de l'État ou la liberté du commerce des blés*[6] – sur le Tableau économique qu'il n'analyse ni n'approfondit. Pour autant, ne s'est-il pas penché sur la notion de la copropriété des produits nets ou celle de confédération générale des nations commerçantes.

Faut-il alors considérer *L'Ordre naturel* comme un ouvrage primordialement de théorie politique plutôt que de théorie économique ? Herencia s'attache tout d'abord à montrer que l'ouvrage est plus équilibré qu'on ne le croit, si toutefois on le décompose en deux parties – la « théorie politique de l'ordre » (chap. 1 à 26) et la « théorie économique de l'ordre » (chap. 27 à 43) –, au lieu des trois parties agencées par l'intendant – la première sur la théorie de l'ordre (chap. 1 à 9) et les deux suivantes sur la mise en pratique de l'ordre (chap. 10 à 25 et 25 à 43). L'ouvrage est mieux équilibré, mais son architecture n'est pas vraiment explicitée : « l'ordre (politique puis économique) s'impose par la démarche physiocratique même » [Herencia, 18], les deux domaines de la politique et de l'économie sont imbriqués, ou encore cela correspond au « triptyque intellectuel » de la pensée physiocratique aux « multiples articulations » : ordre naturel/ordre politique/ordre économique [Herencia, 19]. Divisé en deux parties, l'une politique et l'autre économique, le plan de Lemercier de la Rivière lui paraît plus logique, puisqu'il propose de traiter d'abord de l'ordre politique et institutionnel nécessaire à la bonne économie et ensuite de l'ordre économique qui n'est que second. Un argument semblable était utilisé par Daire [in Herencia, 56-7] pour justifier son propre

5. Paris, L'Harmattan, 1999, pp. 24 et 40.

6. Amsterdam et Paris, Dessaint, 1770, p. 391. L'ouvrage a été réédité en 2013 par Herencia dans la collection qu'il dirige aux Éditions Slatkine et inséré dans le second volume des œuvres du physiocrate intitulé *La liberté du commerce. Œuvres économiques (1765 et 1770)*. La référence au Tableau économique est à la page 224.

résumé remplaçant la première partie politique de l'ouvrage de Lemercier de la Rivière qu'il considérait comme défectueuse : une réflexion préliminaire sur le droit naturel, la morale et la politique est nécessaire, écrivait-il, avant d'exposer la science de l'économie politique.

Finalement, le découpage de l'ouvrage en deux parties proposé par Herencia permet de réfléchir au statut qu'il faut accorder à chacune de celles-ci. Il pose plusieurs questions de fond : par exemple, si l'on admet que la partie économique, ou « théorie économique de l'ordre », est nécessairement « seconde » [Herencia, 18] dans l'ouvrage relativement à la « théorie politique de l'ordre », comment expliquer que cette dernière se présente dès le premier chapitre comme la résolution d'un problème économique, celui de la subsistance d'une population croissante et de la nécessité de l'abondance des productions ? Ensuite, l'ouvrage de Lemercier de la Rivière est-il la seule synthèse politique possible du système physiocratique et que penser alors des réflexions politiques des autres protagonistes, celles de du Pont sous la dictée de Turgot ou de Le Trosne sur les assemblées provinciales ?

DANS LES PAS D'ADAM SMITH DANS LE SUD DE LA FRANCE

Benoît Walraevens[1]

À propos de : Alain Alcouffe et Philippe Massot-Bordenave, *Adam Smith à Toulouse et en Occitanie*. Toulouse : Privat, 2018, 440 p.

La vie si discrète de celui que l'on peut qualifier de plus célèbre économiste de l'histoire, Adam Smith, semble faire l'objet d'un intérêt particulier ces dernières années, comme en témoignent la seconde édition de la biographie de Ross [2010], l'excellente biographie intellectuelle de Phillipson [2010], ou plus près de nous celle de Rasmussen sur Hume et Smith [2017] ainsi que l'ouvrage de Norman [2018], qui contient une longue partie sur la vie de Smith. Mais s'il reste un pan de la vie de l'Écossais qui a été peu étudié, et reste dès lors méconnu, c'est bien celui de son voyage sur le continent comme tuteur du duc de Buccleuch, et en particulier le long séjour que ceux-ci firent dans le Sud de la France, à Toulouse et en Occitanie. On ne trouve guère dans les biographies précitées que quelques lignes sur ce séjour, la partie du voyage consacrée à Paris faisant elle, au contraire, l'objet de toutes les attentions en raison de la rencontre entre Smith et les philosophes et économistes français[2]. Cet ouvrage intitulé sobrement *Adam Smith à Toulouse et en Occitanie* présente donc une véritable valeur ajoutée, *a minima* d'un point de vue biographique, en ce qu'il tente de reconstituer les différentes pérégrinations d'Adam Smith et de son élève dans le Sud de la France, et d'imaginer ce qu'ils ont pu voir et retenir de ce long séjour. Il est issu de la thèse en histoire de Philippe Massot-Bordenave, sous la direction d'Alain Alcouffe, et ici remaniée. La difficulté d'un tel projet, et l'ambition qui en découle, sont soulignées à juste titre par ce dernier dans le prologue de l'ouvrage. Ni Smith ni son élève n'ayant tenu de carnet de voyage, et sachant qu'en outre le philosophe écossais a fait brûler tous ses papiers à sa mort, la tâche s'annonçait ardue[3]. C'est donc principalement de manière indirecte, par le biais des témoignages des personnes ayant rencontré ou croisé Smith, ainsi que des éléments présents dans ses œuvres, que Philippe

1. Normandie Univ - Unicaen - CREM, UMR 6211, Caen, France.
benoit.walraevens@unicaen.fr

2. On peut reprocher justement aux auteurs un manque de confrontation directe avec la littérature secondaire, qui aurait mis en valeur leur apport.

3. Sans parler du fait que Smith n'était pas un correspondant très zélé.

Massot-Bordenave a pu reconstituer l'itinéraire de Smith, du duc, et de leurs accompagnateurs. Dans cette recherche, comme le souligne bien Alain Alcouffe, la frontière entre histoire et fiction est parfois ténue. Pour reprendre de manière détournée une expression chère à Dugald Stewart, premier biographe de Smith et le seul à l'avoir connu, nous pouvons dire que nous avons à faire ici à une forme d'« histoire conjecturale » du séjour de Smith dans le Sud de la France, tant la spéculation doit venir combler à de nombreuses reprises l'absence de faits, ce qui n'enlève rien à l'intérêt de l'ouvrage.

Celui-ci est constitué de cinq chapitres, dont le premier est intitulé « Deux visiteurs écossais », titre qui ne rend pas vraiment compte de l'ensemble du chapitre (et ce n'est pas le seul, comme nous le verrons). Ce chapitre s'intéresse à la vie de Smith avant son voyage sur le continent, de sa formation à ses premières expériences d'enseignement pour ensuite tenter d'expliquer l'origine et les préparatifs du voyage. Les auteurs rappellent l'intérêt de jeunesse de Smith pour la culture française [p. 44], mais aussi avant lui de son père [p. 24], et affirment que Smith aurait traduit les célèbres *Maximes* de La Rochefoucauld [p. 30], sans néanmoins apporter de véritable preuve[4]. De même un peu plus loin il est soutenu que les enseignements de Smith n'auraient pas été très appréciés de ses contemporains, ce qui est loin d'être évident même lorsque l'on regarde de près la source qui est donnée, la notice nécrologique de Smith dans le *Times* à l'époque[5]. Toujours est-il qu'afin d'expliquer l'origine du voyage de Smith sur le continent, ils rappellent que Hume avait envoyé la *Théorie des Sentiments Moraux*[6] à Charles Townshend, certainement avec une idée en tête, sachant que Hume était au courant que Townshend cherchait un tuteur pour son fils [p. 51]. Ce dernier, membre de la Select Society, joua un rôle clé dans ce voyage, qui allait avoir une grande importance pour le duc comme pour Smith, mais aussi plus généralement, soutiennent nos auteurs, dans l'intérêt de Smith pour l'économie politique [p. 64]. Townshend est en effet un homme politique au cœur du pouvoir, très intéressé par les questions économiques, et en particulier de finances publiques [p. 68-69]. Les premiers contacts entre Townshend et Smith en vue de parfaire l'éducation de son fils ont lieu peu après la parution de la TSM mais Smith était déjà ce moment-là

4. De même nous aimerions savoir qui a attribué à Smith l'*Abstract* du *Treatise on Human Nature* de Hume, comme ils l'affirment plus loin [p. 92], ou bien encore en quoi le libéralisme économique de Smith serait dû à son absence de père [p. 229]. De telles affirmations mériteraient ainsi de véritables développements.

5. https://en.wikisource.org/wiki/The_Times/1790/Obituary/Adam_Smith

6. TSM par la suite.

tuteur du jeune Fitzmaurice, le fils de Lord Shelburne (futur diplomate), si bien qu'il propose simplement une liste de livres à lire pour le duc de Buccleuch. Le Grand Tour de Smith et du duc en France, expliquent les auteurs, débute volontairement dans un climat politique propice, soit trois mois après le traité signant la fin de la guerre de Sept Ans qui a opposé (entre autres) la Grande-Bretagne à la France (traité auquel Hume aurait participé, p. 72-73). Surtout, ce premier conflit d'envergure mondiale a laissé exsangues les finances publiques des deux pays et les hommes politiques comme Townshend sont à la recherche de solutions innovantes de financement des déficits et de dette, comme le *sinking fund* [p. 79]. Smith aurait donc rédigé pour Townshend avant son départ un mémoire intitulé *Opulence of the Nations* (que Townshend aurait annoté), première esquisse de la *Richesse des Nations*[7]. L'hypothèse des auteurs est par conséquent qu'à travers ce voyage, Townshend espérait récolter des informations par le biais de Smith sur la façon dont les Français procédaient pour assainir leurs finances publiques [p. 80]. Au final, le départ a lieu plus de quatre ans après les premiers contacts entre les deux hommes, mais dans une certaine précipitation, Smith annonçant sa démission au recteur de l'université de Glasgow alors qu'il est déjà en route pour la France [p. 81-82] !

Le second chapitre s'intitule « Deux Écossais à Toulouse » et étudie le premier et long séjour de nos voyageurs dans la ville rose. Après avoir reconstitué la courte halte à Paris, les auteurs imaginent l'hôtel où Smith a pu séjourner au départ à Toulouse [p. 100] et soulignent leur arrivée très discrète, sans véritable « comité d'accueil » [p. 103]. Très vite ils s'attardent sur le rôle essentiel de l'abbé Colbert [p. 105-110], un des vicaires généraux de Toulouse et proche de Hume qui leur sert à la fois de guide et de compagnon de voyage. Son mentor n'est autre que Loménie de Brienne, personnage central à Toulouse et proche de Turgot, Morellet et d'Alembert [p. 108]. Les débuts de Smith à Toulouse sont marqués par un certain ennui, que les auteurs expliquent par la relative impréparation du voyage et la barrière de la langue : le français de Smith laisse à désirer et la majorité de la population locale parle l'occitan. Les auteurs affirment ensuite que Smith a pu s'inspirer des observations et conversations toulousaines sur la question des travaux et infrastructures publiques, engagés sous l'égide de Loménie de Brienne, pour ses analyses sur ces sujets dans la RN[8]. Nous y reviendrons. Pour Townshend, le but du séjour sur le continent est de doter son fils, via le tutorat de Smith,

7. RN par la suite.

8. Celles-ci auraient également influencé le duc dans ses travaux futurs de gestion du domaine familial, d'après nos auteurs [p. 130].

d'une culture en matière d'affaires publiques [p. 139] pour en faire, à terme, un homme d'État. Il s'agit donc pour nos voyageurs d'analyser les structures politiques dans la province du Languedoc : le capitoul et le parlement de Toulouse, les états généraux à Montpellier [p. 140-141-1], structures très différentes de ce que l'on peut trouver en Écosse ou en Grande-Bretagne. Smith peut donc observer de manière distanciée, impartiale pourrait-on dire, les relations entre le pouvoir central et les pouvoirs locaux, qui varient en outre suivant les régions, ce qui ne pouvait manquer d'intéresser Townshend eu égard à la situation de l'Écosse au sein de la Grande-Bretagne. Jusqu'ici cet ouvrage établit très peu de liens entre le voyage et les œuvres de Smith. Tout ceci change lors du chapitre suivant.

En effet, le troisième chapitre s'intéresse à « l'affaire Calas » qui donne son titre à celui-ci, bien que « l'affaire » ne soit véritablement étudiée qu'à la fin du chapitre. À l'époque à laquelle Smith vit à Toulouse, la ville est surtout connue pour cette affaire, popularisée à travers toute l'Europe grâce au succès du *Traité sur l'intolérance* de Voltaire, publié en 1763 [p. 207]. Siège du parlement et capitale officieuse du Languedoc, Toulouse se considère alors comme la deuxième ville du pays, bien qu'elle n'en soit que huitième par la population [p. 150][9]. Elle est vue généralement à cette période comme la ville des 3 S : sale, sainte et savante. C'est bien sûr le troisième point qui a pu susciter l'intérêt de Smith. Les auteurs nous apprennent alors que le jeune duc a suivi les cours de la faculté de droit de Toulouse qui traitent, d'après eux, de thèmes que l'on retrouvera dans la RN et dans les instructions que le duc rédigera à son retour pour la gestion de ses terres [p. 175]. La ville possède également de nombreuses sociétés savantes, comme l'Académie des sciences et des belles-lettres, mais aussi un observatoire [p. 179], ce qui n'a pu manquer de susciter la curiosité de Smith. En outre, la période à laquelle Smith vit à Toulouse est marquée par un important événement politique : la crise entre le parlement et le gouverneur, qui va entraîner un marasme économique, chassant en particulier les compagnies de théâtre et rendant de ce fait la ville privée de divertissements [p. 185]. Ce conflit, qui va durer neuf mois, a trait à des questions économiques discutées dans le dernier livre de la RN, à savoir les questions de finances publiques et d'imposition [p. 190]. Les guerres à répétition de la France ont creusé les déficits et la dette publique et pour y remédier, un nouvel impôt est créé, la vingtième, impôt que le parlement toulousain refuse de valider, s'opposant alors frontalement au pouvoir royal, incarné par le gouverneur. La seconde affaire qui secoue le parlement de Toulouse et les capitouls de la ville, cette fois quelque peu

9. Mais le Languedoc a une population supérieure à l'Écosse à l'époque, comme le notent les auteurs.

avant la venue de Smith, est l'affaire Calas. Donc si Smith n'a pu assister au supplice de cet homme injustement condamné à mort, il est clair qu'il avait certainement connaissance de l'affaire avant son départ sur le continent et qu'il s'y est intéressé de près lorsqu'il y était. Preuve en est, racontent nos auteurs, qu'il a rapporté en Écosse les principaux mémoires de la défense collectés lors de son séjour à Toulouse [p. 215]. Ce n'est donc pas un hasard si Calas apparaît dans la TSM et a pu nourrir la réflexion morale de Smith. Alain Alcouffe et Philippe Massot-Bordenave proposent alors une interprétation de ce passage de la TSM où sont évoqués les derniers instants de Calas, interprétation fort intéressante mais, nous semble-t-il, contestable. Ainsi, la façon dont Smith rend compte du supplice public de Calas est mise en contraste avec la description du même événement telle qu'elle est proposée par Pierre Barthès, journaliste. Nos auteurs soulignent à juste titre que Smith adopte un point de vue plus distancié que ce dernier, entraînant le fait que toute émotion aurait disparu chez le lecteur, « contraint à une expérience par la pensée pour imaginer l'état d'esprit du supplicié accablé par ce qu'il imagine de la pensée des spectateurs de son supplice. » [p. 200] Contrairement à eux cependant, nous ne pensons pas que Smith soit ici « victime de sa propre démonstration », ni qu'il décrit « froidement », avec « insensibilité » cet événement [p. 200]. En tant que rédacteur d'un traité de philosophie morale, Smith adopte le point de vue d'un spectateur impartial, certes distancié mais non insensible, contrairement à ce que préconisent les stoïciens. Le but de Smith est justement de pousser le lecteur à sympathiser avec Calas, à s'identifier à lui et à sa souffrance. C'est pourquoi il use de sa rhétorique en soulignant la « constance hors du commun de Calas » et en livrant les dernières paroles de l'innocent à un moine qui lui demandait de se confesser. Ce passage sur Calas est bien placé, comme le soulignent les auteurs, dans le chapitre sur l'amour de l'éloge et d'en être digne, et la crainte du blâme et d'en être digne. Smith cherche à analyser la capacité du spectateur impartial à aller contre l'avis erroné de la foule, même unanime, c'est-à-dire la capacité du jugement sur soi à véritablement s'abstraire, et non à être toujours perverti, par le jugement des autres. Ce qui trouble véritablement Calas au final, comme nos auteurs le rappellent, est justement d'après Smith « la honte qu'apporterait cette imputation sur sa mémoire ». Le souci pour la réputation présente et future était une préoccupation majeure pour Smith lui-même [p. 201]. Au final, il n'y a point selon nous ici d'insensibilité de Smith au sort de Calas mais plutôt un véritable test de sa théorie morale fondée sur la sympathie et le spectateur impartial.

Le chapitre quatre, comme son titre l'indique, retrace « les voyages dans le Sud-Ouest » de nos Écossais, en particulier leurs visites à Bordeaux et

Bagnères-de-Bigorre. Le voyage s'anime donc quelque peu et cette fois leur agenda est bien rempli, avec tout d'abord un séjour à Bordeaux, ville bénéficiant du commerce colonial et lieu de passage des Britanniques [p. 227]. Contrairement à Toulouse, nous expliquent les auteurs, Bordeaux est à cette époque une ville en pleine croissance [p. 233] qui offre au regard de nos voyageurs, malheureusement, les ravages de l'esclavagisme. Grâce à une recommandation de Choiseul, Smith va pouvoir y rencontrer le maréchal de Richelieu, personnage d'importance [p. 250]. À Bordeaux il rencontrera également le fils de Montesquieu et le colonel Barré. Puis advient un séjour à Bagnères-de-Bigorre, ville thermale et surtout lieu de sociabilité pour nos voyageurs [p. 286] avec une halte au château de l'Isle de Noé [p. 284] où Smith a pu discuter avec le comte (grand propriétaire d'esclaves à Haïti) des îles et du commerce colonial [p. 285]. C'est cependant à Bordeaux que Smith a semble-t-il le plus progressé dans sa recherche d'informations sur la dette publique pour Lord Townshend, et pour ses propres travaux. Les auteurs montrent ainsi que Smith a rapporté un mémoire, attribué plus tard à Isaac de Bacalan, un jeune conseiller du parlement de Bordeaux, dans lequel celui-ci propose un calcul de la richesse produite dans un pays et du montant à payer par les membres du royaume. D'orientation libérale et préconisant de taxer prioritairement les rentiers, ce mémoire, auquel Smith fait référence dans la RN, ne l'a certainement pas laissé insensible [p. 295], comme nos auteurs le soulignent justement. Ils pensent même que Smith a rencontré l'auteur du rapport en personne [p. 296-297]. Ils montrent enfin de manière intéressante l'intérêt de Smith pour le canal du Languedoc, mentionné à plusieurs reprises dans la RN [p. 304-305, 312-3].

Le cinquième et dernier chapitre porte sur « les états du Languedoc et la fin du séjour ». Il décrit la visite de nos voyageurs écossais à Montpellier, ville également en plein développement grâce au commerce, et où se tiennent les états du Languedoc, auxquels tous deux ont assisté. D'après nos auteurs les discussions au sein de cette institution ont nourri, pour ne pas dire façonné la réflexion de Smith sur les infrastructures de transport, telle qu'on la trouve dans la RN [p. 342-344]. Smith aurait également été intéressé par les débats relatifs à des méthodes originales de financement des dettes publiques comme les emprunts par loterie et les rentes tontinières [p. 347-348]. Enfin, furent abordés par les états du Languedoc la question du commerce des blés, libéralisé peu de temps avant l'arrivée de Smith en France. Il s'agissait alors de voter des subventions pour des infrastructures de transport permettant un commerce plus aisé du blé [p. 358-360]. Nul doute que Smith, qui traite de la libéralisation du commerce des grains dans la RN, a été attentif à ces débats. La fin du chapitre aborde le retour de Smith et du duc à Toulouse, et met en exergue son intérêt pour le canal du Midi et ses gestionnaires, présents et passés, qui auraient d'après nos auteurs façonné sa typologie des entrepreneurs, c'est-à-dire aussi bien le « faiseur de projets » que le « fils de l'homme pauvre » et « l'entrepreneur prudent » [p. 374-375]. Cette interprétation, fort intéressante, aurait néanmoins mérité selon nous de plus amples développements. Pour terminer, les auteurs soulignent à quel point les idées physiocratiques gagnaient du terrain dans la ville et au parlement de Toulouse [p. 388-390], ce qui devait susciter la curiosité et la réflexion de Smith.

Au final, au-delà des possibilités d'interprétation de l'œuvre de Smith qu'offre cet ouvrage, c'est surtout sa capacité à nous transporter par l'imagination sur les lieux et dans les pas de Smith et du duc que nous retiendrons. Cette invitation au voyage et à partager ce Grand Tour avec eux[10] plaira à tous ceux qui, comme l'auteur de ces lignes, s'intéressent à la vie de Smith et au contexte intellectuel dans lequel s'est forgée la formidable œuvre qu'il a léguée à la postérité. Le flou qui entourait cette partie de sa vie est désormais en grande partie levé et son voyage en France ne peut plus se résumer à la fréquentation des salons parisiens, quelle qu'ait été son importance.

10. On peut regretter d'ailleurs que le titre de l'ouvrage ne fasse référence au voyage et à l'aventure dans laquelle ses protagonistes ont été plongés.

Bibliographie

Norman, Jesse [2018], *Adam Smith. Father of Economics*, New York, Basic Books.

Phillipson, Nicholas [2010], *Adam Smith. An Enlightened Life*, London, Allen Lane.

Rasmussen, Denis [2017], *The Infidel and the Professor*, Princeton, Princeton University Press.

Ross, Ian Simpson [2010], *The Life of Adam Smith*, Oxford, Oxford University Press.

Stewart, Dugald [(1982) 1795], *Account of the Life and Writings of Adam Smith*, édité par I.S. Ross, dans *Essays on Philosophical Subjects,* Indianapolis, Liberty Fund.

UNE HISTOIRE DES IDÉES ÉCONOMIQUES ENTRE DÉMARCHE EXTENSIVE ET DÉMARCHE RÉTROSPECTIVE

Abdelkader Slifi[1]

À propos du manuel d'*Histoire des idées économiques* de Jean Dellemotte. Paris : Dunod, 2017, 292 p.

Ce manuel, qui s'adresse aux étudiants préparant une licence universitaire ou au lecteur jouissant d'une curiosité intellectuelle avérée sans disposer de prérequis en sciences économiques, constitue une excellente introduction à l'histoire des idées économiques. L'auteur fait preuve d'érudition et de qualité littéraire. En introduction, il présente clairement ses objectifs pédagogiques, ses choix méthodologiques et les matériaux exploités. La table des matières détaille un plan structuré chronologiquement autour du fil conducteur de la justice sociale. Au-delà de considérations épistémologiques aussi passionnantes que complexes, l'ouvrage atteint largement les objectifs pédagogiques annoncés, à savoir initier les étudiants aux idées économiques d'auteurs ayant contribué à nourrir la problématique de la justice sociale en économie. Nous discutons ici des choix méthodologiques opérés par l'auteur, puis de points d'interprétation concernant les « précurseurs » de l'économie politique, Marx et les classiques, le marginalisme et la révolution keynésienne.

1. Des choix méthodologiques

Chaque chapitre traite des idées d'un ou deux auteurs, à l'exception du chapitre 5. Les quatre premiers chapitres sont consacrés au thème de la justice sociale chez les « précurseurs » de la pensée économique, d'Aristote à Hobbes et Locke, en passant par Thomas d'Aquin, More et Machiavel. L'économie politique classique étant définie dans le chapitre 5, les chapitres 6 et 7 sont consacrés aux théories de la valeur et de la répartition de Smith et Ricardo. Le chapitre 8 traite de la théorie de l'exploitation de Marx et le chapitre 9 du modèle d'équilibre général de Walras. Enfin, laissant de côté le thème de la valeur et de répartition, l'auteur aborde la question macroéconomique des déterminants de la richesse en s'intéressant à la révolution keynésienne.

1. Université Paris Dauphine, PSL Research University, LEDa
abd-el-kader.slifi@dauphine.psl.eu

La structure est relativement équilibrée, malgré un centre de gravité se situant aux origines de la science économique. Ainsi l'auteur consacre-t-il un quart du corps de l'ouvrage aux précurseurs d'Aristote à Locke, soit autant qu'aux deux chapitres dédiés au marginalisme et à la révolution keynésienne, la moitié restante étant réservée à l'économie politique classique et à sa critique par Marx. L'auteur préfère s'appuyer sur des références bibliographiques sélectives, notamment en matière de littérature secondaire, ce qui est conforme à l'objectif d'initiation et au public cible de l'ouvrage.

Ce dernier est ponctué d'encadrés pédagogiques et synthétiques, qui permettent au lecteur non initié de comprendre certaines références à des auteurs ou à des concepts qui n'ont pas été explicitées dans le corps du texte, mais dont une connaissance minimale est nécessaire pour assimiler l'ensemble des idées du chapitre. Par exemple, le système mercantile[2] [Dellemotte, 2017, p. 82-83] et la physiocratie [*ibid.*, p. 88-89], qui auraient mérité un chapitre, sont clairement résumés dans un encadré, l'auteur renvoyant à des références précises pour un approfondissement. Un glossaire est disponible en fin d'ouvrage et reprend les concepts évoqués dans le corps du texte et nécessitant une définition précise. Certains passages surlignés renvoient quant à eux à des idées à retenir de la pensée d'un auteur, et qui résonnent parfois comme en écho dans d'autres chapitres de l'ouvrage, ce qui témoigne d'un fil conducteur bien établi. Si l'ouvrage se lit volontiers de façon linéaire, le style de rédaction étant très agréable et d'une rare fluidité d'expression écrite, la combinaison d'un index des auteurs et d'un index thématique permet une exploitation plus instrumentale de l'ouvrage par l'étudiant qui souhaite simplement un éclairage sur un auteur ou sur un thème précis.

Des représentations visuelles, sous forme de tableau, de graphique ou de schéma permettent de synthétiser et de formaliser la structure de la pensée d'un auteur ou encore la chaîne causale d'un mécanisme, par exemple le « circuit aristotélicien » [*ibid.*, p. 23] de la chrématistique. Malgré quelques rares exemples numériques, l'absence de formalisation mathématique est explicitement assumée par l'auteur, d'après lequel la mise en équation ne constitue pas « l'alpha et l'oméga de la science économique » [*ibid.*, p. 11]. Ce choix se justifie là encore par la problématique de la justice sociale, qui attribue aux fondements philosophiques et aux enjeux historiques des idées des auteurs une place plus importante qu'aux contenus analytiques et quantitatifs de leurs pensées.

2. Aux sens de Mirabeau et Smith.

La pensée des auteurs est abordée à travers une grille de lecture adaptée à la question de la justice sociale, mettant l'accent sur le thème de la valeur et de la répartition plutôt que sur les thèmes de la monnaie et de la croissance économique. L'auteur a justifié en introduction, d'abord par la contrainte de taille de l'ouvrage, puis par son fil conducteur, les choix qui le conduisent à négliger des auteurs comme Cantillon, Quesnay, Mill, Marshall, Menger, Schumpeter ou Hicks. Pour justifier le choix privilégiant Walras à Marshall, il invoque à juste titre la place occupée dans la théorie économique contemporaine par le modèle walrassien d'équilibre général. Aussi évoque-t-il un consensus pour considérer Smith, Ricardo, Marx, Walras et Keynes comme les cinq auteurs majeurs de la discipline.

Faisant preuve d'honnêteté intellectuelle, il concède qu'il est lui-même « observateur-participant » et que ses choix « éditoriaux » présentent « nécessairement une part de subjectivité » [*ibid.*, p. 9]. Ce parti pris affecte nécessairement sa conception de l'histoire de la pensée économique, le choix des auteurs ou encore son rejet de la formalisation mathématique. Aussi l'auteur se réfère-t-il à Lapidus [1996] en distinguant entre démarches intensive, extensive et rétrospective. Sraffa est cité comme référence pour illustrer la démarche intensive. L'auteur ne précise pas sa préférence et ne se situe pas explicitement dans la tradition d'histoire de la pensée économique, par exemple vis-à-vis d'ouvrages de référence incontournables comme *Histoire des doctrines économiques depuis les physiocrates jusqu'à nos jours* de Gide, *Histoire de l'analyse économique* de Schumpeter, *Economic Theory in Retrospect* de Blaug, ni même des *Théories sur la plus-value* de Marx[3]. Nous verrons qu'il privilégie une approche extensive, prenant soin de replacer la pensée de chaque auteur dans son contexte historique et son univers intellectuel, mais qu'il se laisse parfois tenter par une approche rétrospective.

2. Des précurseurs de l'économie politique

Les trois premiers chapitres relèvent sans ambiguïté d'une démarche extensive. Dellemotte trouve chez Aristote une « condamnation générale des activités commerciales » [*ibid.*, p. 19], à travers une définition de la chrématistique illustrée par un schéma pédagogique et synthétique. En effet, Aristote critique la confusion entre fins et moyens, que celle-ci prenne la forme de l'usure ou de l'activité consistant à acheter une marchandise pour la revendre plus cher. Précisons toutefois que l'échange marchand est approuvé

3. Ce manuscrit de Marx peut être considéré comme le premier ouvrage d'histoire de la pensée économique.

lorsqu'il prend pour fin la valeur d'usage, dans un contexte de division du travail. Par contraste, sont considérées les idées de Thomas d'Aquin, qui tissent le lien entre les déterminants du juste prix et l'approbation du prêt à intérêt, lorsque ce dernier prend la forme d'une indemnité pour le préjudice de la privation. Ensuite, Dellemotte oppose l'idéalisme de More au réalisme de Machiavel, et leurs soucis de privilégier ou pas la justice sociale comme objectif du gouvernement de la société.

Le chapitre 4 illustre bien la combinaison entre démarches extensive et rétrospective. Après avoir resitué le *Leviathan* dans son contexte, Dellemotte fait de Hobbes un précurseur de l'utilitarisme et de la théorie des jeux avec asymétrie d'information. Il mobilise avec agilité l'outil de la théorie des jeux avec asymétrie d'information, pour rendre compte de l'arbitrage des agents entre respect ou dénonciation du contrat social, selon le critère de l'utilité [*ibid.*, p. 65-66]. L'utilitarisme est ainsi mobilisé pour fournir un fondement théorique suffisant, bien que non nécessaire, aux théories du droit naturel de Hobbes et Locke[4]. Une démarche analogue sera adoptée pour fonder le système des libertés naturelles de Smith[5].

3. Dr Marx and the Classics

Considérons d'abord la définition de l'économie politique classique, puis la métaphore smithienne de la main invisible et, enfin, les théories de la valeur et de la répartition de Ricardo et Marx.

La définition de l'économie politique classique

Dans le chapitre 5, l'auteur définit l'économie politique classique comme « la science de la richesse et des rapports sociaux visant à déterminer les conditions de l'accumulation capitaliste » [*ibid.*, p. 84]. Cette définition semble trop générale et pas suffisamment spécifique à l'économie politique classique pour la distinguer *non solum* du mercantilisme et de la physiocratie, *sed etiam* du marginalisme et du keynésianisme.

L'auteur précise d'abord que les auteurs classiques ne constituent pas une école de pensée, puisque, à l'instar des mercantilistes et contrairement aux

4. Voir *ibid.*, p. 57-58.

5. Dellemotte s'appuie sur Vergara [2002] qui attribue à Smith le souci « du plus grand bonheur du plus grand nombre » [Dellemotte, 2017, p. 110].

physiocrates, les auteurs qui la composent se critiquent et divergent à la fois sur la méthodologie adoptée et les principales conclusions de leurs analyses. En effet, si Ricardo introduit la méthodologie hypothético-déductive en économie politique, l'œuvre de Smith s'inscrit quant à elle dans la tradition de la philosophie morale écossaise, laquelle relève du sensualisme. Sur le plan conceptuel, Ricardo critique la théorie smithienne de la valeur, en particulier la notion de travail commandé, ainsi que la distinction entre état primitif et état avancé de la société. Sur le plan des conclusions, Ricardo rejette l'idée smithienne selon laquelle l'étendue du marché fixerait une limite à la division du travail, pour embrasser la loi des débouchés énoncée par Say.

À l'instar de Deleplace [1999], Dellemotte semble adopter une définition proche de celle de Sraffa. D'après ce dernier, la théorie de la valeur travail constituerait un cas particulier de l'économie politique classique, laquelle reposerait sur une théorie de la distribution du surplus entre les différentes classes sociales[6]. À l'instar de Sraffa, Dellemotte invoque autre chose que les outils méthodologiques mobilisés, la cohérence des concepts ou la proximité des conclusions, pour justifier d'une certaine cohésion des auteurs classiques. Il choisit de baser sa définition de l'économie politique classique sur l'unité de son « objet d'étude » : la richesse et les rapports sociaux ; et sur sa « finalité » [*ibid.*, p. 84] : déterminer les conditions de l'accumulation du capital. Il identifie enfin comme caractéristique de la pensée classique une « conception antagoniste des rapports sociaux » [*ibid.*, p. 86].

Une définition robuste de l'économie politique classique devrait permettre d'identifier des caractéristiques *non solum* communes *sed etiam* exclusives aux auteurs classiques. Or l'étude de la richesse sociale nourrit autant le programme de recherche de Walras que celui de Ricardo. Quant aux conditions de l'accumulation du capital, elles peuvent être alternativement déterminées par le tableau économique de Quesnay, les schémas de reproduction de Marx ou encore un modèle de croissance *à la* Solow. De surcroît, ni Quesnay, ni Walras, ni Marshall, ni Keynes ne rejettent la distinction entre trois classes sociales aux intérêts divergents, distinction elle-même présente chez

6. Voir Kurz et Salvadori [2015, p. 47], « The concept of "Classical economics" under consideration is defined in *analytical*, not in *chronological* terms. It focuses attention on authors who advocated a *surplus approach* to the theory of value and distribution. The widespread chronological definition, which also subsumes under Classical economics contributions from, for example, Thomas Robert Malthus or Jean-Baptiste Say, is therefore of little help, because it patches over crucial differences in the various authors' respective theories. »

les physiocrates[7]. Cette vision de la différenciation sociale constitue une condition nécessaire mais pas suffisante du qualificatif de classique.

On peut par exemple préférer une définition de l'économie politique classique fondée sur deux hypothèses partagées par les auteurs généralement qualifiés de classiques : une conception réelle de la richesse, distinguant les classiques des mercantilistes[8], et une théorie de la valeur travail, distinguant les classiques à la fois des physiocrates et des marginalistes. Cette définition à la fois générique et spécifique se rapproche de celle de Marx, à l'origine de la notion d'économie politique classique[9]. Chez Smith, la différenciation sociale dérive de la transition entre état primitif et état avancé de la société, qui rompt l'identité entre travail incorporé et travail commandé. La métaphore de la main invisible, quant à elle, suggère plutôt une vision harmonieuse et optimiste de la différenciation sociale.

La métaphore smithienne de la main invisible

Le chapitre 6 consacré à Smith est sans doute le plus riche et le mieux documenté du livre. Plus fondamentalement, l'auteur rend justice à la riche pensée de Smith, faite de nuances subtiles trop souvent caricaturées. L'intervention de l'État y est critiquée lorsqu'elle est inefficace, essentiellement en matière d'allocation des capitaux, et recommandée lorsqu'elle est souhaitable, notamment en matière d'éducation des classes laborieuses ou de régulation du taux d'intérêt.

Dellemotte établit une distinction claire entre la notion smithienne de main invisible et le mécanisme de gravitation des prix courants autour des prix naturels. Tandis que la première renvoie à une relation entre personnes, le second concerne un rapport entre objets échangés sur le marché. Dans un encadré très précieux, il cite les trois occurrences méconnues de la notion de main invisible dans l'œuvre de Smith. Il montre que, pour aucune d'elles, Smith ne fait explicitement référence au marché ni à un mécanisme de

7. Selon Deleplace [1999], cette analogie trouve ses limites dans la distinction entre différenciation sociale et différenciation sectorielle.

8. Encore faut-il attribuer aux mercantilistes une conception strictement nominale de la richesse. Dans l'encadré intitulé « le système mercantile » consacré aux mercantilistes [Dellemotte, 2017, p. 82], mais il est évoqué dans la section intitulée « science de la richesse » comme « caricatural » [*ibid.*, p. 84]. Sans doute est-ce lié au souci de l'auteur de ne pas amalgamer le « système mercantile » avec une « une véritable école de pensée ni à un courant théorique en soi ».

9. Dont Marx attribue la paternité à William Petty.

régulation par les prix, mais plutôt à une heureuse coïncidence entre, d'une part, le résultat des décisions et des actions privées motivées par le désir d'enrichissement[10] des individus et, d'autre part, le résultat qu'un spectateur impartial pourrait espérer de ces décisions du point de vue de l'intérêt général. Pour justifier sinon expliquer cette coïncidence, Dellemotte propose d'abord une justification *ex ante* en évoquant la philosophie stoïcienne, soulignant son caractère non « systématique » et « non intentionnel ». Puis, ce qui est plus original encore, il propose une justification *ex post* en se référant à Hegel, dont on apprend que la lecture de Smith lui a inspiré le concept de « ruse de la pensée »[11]. Il en conclut que, chez Smith, « la régulation de la société s'explique par l'action des sentiments bien plus que par celles de la raison ou de l'intérêt » [*ibid.*, p. 106][12]. Si le désir d'enrichissement se trouve canalisé par l'accumulation du capital plutôt que par le désir de luxe, alors il favorise l'emploi de travailleurs productifs et la maximisation de la richesse nationale. Néanmoins, selon nous, l'allocation des capitaux dans les activités les plus rentables constitue bien une condition suffisante sinon nécessaire de ce résultat. Cette nouvelle coïncidence introduit une porosité entre la notion de main invisible et le concept de gravitation[13], d'une manière analogue au théorème du bien-être qui relie équilibre général et optimum social, sans toutefois valider l'interprétation caricaturale qui fait l'amalgame entre les deux.

Le rôle de la demande et le travail salarié chez Smith

Un autre apport de Dellemotte est de souligner que Smith accorde de l'importance aux débouchés à travers la notion d'étendue du marché qui, en limitant la division du travail, provoque la baisse du taux de profit à long terme en raison de la concurrence. Cet argument sera en effet rejeté par Ricardo qui, reprenant la loi des débouchés de Say, expliquera la convergence vers l'état stationnaire exclusivement par les conditions de production. Certes, comme le souligne Dellemotte, un autre point important qui distingue Ricardo de Smith est l'argument de ce dernier en faveur de salaires élevés. Notons toutefois que la justification « en vertu de l'efficacité économique »

10. Ou encore l'amour de soi, *self love*. Voir Breban et Dellemotte [2017].

11. On pourra lire dans un autre registre et pour plus de précisions Dellemotte [2009].

12. Contrairement à la p. 110, Dellemotte [2017] donne ici raison à Diatkine [1996] plutôt qu'à Vergara [2002].

13. « À la limite peut-on identifier dans le texte un signal – la valeur de la production – qui oriente les décisions d'allocation de capitaux, et l'idée allusive de concurrence » [Dellemotte, 2017, p. 104].

[*ibid.*, p. 107] concerne davantage l'effet favorable de salaires élevés sur la productivité que la création de nouveaux débouchés. Rétrospectivement, la citation du chapitre 8 de la *Richesse des nations* renverrait plutôt à un argument proche du concept de salaire d'efficience qu'à une théorie de l'insuffisance de la demande effective. Smith y pointe non seulement l'effet sur la force physique des travailleurs, mais aussi l'effet incitatif de cette « récompense libérale du travail » [*ibid.*, p. 107].

Dellemotte met ensuite en perspective la notion marxienne de travail aliéné avec la description smithienne des effets de la division du travail. Ce rapprochement intrigue, dans la mesure où, comme le rappelle Dellemotte dans un encadré [*ibid.*, p. 114], Marx reproche précisément à Smith une confusion entre division technique et division sociale du travail, laquelle fait disparaître catégoriquement la propriété privée des moyens de production et la figure du capitaliste. Dellemotte cite alors le fameux passage du livre V de la *Richesse des nations*, dans lequel Smith pointe les effets néfastes de la division du travail sur l'intelligence de l'ouvrier, justifiant l'intervention de l'État pour promouvoir l'instruction[14]. D'après lui, « ces considérations, qui contredisent radicalement ce qu'affirmait l'auteur à propos du troisième avantage de la division du travail au début de l'ouvrage[15], anticipent ce qu'écrira Marx sur l'aliénation » [*ibid.*, p. 116]. Cette dernière est d'ailleurs excellemment définie dans un encadré[16] se référant aux *Manuscrits de 1844*. Cette lecture rétrospective suggère-t-elle que l'influence de Smith serait passée par Hegel ?

Dellemotte prolonge son hypothèse faisant de Smith un précurseur non seulement de la notion marxienne de travail aliéné mais également du concept marxien d'exploitation. Il se réfère cette fois aux *Théories sur la plus-value*, dans lesquelles Marx « créditera Smith du "grand mérite" d'avoir reconnu "l'origine véritable de la plus-value" dans un travail qui ne trouve pas de contrepartie dans le salaire versé aux travailleurs » [*ibid.*, p. 125]. Certes, dans ses manuscrits, Marx reconnaît que « Smith approche, malgré tout, plus de la vérité que tous les autres » [Marx, 1974, p. 103]. Toutefois, cette vision très rétrospective fait de Smith un précurseur[17] maladroit de Marx, lequel finit par conclure : « Ces contradictions, ces zigzags, cette façon

14. On se reportera cette fois à Dellemotte [2015] pour plus de précision.

15. La propension des ouvriers à inventer des nouveaux procédés de production.

16. Voir Dellemotte [2017, p. 167-168].

17. Voir *ibid.*, p. 192.

d'éluder la question montrent qu'Adam Smith ne pouvait plus s'en dépêtrer. Il ne pouvait que s'enferrer à partir du moment où il avait fait du salaire, profit et rente les éléments constitutifs de la valeur échangeable ou du prix total du produit » [Marx, 1974, p. 104]. D'ailleurs, l'idée que le travail créé plus de valeur qu'il n'en coûte est partagée par Ricardo, qui définit plus particulièrement le salaire naturel comme le salaire de subsistance.

Ricardo vs Marx

C'est justement en critiquant cette définition que Marx fera émerger la notion de force de travail, définie comme « capacité à travailler » [Dellemotte, 2017, p. 187]. Si elle est considérée comme « ce que la puissance est à l'acte » [*ibid.*, p. 187], le terme de puissance comme celui de capacité est trompeur. Il ouvre la voie à un potentiel problème d'aléa moral[18], ce que Marx exclut d'emblée. Au contraire, le travailleur exploité n'a pas le loisir de flâner, dès lors que la hausse du taux de plus-value doit contrecarrer la baisse tendancielle du taux de profit. En outre, le chapitre sur Marx aurait mérité une section ou un encadré sur les schémas de reproduction, bien que cette absence se justifie par la problématique de l'ouvrage.

De plus, l'effet Ricardo se trouve négligé comme résultat de la condition d'uniformité du taux de profit, malgré les différences d'intensités capitalistiques entre secteurs[19]. À l'instar de l'effet Ricardo, le problème marxien de la transformation des valeurs en prix est seulement évoqué dans l'idée « qu'il convient de distinguer entre taux de profit et taux de plus-value » [*ibid.*, p. 194]. Dellemotte souligne à juste titre que, contrairement à l'idée répandue, la libre entrée n'est pas une condition nécessaire de la circulation des capitaux entre secteurs de production ni de la gravitation des prix courants autour des prix naturels. L'auteur s'appuie pour cela sur une citation de Ricardo, qui introduit le rôle des banquiers, lesquels sont en mesure de réduire ou d'accroître les emprunts accordés selon qu'un secteur connaît un taux de profit inférieur ou supérieur au taux naturel. Notons toutefois que, dans l'explication du phénomène de gravitation, l'égalité entre prix naturel et coût de production n'est valable que dans le cas particulier de

18. Ce qui renvoie à la théorie du salaire d'efficience.

19. Cette question aurait sans doute mérité un encadré, tandis que l'encadré intitulé « souveraineté du consommateur et filière inversée » [*ibid.*, p. 147] gagnerait peut-être en intérêt s'il était repositionné.

l'état stationnaire, c'est-à-dire à condition d'un taux de profit naturel nul[20]. On retrouve une difficulté analogue chez Walras.

4. Du marginalisme et de la révolution keynésienne

Considérons enfin les chapitres 9 et 10 respectivement consacrés à Walras et Keynes.

L'équilibre général de Walras

Contrairement à l'idée répandue, Dellemotte souligne que la libre entrée n'est pas une condition de l'équilibre général des marchés dans le modèle walrassien de concurrence parfaite. Après avoir décrit scrupuleusement la place tenue par l'économie politique pure de Walras dans son projet scientifique d'ensemble et sa cohérence avec son économie sociale, Dellemotte s'intéresse aux figures et aux rôles respectifs du crieur de prix et de l'entrepreneur, dans le processus de tâtonnement. Ces deux aspects, à la fois la globalité de la pensée économique de Walras et le *modus operandi* de l'ajustement des prix de marché, sont trop souvent négligés au profit d'une vision rétrospective cantonnant Walras à un rôle de précurseur d'Arrow et Debreu. Tout en proposant une section sur la postérité du modèle d'équilibre général, l'auteur ne tombe pas dans cet écueil et privilégie une démarche extensive, resituant la pensée de Walras dans son contexte historique et son univers intellectuel.

Keynes et le multiplicateur de dépense publique

En abordant la révolution keynésienne, l'auteur prend quelques distances vis-à-vis de la problématique de la justice sociale. Il insiste sur la critique de la « loi de Say » plutôt que, comme on pourrait s'y attendre, sur la philosophie sociale à laquelle la *Théorie générale* peut conduire. La pensée de Keynes est présentée indépendamment des tentatives de prolongement, mais en opposition avec ses critiques hayekienne et monétariste. Le multiplicateur est malheureusement présenté de façon binaire. Un multiplicateur de dépenses publiques de 5 s'obtiendrait *a priori* de l'hypothèse d'une propension marginale à consommer de 0,8, si bien qu'en affectant *a posteriori* un taux d'imposition de 30 % on obtiendrait 150 de recettes fiscales pour une dépense initiale de 100. Or il s'agit là d'une erreur, car la propension

20. C'est l'hypothèse implicite dans l'application proposée à la page 143.

marginale à consommer s'applique au revenu disponible après impôt, si bien qu'il n'est pas exact d'affirmer qu'une hausse de dépense publique soit automatiquement financée par les recettes fiscales générées via la hausse du revenu.

Ce type d'arguments tend à légitimer une vision manichéenne de la pensée de Keynes, faisant de ce dernier un apologue du déficit budgétaire[21]. Or c'est indépendamment de tels arguments, mais bien sur la base d'un calcul rigoureux des coûts et bénéfices, que Keynes défendit le programme de grands travaux de Lloyd George en 1929 :

« Mr. Lloyd George has given a pledge that execution of his programme will not mean an addition to taxation. He has added that, of course, this does not mean that it will cost nothing, but that the cost will be less than the money which it will save in other direction *plus* the buoyancy of the revenue attributable to it *plus* economies » [J.M. Keynes & H.D. Henderson, 1929, p. 29].

Le pamphlet *Can Lloyd George do it?* inspirera à Kahn l'invention du multiplicateur en 1931.

5. Conclusion

En conclusion, au-delà de ces points d'interprétation qui font l'objet de débats contemporains animés entre économistes, le manuel est très agréable à lire et atteint les objectifs pédagogiques annoncés. L'auteur fait œuvre d'originalité en prenant pour fil conducteur le thème de la justice sociale et en fournissant des interprétations originales, notamment dans sa présentation des idées de Smith, dans une démarche principalement extensive, parfois teintée de rétrospection. Cet ouvrage constitue donc une excellente introduction à l'histoire des idées économiques, et suscitera sans nul doute, auprès des étudiants, l'envie d'approfondir leurs connaissances des grandes théories économiques.

21. Voir *ibid.*, p. 267.

Bibliographie

Bréban, L., & Dellemotte, J. [2017]. “From One Sympathy to Another: Sophie de Grouchy’s Translation of and Commentary on Adam Smith’s *Theory of Moral Sentiments*”, *History of Political Economy*, 49(4), p. 667-707.

Béraud, A. & Faccarello, G. [2000]. *Nouvelle histoire de la pensée économique.* Paris : La Découverte.

Blaug, M. [1962]. *Economic Theory in Retrospect.* Homewood: Irwin.

Gide, C. et Rist, C. [1922]. *Histoire des doctrines économiques depuis les physiocrates jusqu’à nos jours.* Paris : Sirey.

Dellemotte, J. [2009]. « La “main invisible” d’Adam Smith : pour en finir avec les idées reçues », *L’Économie politique*, n° 44, p. 28-41.

Dellemotte, J. [2017]. *Histoire des idées économiques.* Paris : Dunod.

Dellemotte, J., & Walraevens, B. [2015]. “Adam Smith on the Subordination of Wage-Earners in the Commercial Society”, *European Journal of the History of Economic Thought*, 22(3), p. 692-727.

Deleplace, G. [1999]. *Histoire de la pensée économique.* Paris : Dunod.

Diatkine, D. [1996]. « Adam Smith et le projet colonial ou l’avenir d’une illusion », *Cahiers d’économie politique*, 27-28, p. 21-38.

Dubœuf, F. [1999]. *Introduction aux théories économiques.* Paris : La Découverte.

Keynes, J.M., & Henderson, H.D. [1929]. *Can Lloyd George do it?: an examination of the liberal pledge.* London: The Nation & the Athenaeum.

Keynes, J.M. [1936]. *The General Theory of Employment, Interest and Money.* London: Macmillan.

Kurz, H., & Salvadori, N. [2015]. “Classical economics after Sraffa”, *Papers in Political Economy*, 69, p. 45. « Introduction à une histoire de la pensée économique qui ne verra jamais le jour », *Revue économique*, 47 (4), p. 867-892.

Marx, K. [1974]. *Théories sur la plus-value.* Paris : Éditions sociales.

Schumpeter, J. [1954]. *Histoire de l’analyse économique.* Paris : Gallimard.

Vergara, F. [2002]. *Les fondements philosophiques du libéralisme.* Paris : La Découverte.

LA GUERRE DANS LA PENSÉE ÉCONOMIQUE

Mehrdad Vahabi[1]

À propos de l'ouvrage de Yukihiro Ikeda et Annalisa Rosselli (eds.), *La guerre dans l'histoire de la pensée économique, les économistes et la question de guerre (War in the History of Economic Thought, Economists and the Question of War)*, London & New York : Routledge, 2018.

Trois ans après la conférence d'Otaru en septembre 2015 sur le thème *War in the History of Economic Thought, Economists and the Question of War*, les actes du colloque viennent d'être publiés par Routledge dans un ouvrage collectif du même titre. Ce dernier (coordonné par Yukihiro Ikeda et Annalisa Rosselli) constitue un excellent survol de la guerre dans l'histoire de la pensée économique, plus spécifiquement pour l'école classique et la synthèse néo-classique (synthèse initiée par Hicks entre le courant keynésien et la pensée néo-classique). Il comprend trois grandes parties.

La première est consacrée à l'école classique et notamment au courant mercantiliste et à l'école de Manchester. Les différentes contributions y sont centrées sur des auteurs tels que Hume, Smith, Say et Mill. Pour ne citer que lui, le chapitre 5 constitue une belle pièce de cette partie. Deniz Kilincoglu y montre comment le *Traité* de Jean-Baptiste Say a influencé l'auteur anonyme du premier traité d'économie politique de l'Empire ottoman. On apprend ainsi que la principale motivation de la recherche en économie politique était alors la modernisation de l'armée ottomane. Dans un contexte de rivalité exacerbée entre les nations, l'auteur du traité turc était en effet intimement convaincu que la suprématie européenne et surtout la création d'une armée moderne devaient tout à cette branche du savoir.

La seconde partie du livre est intitulée « Japan and World War II ». Elle se distingue des autres en ceci qu'elle se concentre sur un seul pays durant une période spécifique. Elle est composée d'articles originaux sur la genèse et le développement du libéralisme et du néo-libéralisme[2] au Japon (Shimpei Yamamoto, chapitre 7). Le statut spécial de cette partie est probablement

1. CEPN, Université Paris 13. Courriel : mehrdad.vahabi@wanadoo.fr. Je tiens à remercier Ilyess El-Karouni et Laurent Le Maux pour leurs commentaires sur le fond et sur la forme qui ont contribué à l'amélioration de cette recension même si je reste le seul responsable pour tous les défauts.

2. Ici, le néo-libéralisme renvoie à la pensée libérale après la Seconde Guerre mondiale qui soutenait l'intervention de l'État dans une économie de marché en faveur de l'État providence contrairement au libéralisme classique insistant sur la seule dimension régalienne de l'État [voir Shimpei Yamamato, p. 121-123].

explicable par la participation active de la Japanese Society for the History of Economic Thought à la préparation de la conférence d'Otaru. En dépit de son intérêt dans la compréhension du néolibéralisme et la recherche économique dans les écoles de commerce pendant la guerre au Japon (Tadashi Obtsuki, chapitre 8) ainsi que l'exposé de la théorie de Yasuma [1922, 1940] sur le pouvoir et sa position politique eu égard la race (Tsutomu Hashimoto, chapitre 9), on ne peut voir son intérêt en ce qui concerne la guerre dans la pensée économique.

Enfin, la troisième partie concerne l'économie entre les deux guerres et la période post-guerre avec des contributions portant sur les courants keynésiens et néo-classiques. La proposition de Robbins et Beveridge concernant le fédéralisme européen ainsi que celle de Keynes et Hayek au sujet du fédéralisme international comme issue pacifique à la guerre (Atsushi Komine, chapitre 10), le réexamen du contrôle des prix et de la politique de revenu tels que les a formulés J. K. Galbraith (Paolo Paesani et Annalisa Rosselli, chapitre 11), et l'attitude d'Arrow vis-à-vis de la guerre constituent l'essentiel de cette partie. L'article de Nao Saito (« The transformation of Kenneth Arrow's attitude toward war », chapitre 13) porte toutefois davantage sur le théorème d'impossibilité d'Arrow que sur sa position sur la guerre en tant que telle. On n'y retrouve en effet aucune allusion à sa position sur la guerre du Vietnam alors même qu'elle était l'un des points les plus controversés chez Arrow en tant qu'économiste anti-guerre.

Alors que la troisième partie couvre la synthèse néo-classique, on y trouve néanmoins une exception, à savoir l'article de Raphael Fèvre (chapitre 12) qui aborde une des familles institutionnalistes allemandes, à savoir l'ordolibéralisme. D'ailleurs, cet article n'étudie pas réellement la question de la guerre, mais se penche plutôt sur la reconstruction de l'ordre économique en Allemagne après la Seconde Guerre mondiale, reconstruction qui a pris la forme d'une économie sociale de marché.

Il me semble important d'insister sur le fait que l'article de Fèvre est une *exception* dans le sens où l'ouvrage ne contient pas d'autre contribution inspirée par des approches hétérodoxes de la guerre comme le marxisme, l'ancien institutionnalisme ou même l'école autrichienne. Pourtant, le lien entre guerre et prédation a fait l'objet de nombreuses études par les courants marxiste, institutionnaliste et du choix public [Vahabi, 2016]. Certes, il y a parfois chez Komine des références allusives à la pensée de Hayek, par exemple sur le fédéralisme comme « l'abolition des souverainetés nationales » [p. 191]. Mais même ce point important n'est pas exploré en profondeur. C'est probablement la lacune principale de cet ouvrage.

En revanche, sa force principale réside dans sa première partie (« Before the two World Wars ») et qui aurait pu porter comme titre « Pensée classique et guerre ». Avec 114 pages sur les 257 que compte le recueil, près de la moitié de l'ouvrage lui est ainsi consacrée. Elle constitue à elle seule la somme des deux autres parties. Cette première partie commence par une étude systématique de l'importance de l'arme alimentaire (l'usage politique et militaire du blé) dans les guerres hégémoniques entre les pays européens sur trois siècles (du dix-septième au dix-neuvième) (Alain Clément et Riccardo Soliani, chapitre 1). Ce premier chapitre revisite les positions des « premiers » et « seconds » mercantilistes, des physiocrates et enfin la solution des libéraux (notamment Ricardo) concernant l'abrogation du monopole du blé. Ce premier chapitre peut jeter des éclairages sur des questions d'actualité telles que la sécurité alimentaire ou l'embargo.

Le beau chapitre de Daniel Diatkine (chapitre 2) détaille la position d'Adam Smith sur les origines de la guerre, les moyens de son financement et ses conséquences. Selon Diatkine, Smith cherche ces origines dans les intérêts des marchands et manufacturiers qui s'opposent aux intérêts de l'empire. D'après Smith, l'esprit des compagnies marchandes pouvait guider l'empire vers la destruction. À l'instar de ce qui s'est passé dans l'Empire romain durant l'Antiquité, les politiques bellicistes pouvaient donc conduire à l'effondrement de la démocratie britannique. Ainsi, le grand danger pour l'empire n'était pas le despotisme oriental ou la mort naturelle de la monarchie absolue mais plutôt le « despotisme des marchands et des manufacturiers » [*ibid.*, p. 43].

Diatkine soutient de surcroît que la thèse de la neutralité de la monnaie était directement liée au financement de la guerre et que, initialement formulée par David Hume, elle était un argumentaire robuste contre les dangers des politiques bellicistes anglaises : « Puisque la monnaie est neutre, les guerres ne peuvent pas être financées par le surplus du commerce extérieur. Elles doivent uniquement être financées par le crédit public conduisant forcément à un désastre politique » [p. 32].

La différence de vues entre Smith et Hume quant aux causes de la guerre est notée chez Diatkine, mais elle est particulièrement approfondie chez Shinji Nohara (chapitre 3). Ce dernier rappelle la position de Hume qui, à l'inverse de Smith, considérait la propriété comme cause de la guerre. L'un des apports majeurs de ce papier réside dans la reconstruction de la position smithienne au sujet de l'armée professionnelle. Nohara [p. 50-51] décrit d'abord les quatre phases du progrès sociétal chez Smith, à savoir la société des chasseurs, la société pastorale, la société agricole et enfin la société commerciale. Dans toutes ces phases, les moyens de subsistance et la propriété étaient liés à la guerre. L'absence d'une armée professionnelle avant l'émergence de la société commerciale a été invoquée par Smith comme une des causes principales d'une telle insécurité. Il fallait donc remplacer la milice par une armée professionnelle afin de pouvoir sécuriser l'activité commerciale.

Philippe Steiner (chapitre 4) revient sur cette question du choix entre la milice et l'armée professionnelle. Son chapitre nous invite à relire les passages du *Traité* de Say dans lesquels ce dernier, contrairement à Smith, plaide en faveur d'une milice comme armée défensive afin d'éviter les coûts considérables de la guerre. Par ailleurs, Say présente l'industrialisme et l'attitude industrielle comme étant aux antipodes de l'attitude militaire[3]. Une nouvelle distinction est alors suggérée entre les intérêts mercantiles et les intérêts industriels : bien que les premiers soient à l'origine de l'attitude belliciste, les seconds renforcent les relations pacifiques entre les nations. Steiner étaye son argumentaire concernant l'opposition entre industrialisme et guerre par les écrits d'autres penseurs français en sciences sociales, comme Auguste Comte [*ibid.*, p. 72-73].

Le papier de Philippe Gillig (chapitre 6) reconsidère la thèse du « doux commerce » chez John Stuart Mill en l'inscrivant dans le cadre d'une position générale de non-interventionnisme. Ce chapitre s'attache d'abord à préciser le sens de « commerce » chez Mill. Il l'aborde comme le libre-échange entre les nations et non au sens mercantiliste, comme la recherche d'un excédent commercial à tout prix. Le « doux commerce » doit être appréhendé en dehors de l'intervention de l'État et de la force.

Malgré ses convictions pacifistes, Mill reconnaît des exceptions. Il préconise l'emploi de la force par les pays « civilisés » contre les pays « voisins barbares » pouvant être dangereux et source d'insécurité. La notion de « voisinage » est toutefois peu claire dans ses travaux. Par exemple, il soutient l'intervention militaire dans la guerre civile américaine (même si l'Amérique n'était pas dans le « voisinage » de l'Angleterre) en qualifiant les confédérés d'« enfants ». Le même problème se pose au sujet de l'intervention anglaise en Inde puisque l'Inde n'était pas « voisine » de l'Angleterre à moins de considérer comme sacré le territoire impérial. D'après Mill, dans ces cas exceptionnels, la thèse du « doux commerce » peut être transgressée. Enfin, ce chapitre interroge le rapport entre Mill et la Compagnie anglaise des Indes

3. Il est intéressant de noter qu'on trouve le même argument chez Veblen [1899/1979].

orientales [p. 108-109] et nous fournit des informations et explications particulièrement intéressantes.

Une thèse se dégage de l'ensemble des articles de cette première partie et mérite d'être formulée explicitement : les postulats classiques sont liés à la vision d'une organisation pacifique de l'échange et de la production. Les postulats de libre-échange et de neutralité de la monnaie en fournissent des illustrations emblématiques. Sur le fond, deux logiques d'accumulation s'opposent : l'une basée sur la guerre et l'emploi de moyens hors marché et l'autre fondée sur l'industrie et l'échange sans recours à la force brutale. S'appuyant sur la distinction de Max Weber [(1922) 1978, p. 164-166] entre « capitalisme politique » ou capitalisme de butin (*booty capitalism*) et capitalisme moderne ou industriel, on peut constater que l'école classique a pris la défense du second contre le premier. Les approches mercantilistes s'inscrivent dans la perspective d'un capitalisme politique. Ceci reste d'actualité.

Les mérites de cet ouvrage sont nombreux et cet exposé succinct ne les a pas tous couverts. Ainsi, pour ne donner que cet exemple, l'exposé des cercles de la pensée économique néolibérale au Japon n'a pas pu y être abordé. On peut toutefois mentionner rapidement le chapitre sur le contrôle de prix chez Galbraith (Paolo Paesani et Annalisa Rosselli, chapitre 11) qui souligne le prolongement des politiques économiques de guerre en période de paix. La thèse de Galbraith n'a pas connu un grand succès après la guerre dans les pays capitalistes. Mais les économies de type soviétique, selon la fameuse formule d'Oscar Lange[4], sont l'économie de la guerre en période de paix. À cet égard, il est d'ailleurs dommage que la pensée économique sur la question de la guerre n'ait pas été visitée du point de vue des économies dites « socialistes ». On ne peut certes pas tout attendre d'un seul ouvrage mais ce volume collectif aurait pu aborder cette dimension si les divers courants hétérodoxes avaient été davantage présents. Quoi qu'il en soit, il s'agit d'une bonne ouverture sur un sujet aussi vaste et encore peu exploré par les économistes.

4. Lange a décrit l'économie socialiste comme « une économie de guerre *sui generis* » [Lange, 1970, p. 101-102].

Références

Lange, Oscar [1970], "The role of planning in a Socialist Economy", in O. Lange, *Papers in Economics and Sociology.* Varsovie et Londres: PWN and Pergamon Press.

Vahabi, Mehrdad [2016], *The Political Economy of Predation: Manhunting and the Economics of Escape*. New York: Cambridge University Press.

Veblen, Thorstein [1899], *Théorie de la classe de loisir*. Paris : Gallimard, 1979.

Weber, Max [1922], *Economy and Society: An Outline of Interpretive Sociology*, vol. 1. Berkeley: University of California Press, 1978.

Liste des rapporteurs 2016-2019

Rapporteurs pour les Cahiers d'économie politique depuis 2016

Reynal Abad
François Allisson
Antoine Artous
Vincent Aubert
Laurent Baronian
Duccio Basosi
Laurent Bazin
Laure Bazzoli
Alain Béraud
Eric Berr
Irène Berthonnet
Arnaud Berthoud
Elodie Bertrand
Franck Bessis
Christian Bidard
Yuri Biondi
Guillaume Boccara
Eric Bosserelle
Vincent Bourdeau
Philippe Broda
Arnaldo Canzani
Jean Cartelier
Virgile Chassagnon
Giulio Codognato
Catherine Colliot-Thélène
Patricia Commun
Laurent Cordonnier
Isabel Da Costa
Ai-Thu Dang
Michel De Vroey
Hervé Defalvard
Jean Dellemotte
Thierry Demals
Ludovic Desmedt
Sylvie Diatkine
Rodolphe Dos Santos Ferreira
Gérard Duménil
Ariane Dupont-Kieffer
Cédric Durand
Ragip Ege
Guido Erreygers
Etienne Farvaque
Julie Ferrand
Cyrille Ferraton
Renaud Filieule
Franck Fischbach
Marc Fleurbaey
Ludovic Frobert
Jean-Luc Gaffard
Muriel Gilardone
Yann Giraud
Jean-Jacques Gislain
Rebeca Gomez Betancourt
Ozgur Gun
Ozgur Gun
Stéphane Haber
Sophie Harnay
André Hervier
Geoffrey Hodgson
Gilles Jacoud
Sophie Jallais
Ludovic Julien
Stéphanie Laguérodie
Christophe Lavialle
Marc Lavoie
Philippe Légé
Stéphane Longuet
Stefano Lucarelli
Jean Magnan de Bornier
F.R Mahieu
Jordan Melmiès
Ivan Moscati
Arnaud Orain
Stefano Petrucciani
Philippe Poinsot
Nicolas Postel
Ludovic Ragni
Christophe Ramaux
Joël-Thomas Ravix
Philippe Régnier
Emmanuel Renault
Sylvie Rivot
Sergio Rossi
Gabriel Sabbagh
Bertram Schefold
Alexandre Schild
Florencia Sember
Richard Sobel
Céline Spector
Shannon Stimson
Carlos Eduardo Suprinyak
Susumu Takenaga
Jean-Marc Tallon
Tarik Tazdaït
Miriam Teschl
Dominique Torre
Elizabeth Tovar
Paolo Trabucchi
Chrisitian Tutin
Mehrdad Vahabi
Franck Van de Velde
François Vatin
Carlo Vercellone
Benoît Walraevens
Olivier Weinstein
Richard Whatmore
Michel Zouboulakis

22

REVUE FRANÇAISE DE SOCIO-ÉCONOMIE

PREMIER SEMESTRE 2019

Rf se

Varia

Débat & controverse : le projet de monnaie fiscale complémentaire

Ce numéro Varia de la RFSE met en avant les derniers travaux réalisés dans le champ de la socio-économie. Il contient un article qui étudie l'évolution de la mesure de l'inflation en France : l'indice des prix à la consommation donne en effet lieu à des controverses d'experts sur la manière de le calculer. Dans un autre article, l'économie des conventions est mobilisée pour comprendre ce qui fait la valeur d'un territoire pour la population d'une agglomération moyenne. Un article analyse la façon dont la norme d'emploi statutaire de la fonction publique française est remise en cause par l'usage croissant du contrat précaire. Un article s'intéresse à la conversion des modes de vie sous l'effet des sensibilités écologiques, et les appréhende comme des moyens de distinction. Un article éclaire, au prisme du genre, la manière dont les pratiques d'économie solidaire renouvellent l'économique et le politique. Enfin, un article s'intéresse au type de lien social que produisent les plateformes de consommation collaborative.

Ce numéro comprend aussi un entretien avec la sociologue à l'université de Berkeley Marion Fourcade, dont les travaux actuels se concentrent sur les nouvelles formes d'inégalités liées à l'économie numérique. Il contient, enfin, un débat et controverse sur l'idée de monnaie fiscale complémentaire, qui a été lancée par des économistes en vue de contrecarrer les politiques d'austérité. Selon eux, l'objectif du nouveau dispositif ne serait pas de remplacer l'euro ou de lui faire concurrence, mais de le compléter.

ISBN 978-2-348-04290-4 25 €

Réseaux !

Le pari de l'intelligence collective

JACQUES BLAMONT

La révolution de l'information a changé notre perception et notre façon d'être au monde. Nos façons de consommer, de travailler, en ont été radicalement transformées, comme le tissu industriel dans son entier. Des pans entiers de notre activité, jusque-là chasse-gardée des États, sont devenus l'objet de la concurrence enragée de grandes entreprises privées.

La loi de Moore impose son tempo aux progrès technologiques dont la vitesse est devenue si grande qu'ils sont presque impossibles à suivre. Nous voilà entourés d'objets, dont nous ignorons tout. Nous pouvons difficilement imaginer quels seront nos objets quotidiens dans deux ans, pour ne rien dire de ceux qu'auront en main les générations suivantes. Pour ne rien arranger, ces objets et outils sont issus de logiques à court terme, qui menacent souvent notre libre arbitre et notre intimité.

Comment, dans ces conditions, reprendre la main ? Comment retourner, à l'avantage de tous, la puissance des réseaux ? Il faut faire le pari de l'intelligence collective : le Web est ce que les utilisateurs en font. Les processus collaboratifs, les logiciels libres, la mise en commun des savoirs et des savoir-faire, le regroupement des communautés de hackers, tout cela peut être mis au service du bien commun. L'auteur propose ici une solution concrète, argumentée, déjà testée dans le domaine de l'espace, pour répondre à des défis tels que l'urgence climatique.

Il fallait, pour embrasser un tel sujet avec la hauteur de vue nécessaire, et la compréhension des mécanismes techniques indispensable, la personnalité hors du commun de Jacques Blamont.

272 p. - 23 €

ISBN : 978-2-271-12235-3

REVUE D'HISTOIRE DE LA PENSÉE ÉCONOMIQUE
N°7, 2019 – 1

ARTICLES

Sylvain CELLE et Anne FRETEL,
Penser l'entreprise au-delà de ses intérêts communs. L'apport de la pensée de Jaurès

Constance ANDRÉ-AIGRET,
La critique de James Laurence Laughlin à la théorie quantitative de la monnaie

Adrien FAUDOT,
***Keynes sur la compensation internationale. Les années 1930 et la conception du plan pour une* International Clearing Union**

SYMPOSIUM

Marlyse POUCHOL,
Introduction. Le statut des femmes et les théories économiques du XIXe siècle

Annette DISSELKAMP et Delphine POUCHAIN,
Comte, Mill et la question des femmes. Une opposition à réévaluer

Marlyse POUCHOL,
« L'être humain est un couple ». Examen de la position de Proudhon

Isabelle KRIER,
***Le féminisme de Juliette Adam et ses* Idées anti-proudhoniennes**

Henri JORDA,
Deux genres de paresse à l'âge industriel. Les enquêtes des « Philanthropes » du XIXe siècle et la réfutation de Lafargue

Fabien TARRIT,
À propos du texte d'Henri Jorda. « Deux genres de paresse à l'âge industriel : les enquêtes des "Philanthropes" du XIXe siècle et la réfutation de Lafargue »

Virginie GOUVERNEUR,
Femmes et famille dans le progrès. Une analyse comparée de John Stuart Mill, William Stanley Jevons et Alfred Marshall

REVUE DES LIVRES

Ludovic DESMEDT – Pierre Dockès, *Le capitalisme et ses rythmes*

Laurent DARTIGUES – Paulin Ismard, *La démocratie -contre les experts. Les esclaves publics en Grèce antique*

Marie-Claude ROYER – Simona Pisanelli, *Condorcet et Adam Smith. Réformes économiques et progrès social au siècle des Lumières*

Yusuke ANDO – Gérard Klotz, Philippe Minard, Arnaud Orain, *Les voies de la richesse ? La physiocratie en question (1760-1850)*

SCIENCES ÉCONOMIQUES
AUX ÉDITIONS L'HARMATTAN

Dernières parutions

L'ÉCONOMIE AU XXIE SIÈCLE
Critique de la raison en économie
Tome 2 : Synthèse
Emile Jalley
La crise de la culture actuelle en France semble moins affecter les sciences économiques que la psychanalyse ou la philosophie. Des sondages montrent l'attirance croissante d'un public éclairé vers ce type d'ouvrages d'économie, surtout du courant dit des économistes « hétérodoxes ». On examine ici une vingtaine de ces ouvrages parus de 2011 à 2018. Leur dialogue aboutit à la proposition d'une trentaine de « solutions » à une prochaine crise financière majeure, plus catastrophique qu'en 2007. Le tome 2, intitulé Synthèse, étudie les points saillants de ce corpus, la littérature critique le concernant, et enfin l'ensemble des solutions proposées par les auteurs à la crise globale contemporaine.
(328 p., 34 euros)
ISBN : 978-2-343-17459-4, EAN EBOOK : 9782140120848

LE MAROC ET SES RIVERAINS MÉDITERRANÉENS
Emergence économique, réformes, défis et enjeux
Abdelghani Youmni
Dans quelle mesure les politiques économiques telles qu'elles ont été appliquées dans certains Pays du sud et de l'est de la Méditerranée (PSEM), durant les trois dernières décennies, ont impacté leur développement économique et social ? Ce livre cherche à comprendre et à tirer des conclusions et des leçons des trois dernières décennies, pour montrer qu'elles n'ont pas réussi à ajuster de manière efficiente les économies de ces pays. Les inégalités se sont davantage creusées dans des sociétés de plus en plus injustes et de plus en plus déchirées. Les « printemps dits arabes » ont montré le grand décalage dans cette région entre le temps politique, le temps économique, le temps social et le temps administratif.
(Coll. Histoire et perspectives méditerranéennes, 252 p., 26 euros)
ISBN : 978-2-343-16567-7, EAN EBOOK : 9782140119996

L'ÉCONOMIE AU XXIE SIÈCLE
Critique de la raison en économie
Tome 1 : Analyse
Emile Jalley
La crise de la culture actuelle en France semble moins affecter les sciences économiques que la psychanalyse ou la philosophie. Des sondages montrent l'attirance croissante d'un public éclairé vers ce type d'ouvrages d'économie, surtout du courant dit des économistes « hétérodoxes ». On examine ici une vingtaine de ces ouvrages parus de 2011 à 2018. Leur dialogue aboutit à la proposition d'une trentaine de « solutions » à une prochaine crise financière majeure, plus catastrophique qu'en 2007. Le tome 1, intitulé Analyse, envisage : 1. L'environnement interdisciplinaire de l'économie, 2. Les chiffres et données significatifs de l'économie actuelle, 3. Une chronologie commentée, 4. La présence latente de Marx et Hegel dans le champ de la recherche économique, et 5. La relation effective de vassalité de la France à l'égard de l'empire européen de l'Allemagne.
(258 p., 27 euros)
ISBN : 978-2-343-17458-7, EAN EBOOK : 9782140120480

LES OBJECTIFS DU MILLÉNAIRE POUR LE DÉVELOPPEMENT (OMD) FACE À LA RÉALITÉ CAMEROUNAISE

Joseph-Eric Nnomenko'o

Préface d'Alain François

Lorsque les États membres des Nations Unies se réunissent en septembre 2010 à New York aux États-Unis, c'est pour mettre sur pied des politiques de réduction de la pauvreté dans plusieurs pays, notamment en Afrique et donner lieu à la "Déclaration du millénaire pour le développement », déclinée en huit objectifs principaux. Ce travail, qui a comme cadre territorial d'analyse le Cameroun, par son approche triangulaire entre théorie, terrain et recherche, est une interpellation adressée aux décideurs publics dans la perspective de l'amélioration de la conduite des politiques publiques de développement.

(124 p., 14 euros)

ISBN : 978-2-343-17491-4, EAN EBOOK : 9782140120428

L'AFRIQUE DES PARADOXES

Regards et attitudes des jeunes

Driss Guerraoui, Noureddine Affaya

Cet ouvrage a pour ambition de penser l'Afrique à partir d'une tentative de réappropriation du continent par sa jeunesse. Pour ce faire, les auteurs apportent un éclairage sur l'état de la mobilisation des élites scientifiques, des chercheurs et des intellectuels africains pour la compréhension des problématiques majeures de leur continent et interrogent le paradigme et les paradoxes du développement en Afrique. Il examine les réalités de la jeunesse africaine et les transformations qu'elle connait en termes démographique, économique, social et culturel, identifie ses défis et dévoile son regard sur l'avenir du continent et du monde.

Editions La croisée des chemins (282 p., 18 euros)

ISBN : 978-9920-769-11-2, EAN EBOOK : 9782140120213

LES ÉCOSYSTÈMES D'INNOVATION

Regards croisés des acteurs clés

Sous la direction de Blandine Laperche, Marcos Lima, Eric Seulliet et Brigitte Trousse

L'innovation est le résultat d'un processus composé de nombreuses étapes et d'interactions entre de multiples personnes, organisations et institutions. Le concept d'écosystème, emprunté à la biologie, traduit bien ces interactions. L'innovation s'épanouit aussi mieux lorsqu'elle est portée par des communautés d'usagers qui sont autant de co-créateurs. Il est également essentiel de faire preuve d'agilité, de partager les risques, de mutualiser les ressources. Pour ces raisons, les écosystèmes d'innovation deviennent le creuset incontournable de l'innovation.

(Coll. L'esprit économique, 326 p., 35 euros)

ISBN : 978-2-343-17437-2, EAN EBOOK : 9782140120077

RECHERCHE PROSPECTIVE SUR LE FINANCEMENT INTERNE DU DÉVELOPPEMENT

Ong 3D - Démocratie - Droits humains - Développement

L'objectif général de cette recherche est de faire une étude prospective sur les possibilités de financement interne du développement au Sénégal et de formuler des recommandations pour améliorer la mobilisation des ressources fiscales. De façon spécifique, il s'est agi, par une démarche empirique, d'identifier les principales sources de pertes de recettes tout en suggérant des mesures allant dans le sens de les neutraliser.

(Coll. Harmattan Sénégal, 214 p., 22 euros)

ISBN : 978-2-343-16697-1, EAN EBOOK : 9782140118791

UNE MONDIALISATION CONTRARIÉE

L'Europe et la Chine face à de nouveaux enjeux

Xavier Richet, Julien Vercueil

Ce livre se donne pour but d'éclairer les rôles respectifs de l'Europe et de la Chine dans les évolutions contemporaines de la mondialisation. Pour contrariée et contradictoire qu'elle soit, la mondialisation économique n'est pas pour autant à l'arrêt : elle change de vecteurs. Face au repli protectionniste américain, aux incertitudes européennes et aux crises qui touchent les institutions les plus emblématiques de ce qui faisait jusqu'ici la mondialisation, la Chine apparaît comme la puissance qui a désormais le plus intérêt à poursuivre la progression des échanges. Elle y contribue notamment avec le développement de ses « Nouvelles Routes de la Soie » (NRS). Les contributions à ce livre ouvrent de nouvelles perspectives.

(Coll. Questions contemporaines, 238 p., 24,5 euros)

ISBN : 978-2-343-16753-4, EAN EBOOK : 9782140118364

LES MIGRATIONS INTERNATIONALES ET LE DÉVELOPPEMENT

L'exode de compétences et les envois de fonds émigrés

Serge Feld

Depuis 1990, le nombre de migrants internationaux a augmenté de plus de 91 millions soit plus de 60%, et s'élève actuellement à 224 millions. La question se pose de savoir si les migrations internationales favorisent le bien-être des populations des pays de départ, au delà des polémiques politiciennes. D'une part, l'émigration de personnel qualifié, appelée également "exode des cerveaux", est considérée comme un frein au développement de nombreux pays. D'autre part, les transfers des économies des migrants vers leurs familles peuvent fournir des ressources qui bénéficient à toute la population.

(Coll. Populations, 242 p., 25,5 euros)

ISBN : 978-2-343-16543-1, EAN EBOOK : 9782140118340

LA FORMALISATION VUE D'EN BAS

Enjeux pour la transition vers l'économie formelle

Fréderic Lapeyre, Simon Barussaud

L'économie informelle a pendant longtemps été une boite noire faute de données disponibles et compte tenu de la diversité et de la complexité des institutions et des pratiques à l'oeuvre en son sein. Pourtant c'est la réalité du monde du travail de la grande majorité des travailleurs en Afrique. Cet ouvrage s'adresse à tous ceux désireux d'en savoir plus sur le fonctionnement de l'économie informelle et sur les conditions d'une transition vers l'économie formelle.

Academia (Coll. Espace Afrique, 348 p., 33 euros)

ISBN : 978-2-8061-0441-0, EAN EBOOK : 9782806109972

NIGERIA AND THE MILLENIUM DEVELOPMENT GOALS DEVELOPMENT AGENDA

Chukwuebuka Dominic Onyechi

The Millennium Development Goals adopted by United Nations member states in 2000 were meant to improve a variety of situations affecting the well-being of their inhabitants by 2015: poverty, hunger, education, disease, gender equality and environmental sustainability. In this book, Chukwuebuka Dominic Onyechi evaluates the performance of Nigeria with respect to achieving these goals.He describes the challenges faced by the country and evaluates its successes and failures goal by goal to establish what worked, what didn't, and why.

(266 p., 27,5 euros)

ISBN : 978-2-343-17020-6, EAN EBOOK : 9782140115158

HISTOIRE ÉCONOMIQUE DU MONDE ISLAMIQUE

De l'Arabie préislamique à la dynastie umayyade

Ahmed Danyal Arif

La mémoire collective considère généralement l'Islam comme l'entrave essentielle au progrès économique et social des peuples qui s'en réclament. La plupart du temps sont étudiés les conflits sociaux, les guerres et les manoeuvres politiques. C'est omettre que les périodes du VIIe au XIe siècle ont été celles où le monde arabo-musulman a fait de remarquables avancées dans la compréhension des phénomènes marchands, des mécanismes monétaires ou en matière de finances publiques. L'ouvrage tente de réunir l'ensemble des travaux jusqu'alors entrepris sur le sujet afin de mettre en lumière le versant économique de l'histoire de l'Islam.

(254 p., 25,5 euros)

ISBN : 978-2-343-16696-4, EAN EBOOK : 9782140114496

GESTION DES DÉCHETS SOLIDES MÉNAGERS ET SÉGRÉGATION SOCIO-SPATIALE DANS LA VILLE DE CONAKRY

Marie Rose Bangoura

Préface de Laurien Uwizeyimana

Cet ouvrage essaie d'analyser les raisons de l'échec de la gestion des déchets solides ménagers dans la ville de Conakry dans un contexte de ségrégation socio-spatiale. Il tente également de construire une perspective de gestion qui puisse prendre en compte le traitement et la valorisation des déchets dans cette ville.

(Coll. Études africaines, 660 p., 49 euros)

ISBN : 978-2-343-15829-7, EAN EBOOK : 9782140114373

LES IMPÔTS DU BONHEUR

Pour une révolution fiscale écologique européenne

Etienne Levesque

Nous ne sommes pas sur la bonne trajectoire écologique. Face à cela, Etienne Levesque nous entraîne dans une démarche de politique fiction avec la conviction de la nécessité d'imaginer demain. L'avenir ne se prévoit pas, il se construit. Pour cela, il prône une révolution fiscale écologique européenne. Il étudie les accompagnements nécessaires dans l'agriculture, l'industrie, les mobilités, le logement et l'emploi. Il propose une démarche pour un développement équilibré et harmonieux entre les territoires et les pays de l'Europe. Sûre de ses choix pour elle-même et la planète, l'Union européenne verra son rôle renforcé commercialement et politiquement.

(Coll. Questions contemporaines, 140 p., 15,5 euros)

ISBN : 978-2-343-16810-4, EAN EBOOK : 9782140114083

QUESTIONS D'EUROPE

Quatrième édition augmentée

STEPHANE MADAULE

Les frontières de l'Europe, l'existence d'un peuple européen, son histoire, son mode de construction, les concepts arides de subsidiarité et de majorité qualifiée, le nouveau traité constitutionnel sont les principaux thèmes abordés dans cet ouvrage. Mais il ne suffit pas de vouloir construire l'Europe, il faut lui donner un sens. Libéralisme, libre-échange, non-interventionnisme ont largement guidé ses premiers pas. Aujourd'hui, lui donner un contenu politique, social et démocratique semble indispensable pour son avenir.

(210 p., 20 euros)

ISBN : 978-2-343-16800-5, EAN EBOOK : 9782140113994

GUADELOUPE : LE DÉVELOPPEMENT EN QUESTION(S)

Sous la direction de Georges Combé

Ce numéro spécial d'Etudes Guadeloupéennes a pris le parti d'une approche transversale avec un ensemble de contributions qui mettent en question le développement dans ses multiples dimensions. Elles font des propositions novatrices qui pourraient nourrir le débat nécessaire et inévitable sur le devenir de la Guadeloupe. Comment la situer au regard des critères conventionnels du développement ? Si elle n'est pas un pays développé, à quelles conditions peut-elle l'être?

(218 p., 23,5 euros)

ISBN : 978-2-343-16121-1, EAN EBOOK : 9782140113772

LES MARCHÉS ONT TOUJOURS RAISON

Quarante années de révolution silencieuse

Alain Fiorucci

Les marchés sont mal considérés, malgré l'accélération spectaculaire du volume des transactions qui s'y opèrent depuis le début des années 1970. En démontrant la réalité de leur dépendance vis-à-vis de la conjoncture et non l'inverse, l'auteur entend souligner à quel point leur observation dans le court terme peut apporter un côté expérimental à une science économique qui en manque cruellement.

(310 p., 32 euros)

ISBN : 978-2-343-16106-8, EAN EBOOK : 9782140112485

Structures éditoriales du groupe L'Harmattan

L'Harmattan Italie
Via degli Artisti, 15
10124 Torino
harmattan.italia@gmail.com

L'Harmattan Hongrie
Kossuth l. u. 14-16.
1053 Budapest
harmattan@harmattan.hu

L'Harmattan Sénégal
10 VDN en face Mermoz
BP 45034 Dakar-Fann
senharmattan@gmail.com

L'Harmattan Cameroun
TSINGA/FECAFOOT
BP 11486 Yaoundé
inkoukam@gmail.com

L'Harmattan Burkina Faso
Achille Somé – tengnule@hotmail.fr

L'Harmattan Guinée
Almamya, rue KA 028 OKB Agency
BP 3470 Conakry
harmattanguinee@yahoo.fr

L'Harmattan RDC
185, avenue Nyangwe
Commune de Lingwala – Kinshasa
matangilamusadila@yahoo.fr

L'Harmattan Congo
67, boulevard Denis-Sassou-N'Guesso
BP 2874 Brazzaville
harmattan.congo@yahoo.fr

L'Harmattan Mali
Sirakoro-Meguetana V31
Bamako
syllaka@yahoo.fr

L'Harmattan Togo
Djidjole – Lomé
Maison Amela
face EPP BATOME
ddamela@aol.com

L'Harmattan Côte d'Ivoire
Résidence Karl – Cité des Arts
Abidjan-Cocody
03 BP 1588 Abidjan
espace_harmattan.ci@hotmail.fr

L'Harmattan Algérie
22, rue Moulay-Mohamed
31000 Oran
info2@harmattan-algerie.com

L'Harmattan Maroc
5, rue Ferrane-Kouicha, Talaâ-Elkbira
Chrableyine, Fès-Médine
30000 Fès
harmattan.maroc@gmail.com

Nos librairies en France

Librairie internationale
16, rue des Écoles – 75005 Paris
librairie.internationale@harmattan.fr
01 40 46 79 11
www.librairieharmattan.com

Librairie l'Espace Harmattan
21 bis, rue des Écoles – 75005 Paris
librairie.espace@harmattan.fr
01 43 29 49 42

Lib. sciences humaines & histoire
21, rue des Écoles – 75005 Paris
librairie.sh@harmattan.fr
01 46 34 13 71
www.librairieharmattansh.com

Lib. Méditerranée & Moyen-Orient
7, rue des Carmes – 75005 Paris
librairie.mediterranee@harmattan.fr
01 43 29 71 15

Librairie Le Lucernaire
53, rue Notre-Dame-des-Champs – 75006 Paris
librairie@lucernaire.fr
01 42 22 67 13

www.ingramcontent.com/pod-product-compliance
Lightning Source LLC
LaVergne TN
LVHW011020061026
849535LV00006B/1976
* 9 7 8 2 3 4 3 1 7 9 4 1 4 *